哲學史家文庫

出版策划　方　鸣

编辑主持　陈亚明

执行编辑　王　粤

装帧设计　刘林林

制作总监　赵迎珂

出版说明

致力于国内学术书籍的出版，
是我社一贯的宗旨。
在哲学史研究领域，
幸得一代又一代专家、学者的鼎力支持，
出版了许多让世人注目的重要著作，
其中宝藏着珍贵的学术价值和丰富的思想财富。
为了使之更具规模、更见系统，
有利于新老学人研读查阅和文化积淀，
现将这些书籍汇成
《哲学史家文库》。
哲学“是文明的活的灵魂”。（马克思语）
我们愿《哲学史家文库》
能为哲学的繁荣、文明的进步
尽一些微薄之力。
我们更期望这套文库
能不断增添新的力作。

A series of books by the historian of philosophy

哲学史家文库

巴克莱哲学研究

傅有德　著

人　民　出　版　社

目　次

序　一

陈修斋

所谓“西学东渐”，即使不算明末清初利玛窦、汤若望等西方传教士来华传播天主教的同时，带来一些主要属于西方中世纪的哲学和其他文化知识那段史实，就从1898年严复翻译《天演论》算起，至今也已有近百年的历史了。我不说西方文明中的其他成份，单说西方哲学传入我国，也达到了相当的规模，决不应低估我国学人研究、介绍、传播西方哲学所取得的成绩。早在新中国成立之前的半个世纪中，我国学者已译出了不少西方古典哲学名著和其他现代西方各派哲学及哲学史的著作，同时也出现了几位研究西方哲学卓有成就的专家，其中有的是有国际影响，完全可以与西方一流学者相抗衡的。新中国成立以后，这方面的成绩也是有目共睹的。在西方哲学著作的翻译、介绍方面，从总体上来看，无论在数量或质量上都大大超过了建国前的成绩。至于西方哲学专业工作人员的数量以及西方哲学在大学教育中和社会上的普及程度，都是旧中国所无可比拟的。尤其是改革开放以来，这方面有蓬勃的发展。这些成就都是应该得到充分肯定的。

但是，在肯定成绩的同时，也应清醒地看到我们的不足。尤其是如果我们不只是和自己的过去比，而是以当今世界先进水平为标准来衡量我们已取得的成就，那就更清楚地看到了我们的差距。

在进行比较时，以什么为标准的问题，是一个可以引起争议，也值得讨论的问题。为了提高信心，不致因自己的落后而灰心丧气，与自己的过去比以显示取得的进步，来鼓舞继续前进的斗志，是可以的，也是必要的。但决不应以此来作为安于现状的借口，连"见贤思齐"的古训也忘掉。也还有一个如何看待世界水平或世界先进水平的问题。这也是可以争论的。有人说，越有民族性的东西，就越有国际性或世界性。例如一件艺术品或一项文化成就，越表现出其浓郁的民族风格，就往往越得到国际上的承认和欣赏。一部电影也许正因为其具有鲜明的民族特色而获得国际上的电影大奖。这种意见在一定意义下当然是对的，我也决不否认。但能否就因此说，凡是具有鲜明民族特点的东西，就也一定具有世界先进水平呢？我认为不能。男人拖长辫子，女人缠足，这在满清时代是最具有中华民族特色的，在世界上也是独有的，但是否因此就应被视为达到当时世界先进水平呢？不但本民族落后的东西不能因其具有民族特征就被视为达到世界水平，即使本民族最先进的东西，也应与其他民族同类的最先进的东西比个高下，才能断定它是否达到了世界先进水平。（当然这是以双方有可比性为先决条件的。也有一些是虽然可比，但只能比异同而难比高下的。这些都是另当别论的问题。）

我之所以发这番议论，用意是想提出一个问题：我们中国人研究外国哲学，对其达到的水平，应该拿什么做标准来衡量？在这里我想引我国两位著名学者的话来表达我的意思。一位是陈康先生，他在解放前是西南联大、北京大学、中央大学哲学系的教授。解放前夕离开了大陆，后长期在美国任教和定居。陈先生是一位卓有成就的古希腊哲学专家，在对柏拉图和亚里士多德特别是两者关系方面有自己独到的见解；他精通希腊文、拉丁文和英、德、法文，在学术素养上是完全可以与西方著名的希腊哲学史家并驾齐驱的。他在西南联大任教时，应贺麟先生创办的西洋哲学名著编译会之请，译注了柏拉图的《巴门尼得斯篇》。这译著的注释部分比正文字数多几倍，本身就是达到世界先进水平的研究成果。此书1944年作为哲学编译会主编的丛书中的一种，由商务印书馆出版，1981年又在汪子嵩同志关注和协助下由该馆重印了。在该书的译著者"序"中，陈康先生写道："现在或将来如若这个编译会里的产品也能使欧美的专门学者以不通中文为恨(这决非原则上不可能的事，成否只在人为!)，甚至因此欲学习中文，那时中国人在学术方面的能力始真正的昭著于全世界；否则不外乎是往雅典去表现艺术，往斯巴达去表现悲剧，无人可与之竞争，因此也表现不出自己超过他人的特长来。"另一位是季羡林先生，他是大家所熟知的，用不着介绍。我是在《新华文摘》1990年第10期上转载的《中国解读佉卢文的第一人》一文中，读到季羡林先生对青年学者林梅村初学佉卢文时的"一席教诲"。季先生说："中国学术要发展，必须能直接与西方一流学者相抗衡。有些人在国人面前大谈希腊、罗马和苏格拉底，而在洋人面前讲《周易》，谈老庄。这不算什么本事。真有本事，就应去和西方学者争论他们的学问，与国人讨论中国的学术……"不难看出，陈康先生和季羡林先生在这个问题上的意见是完全一致的。而他们也都是身体力行实现了自己的主张，在自己所从事的专业上都能真正“与西方一流学者相抗衡”的，因此他们的主张也就具有十足的说服力。在陈康先生和季羡林先生面前，我作为一名西方哲学工作者，不能不以自己离他们所提出的标准还很远而感到惭愧。但我抱着“虽不能至，心向往之”的态度，还是竭诚赞成他们的主张。我认为对这种主张应大力宣扬，使之深入人心，成为从事学术文化工作者的共同目标。也只有达到了这个目标，才算真正做到了学术文化上的现代化。

此外，我还想说，随着科学技术的高度发展，世界已变得越来越“小”，确实变成一个“地球村”了。随着改革开放，我国也终于冲破了闭关自守的局面，而大步走向世界。在这样的形势下，就哲学或一般文化来讲，诚然民族的、区域的特点也总仍旧存在，但从另一方面来看，随着国际交流的发展，各民族、各地域的哲学或文化也都正在融合成为全世界、全人类的财富。就这个角度说，西方哲学或文化，既是西方人的，也是东方人包括中国人的，正如中国或东方的哲学或文化，既是中国人或东方人的，也是西方人的一样。因此，中国人研究西方哲学也并非“舍己之田而耘人之田”，而是属于自己的分内之事，正如西方人研究中国哲学或文化，也应是他们的分内之事一样。这样来看时，中国学者研究西方学术也就本应该与西方学者用同样的标准，有并驾齐驱的权利和义务，也正如西方学者研究中国学术文化也应与中国学者用同一标准一样。这当然不是能一蹴而就的，但应该是人们追求的目标。

我在这里谈论这些，难免被看作是在“借题发挥”。我确是有“所感”而发。这“所感”的首先就是我国西方哲学研究工作虽说取得了很大成绩，但总的来看水平不高，和世界先进水平相比差距还很大。尽管我国也有像陈康先生那样的可以“与西方一流学者相抗衡”的专家,但为数真可说是“凤毛麟角”——太少了。我也即将满70岁了。比我更老一辈的专家中,还可举出几位像陈康先生那样达到世界水平的西方哲学专家,但连同和我同年龄的一辈人在内,以及以下几代的中青年西方哲学工作者,尽管其中也不乏优秀的,或很有发展前途的人才,但迄今为止我斗胆说还没有什么人在学术素养上达到能和陈康先生他们相比的程度。不说别的,单就文字工具而言,若要成为一个真正够格的(且不说是第一流的)西方哲学史专家,则希腊、拉丁、英、德、法五种文字是都须掌握,缺一不可的。这在西方并不难做到,而陈康先生也是做到了的。但我们现有的后辈西方哲学史工作者,有谁满足了这个条件呢？学术素养当然不仅限于文字工具,还涉及对广阔的相关知识的掌握,有关资料的占有和理解,以及对前人和同代的其他学者在相关问题上已取得研究成果的熟悉,等等。这些都本是从事学术工作者的常识。但早在“文革”前我有时发表一点类似的意见时,就难免因为“宣扬资产阶级学术观点”而受到批判。还有一种论调是认为我们掌握了马列主义的理论武器,而“资产阶级学者”都是以非马克思主义或反马克思主义的唯心主义和形而上学观点为指导的,因此他们的研究成果都必然是不科学的(主要就哲学社会科学而言),根本不能和我们相比。我也衷心认为能够正确地掌握马克思主义基本原理,以之为指导去从事学术研究,的确可以是我们的很大优势,但首先这马克思主义必须是真正的马克思主义,而不是被歪曲了的假马克思主义或教条主义,也不是从马、恩、列著作中任意断章取义地摘取的片言只语乃至个别结论;其次,即使真正掌握了马克思主义原理也不能以之代替整个学术水平,正如一家工厂即使有第一流的机器设备,但若没有第一流的生产工艺或不能运用合格的原材料，因而也不能生产出第一流的产品，不能认为已具备第一流的生产能力一样。这种在极“左”路线支配下提出的论调，今天大概已没有多少公开市场了，但也难说完全没有影响。

其所以我国西方哲学研究工作学术水平不高，原因是多方面的。其中当然也有主观方面的原因。我作为西方哲学工作者队伍中的一员，就自身而言，我完全真心实意地承认自己的主观努力是很不够的。但光责备这方面的工作人员努力不够是不能解决问题，也不够公平的。因为尽管有人确实努力不够，但多数人其实还是十分刻苦用功的。但他们取得的成果往往和他们所付出的辛勤劳动不相称。其主要原因我认为还是在于极“左”思想的影响而对西方哲学的重视不够，对这项工作的意义和重要性没有足够的认识，对评价这项工作的水平所应采取的标准也缺乏明确的主张。早在50年代中期制定12年哲学社会科学工作规划时，据我所知，西方哲学就没有被列入重点项目，其理由据说是这方面只要向“苏联老大哥”学习，把他们的研究成果吸收过来就可以了，用不着自己花多大气力去研究；我们只要搞自己的中国哲学就够了。对这种意见，虽然当时就有许多西方哲学工作者提出了异议，但事实上并没有影响到实际工作的安排。在较长时期极“左”思潮的影响下，西方哲学常常被看作是属于“封、资、修”的“货色”而受到排斥、蔑视或打击。许多西方哲学工作者受到摧残和歧视。这些情况中年以上的人都记忆犹新，用不着多说的。直到改革开放路线逐步贯彻，这种情况才逐步有了改变。尽管道路依然是曲折的，但西方哲学工作在中国得到应有发展的日子终于随着改革开放而来到了，并且相信还会随着改革开放路线的进一步贯彻而更加发展、繁荣起来。我们也相信，随着这种形势的发展，必会有越来越多的人走上追求世界先进学术水平的道路，陈康先生、季羡林先生以及其他一些有类似胸襟和主张的学术文化界人士所提出的中国学术界应“与西方一流学者相抗衡”，甚至应力争超过他们的号召必能得到越来越多人的响应，这目标也定会逐步得到实现。

我之所以对此表示乐观，也并非只是盲目地基于一种美好愿望，而是有一些很好的例证表明这种愿望是有根据的。我眼前放着的这部书稿，山东大学哲学系傅有德同志的《巴克莱哲学研究》这部力作，就是一个好例。

说起巴克莱这个名字（特别是不合“名从主人”的原则，多半是照俄语音译过来而较为人所习用的“贝克莱”），在我国倒是并不陌生的。不仅西方哲学史工作者熟悉，学过一些马列主义哲学原理和经典著作的人也都耳熟能详，在绝大多数人心目中，他无非是“主观唯心主义的老祖宗”，荒谬至极的“唯我论”的主要代表，是哲学上的“反动派”。人们的这种印象，主要是从列宁的《唯物主义和经验批判主义》，特别是其“代绪论”，以及以此为据的各种教材或文章中得来的。应该指出，列宁这部名著的目的，主要是在揭露当时俄共（布）党内的论敌波格丹诺夫等人要以马赫主义之类的哲学来修正马克思主义的企图，指出他们的这种观点是与马克思主义的哲学即辩证的和历史的唯物主义相对立的主观唯心主义，其思想渊源可追溯到巴克莱。就列宁的目标来说，这就完全够了。他并不是要作为哲学史家来对巴克莱的哲学作全面的介绍和评价。他也没有义务或必要来这样做。当然，就一般学习马列主义哲学或马克思主义哲学史的人来说，也许了解到这一步也就够了。虽然这种了解也是难免有不够全面之嫌的。问题是在我国解放以来的西方哲学史工作，对于巴克莱哲学的认识和评价，也长期仅只囿于上述论断，仿佛只要稍越雷池一步，就会背离了列宁的教导。这责任当然不能强加到列宁身上，因为他并没有说他对巴克莱哲学的论述就是对他的全面评价，也没有要后来的哲学史工作者对巴克莱哲学的论断只能以他在某书中的观点为惟一依据。而我们过去在西方哲学史作品中对巴克莱哲学的介绍和评价，基本上是只把它作为彻头彻尾的主观唯心主义谬论而全盘否定的。这主要是从日丹诺夫在《西欧哲学史》讨论会上的发言精神支配下的当时的苏联哲学史作品中搬来的。在当时似乎也非如此不可。我至今也不认为应该全盘否定那时在"向苏联学习"口号支配下所做的西方哲学工作。我也是这一工作的参加者之一。那毕竟是打下了我们以马克思主义为指导从事西方哲学史教学和研究工作的基础的。其基本内容我认为也大都符合马克思主义的根本原则和历史真相，决非一无是处。而且我们也并非全盘照搬苏联作品，而是根据哲学家的原著作了补充和订正的。但无可讳言，其流弊和缺点也是明显的。主要弊病就是在所谓"坚持哲学的党性原则"思想支配下的简单化和片面性。往往一个哲学家被判定为唯心主义者就作为"反动派"加以全盘否定，而对唯物主义者则就尽量加以拔高。这类例证当然很多，而对巴克莱的态度则是最明显的例证之一。

这种状况也并非"一帆风顺"。有些人也做过一些抵制或抗争。但这种人往往因此在政治风浪中受到打击，以致终于达到都同唱一个调子的地步。直到党的十一届三中全会以后，随着拨乱反正和改革开放路线的逐步实施，这种局面才终于逐渐被打破。在西方哲学领域内，不仅出版了许多新译的作品和在报刊上发表了许多论文，而且出版了不少研究专著，其中不乏很有独立见解并表现出相当学术功力的作品。就巴克莱研究而言，也出现了若干论文和专著，提出了一些与上述解放以来的传统见解不同的观点和论断。例如复旦大学的阎吉达同志在《贝克莱思想新探》一书中，就强调巴克莱的思想，并非一成不变，而是有其形成和变化的过程，并认为巴克莱的思想"在世界观上，从主观唯心主义趋向二元论；在认识论上，从经验论转向唯理论"。这就冲破了对巴克莱哲学的传统看法，引起人们对它的进一步思考，对巴克莱哲学的研究，自有其促进作用，是很有意义的。别的一些论文也提出了不少新见解。但总的来说，对巴克莱哲学的研究，比起有些哲学家来相对地较少，应该说还是很薄弱的，与我们以上所提出的目标来比，自然还有很长距离要走。而现在傅有德同志的这一著作，我认为是向上述目标迈进的又一步，是可喜的、坚实有力的一大步。

傅有德同志近年曾有机会去爱尔兰巴克莱的母校都柏林三一学院进修，这里是公认的国际巴克莱研究中心，傅有德同志因此不仅能接触到有关巴克莱的全面系统的资料，而且也有机会与当今著名的巴克莱研究专家结识，得到他们的亲自指点和帮助。这就使他有了"入虎穴、得虎子"的便利条件。而傅有德同志确实没有辜负这难得的好机会，果然得了"虎子"回来了。他回国后不久就写出了这一巴克莱哲学研究专著，不仅使我国巴克莱研究的原先较落后的状况大为改观，在我国整个西方哲学研究工作中也是一项很有分量的成果。

在本书中，作者不仅对我国巴克莱研究的历史和现状，作了虽简明扼要却也相当全面的概括，这表明本书是在批判地考察和总结国内有关的已有成果的基础上写成的。但它又绝不是旁人的已有成果的总结，而是以自己的研究大大地丰富和提高了已有成果，使之上了一个新台阶。

更有意义的是，本书不仅考察总结了国内的已有成果，而且更加系统全面地介绍了国外一个时期以来特别是最近的巴克莱哲学研究的状况，列举了许多著名的巴克莱研究专家和权威学者的名字和他们的代表作品，也扼要地介绍了他们的主要观点和突出成就，并对他们的得失作出了自己的评论，对像卢斯那样的权威学者也在充分肯定其成就的同时指出其不足；对其他学者的观点更大胆地作出了评论，肯定其正确的方面，批评其错误或缺点。我之所以说本书标志着向“与西方一流学者相抗衡”的目标“迈进了可喜的、坚实有力的一大步”，其根据正在此。我国的西方哲学史研究作品，虽也确有学术水平相当高的，但即使这样的作品，也很少与国外有关学者直接交锋。傅有德同志的这一作品在这方面也使人感到面目一新。

本书在巴克莱研究乃至整个西方哲学研究方面之所以值得重视，更重要的还在于它对巴克莱哲学的本质或主要倾向，提出了很新颖的见解，对这方面的传统观点提出了挑战。本书把巴克莱的哲学称之为“非物质主义”，并认为“其主要倾向是客观唯心主义的”，“可以说是一种客观唯心主义的现象论”，而不是传统观念所认为的“主观唯心主义”，更不是“唯我论”。当然，本书所提出的这种主张是可以争论的。我决无意认为本书的论述已一劳永逸地最终解决了关于巴克莱哲学的“主导倾向”或“本质”问题，今后大家都必须接受它作为普遍同意的结论。对真正的哲学问题，是不可能有这样的结论的。对一位哲学家的哲学体系及重要观点的理解和把握，总是涉及一些根本性的哲学问题，因此也是难以获得普遍共识的。本书介绍的西方研究巴克莱的各专家之间，对此问题也就意见不一。应该说，我国近年来对巴克莱哲学的主要倾向或本质的看法,也表现出各种各样,本书引论中对此也作了介绍。而本书所提出的观点,也并非全属作者首创的全新论断,是吸收了其他学者的看法加以提炼而成的。重要之点在于作者不是简单地提出乃至袭用旁人的一个论断,而是对此作了比较详尽的、较有说服力的论证,是“持之有故,言之成理”的,这就不仅在西方哲学史研究成果宝库中增加了一件珍品,而且使人不管对此观点赞同与否都须对其论断及论据加以重视,从而对巴克莱哲学的本质作进一步的思考,这对推进巴克莱哲学的研究自然有其重要意义。

本书的成就也不仅在于对巴克莱哲学的主导倾向提出了自己的新见解并作了较有说服力的论证,还在于它对巴克莱哲学的全部内容,从横的系统结构和纵的发展过程两方面作了较全面完整的、也较深入细致的、条理清晰的评介。除了较详细的也有较丰富新内容的对巴克莱生平的介绍之外,对巴克莱的哲学,抓住其几个主要的方面,如“非物质主义的形成及其思想渊源”、“新原理”、“观念论”、“驳物质论”、“精神实体论”、“自然哲学”、“反抽象论”等,分章作了既有丰富材料又有鲜明观点的论述;既对其内容作了实事求是的介绍,又对其得失努力作出符合马克思主义的评价;既一反过去在极“左”思潮影响下对巴克莱哲学一棍子打死、全盘否定的简单粗暴做法,对巴克莱哲学中的合理成份和对人类思想有促进作用的方面大胆作了肯定,也对其哲学的错误方面作了应有的批判。在这全面系统的评介中,也是新意迭见。这些因原书俱在,这里不一一论列。总之,这是一部既对初学者较全面地了解巴克莱哲学很有帮助,也对研究西方哲学史的专门家很有启发的可说是“雅俗共赏”、“深入浅出”的优秀力作。

最后但决非最不重要的一点是，本书作者是努力用马克思主义的基本原理来指导自己的研究工作的。以上已指出作者努力用马克思主义的观点来对巴克莱本人以及巴克莱研究家的观点作了评价和批判。如指出西方巴克莱哲学研究者一般都缺乏历史观点，作者就是根据马克思主义的基本观点对之作出了切中要害的批评。诚然，本书并没有引用很多马克思列宁主义著作的词句，也“没有拘泥于马克思或列宁对巴克莱哲学的实质的个别结论”，而是从全面掌握和正确理解史料入手，认真、仔细地剖析巴克莱哲学的一些关键问题和概念，得出了自己对巴克莱哲学的基本性质的新论断。我认为这种态度正是摆脱了寻章摘句的教条主义习气，回复到马克思主义的正确原则或实事求是的思想路线的表现。

当然，要真正能够运用马克思主义的基本原理来解决哲学史研究中的具体问题，哪怕是其中的一个问题，也都要付出艰巨的劳动，是很不容易的。本书在这方面是否实际上已做得很好，这是可以讨论的。但作者的基本态度是符合马克思主义的，应该肯定的。

正如世界上不可能有十全十美的事物一样，本书也不可避免地存在一些不足，作者在“引论”中对此已做了说明，我这里就不再赘述了。

傅有德同志和我本不认识，后来因作为同行一起参加过几次有关西方哲学史的学术会议，他又曾表示过想报考我的博士生，因此有了些接触，并给了我好学上进的良好印象。后来知道他有机会出国进修了，我也为他庆幸。初未料到他进修回国不久，就能写出这样一本很有分量的学术专著。他先将书稿“引论”部分寄给我，向我征求意见，并问我能否为之写一序言。我一看“引论”,就为他广泛掌握国外巴克莱研究的状况及提出对巴克莱哲学实质的新见解所吸引,表示愿意答应他的要求,同时想先看看他的全部书稿,他也就把全稿寄给了我。我仔细地读完了全书,感到确是我国近年来在西方哲学史领域中很有价值的一个新成果,也正是改革开放路线的一个新收获。若不是改革开放路线使傅有德同志能去巴克莱母校进修,我想是决写不出这样一部作品的。这作品同时也引发我的许多感想,我很想有机会谈谈这些看法,于是就把它们都写了下来,并以此作为本书写的序言。这些感想未必都与本书有直接关系,但确是读了本书原稿后在我心中引发的感想。有些本是在心中酝酿了多年的,但这毕竟是为他人著作写序,因此有些想法也只是提及而未能发挥。其中必有许多不当或错误之处,也望傅有德同志本人和其他同行师友及广大读者批评指正。

1990年12月于武汉大学

序 二

谭鑫田

傅有德同志的《巴克莱哲学研究》一书就要与读者见面了。我国西方哲学研究领域又增添了一部字数虽然不算很多,但在内容上很有分量的专著。

应作者之邀,我曾两次细心阅读过这部著作的书稿。作者的目的当然是让我提意见,我也尽量满足作者的这一要求。但是,读过之后,给我的总感觉是令人耳目一新,使人开阔眼界。我从中也学到不少的东西,受到很大的启发。“青出于蓝而胜于蓝”,我为作者能写出这样的著作而感到庆幸。

我觉得这部书之所以令人耳目一新,是由于它没有重谈大家在巴克莱的研究和教学中重复了几十年的那几句套话,而是对巴克莱哲学进行了新探索和再评价。学术研究就应该这样,只有不断提出新见解,不同观点相互争鸣,才会有生气,也才会有发展。相反地,如果大家都在重复一种观点,就会成为死水一潭。我们在相当长的时间内,几乎同声地肯定巴克莱是一位主观唯心主义者和唯我论者,很少听到不同的声音。改革开放以来,人们开始提出了一些新观点。傅有德同志正是在改革开放所形成的学术环境中提出了与巴克莱哲学的传统评价不同的新观点。他认为,巴克莱的“非物质主义”的主导方面是“客观唯心主义的现象论”,并且基于这一基本观点,对巴克莱的许多哲学理论都提出了独到的见解。应该肯定,作者的新见解决不是为标新立异而不顾及理论与史料,完全凭主观意志构造出来的,更不是为了“离经叛道”而提出来的。相反,他的这些见解是经过刻苦研究,认认真真地提出来的。文如其人,作者在待人处事和做学问上都是非常认真的。早在去爱尔兰都柏林三一学院进修之前,作者就把研究的重点放在近代经验论和唯理论上,开始研读巴克莱的哲学著作。在爱尔兰和回国以后,作者又悉心研读了巴克莱主要著作的英文原版和西方研究巴克莱的大量论著。他是在用马克思主义哲学的基本观点分析了所掌握的大量材料的基础上得出了自己的结论。因此,作者的基本观点是经得起推敲的。

该书之所以令人耳目一新,也在于作者在其中论述了国内学者很少涉及到、甚至根本没有涉及到的巴克莱哲学中的一些理论。巴克莱作为近代著名的哲学家,著作之丰富虽然比不上康德和黑格尔等哲学家,但也是著作甚多的哲学家之一。这一点从卢斯与约瑟朴编纂的《巴克莱全集》有九卷之多可以看出来。巴克莱在他的著作中论述了许多深奥的哲学问题。可是,我们在相当长的时间内把他的哲学只归结为“存在就是被感知”,“物是观念的集合”等少数几个命题,过于简单化了。相反地,作者在全面研读巴克莱著作的基础上,研讨了国内尚未涉及到的许多理论问题。如法国哲学家马勒布朗士和培尔对巴克莱的影响,什么是巴克莱在《哲学评论》中所提出的“新原理”,以及巴克莱在自然哲学和语言哲学方面提出的许多观点,等等。读者阅读过本书之后,一个比较完整的巴克莱的新形象就会呈现在眼前。

本书之所以令人耳目一新,还在于作者涉猎到西方著名的巴克莱学者研究的大量新成果。研究西方哲学家的思想,只研读哲学家本人的著作固然也可以写出有分量的论著来,但是,应该承认这样的论著是有局限的。这正如工业生产一样,如果一切都从原材料和原始的技术做起,不利用半成品和现代技术,不可能生产出高精尖的产品来。毫无疑问,作者利用了西方学者的研究成果,包括一些最新成果。读者读过本书之后可以看出,作者并没有盲目地拜倒在西方学者的脚下,而是对之采取了分析批判的态度。这种分析批判的态度表现在作者注意到西方学者在研究巴克莱的哲学(研究其他哲学家也大都如此)时,过分注重逻辑和语言的分析,以及把巴克莱现代化的不良倾向。正因如此,作者并没有把西方学者感兴趣的所有问题作为自己研究的重点,而是比较集中地论述了有关巴克莱哲学性质的几个重要方面。作者在本书中也有说服力地批判了西方著名学者的某些具体观点。总之,可以说本书是在借鉴西方学者研究成果基础上完成的,因而是一部"站在别人肩上"的著作。

本书的特点还可以说许多,我想还是让读者自己去发现为好。最后谈点我认为是本书的不足之处。作者在巴克莱哲学的新探讨和再评价中提出的许多观点无疑是成立的,而且论述也是比较充分的。但其中也有些见解立论的根据不是很充分。再就是本书的结构,把巴克莱的反抽象论放在最后一章,是否恰当也值得研究。在《人类知识原理》一书中,巴克莱把他的反抽象理论放在"绪论"中,由此可见他是把这一理论视为其整个哲学体系的基础的。

作者期望本书能促进我国对巴克莱哲学的研究，我想这一期望是可以实现的。我也期望作者不久能拿出更大的成果。

1990年12月

引　论

一

如果从30年代中期商务印书馆出版著名翻译家关文运先生译的《柏克莱哲学三篇对话》、《人类知识原理》和《视觉新论》三部著作算起，乔治·巴克莱这位西方近代著名哲学家的幽灵也在中国的文化世界中游荡了五十多个春秋。那么，在这漫长的半个多世纪里，巴克莱在我国的境况如何？中国学人对他的认识和理解究竟达到了什么程度？他在中国知识分子心目中是何等人物？这些是我们首先关心的问题。

且不说在那烽火连绵、战乱频繁的岁月里，反映巴克莱哲学的论著寥若晨星，就是从1949年至今，据粗略统计，专论巴克莱的文章也不过30篇左右，篇幅较长的著作仅见阎吉达先生的《巴克莱思想新探》。如此数量，跟研究其他著名哲学家的论著相比较，显然是太微不足道了。也许仅仅因此我们便可以说，中国学者对这位西方来客并没有表现出多大的热情，“门庭冷落”四字倒是很适于表现他在中国的境遇。哲学家如有在天之灵，一定会怨天尤人，抱怨我们对之不公，没有给予和他的鼎鼎大名相称的礼遇。

翻开50年代的报刊，映入眼帘的是这样一些赫然醒目的标题:《贝克莱的主观唯心主义》,《破滥的哲学,精巧的神学——贝克莱主观唯心主义哲学批判》,《贝克莱——近代西方主观唯心主义的老祖宗》,《哲学史上的唯我主义》,诸如此类。多少年来,巴克莱的名字与主观唯心主义、唯我论难分难解,以至使人产生了条件反射,每当看到或听到这个哲学家的名字,就不由自主地联想起可恶、反动的主观唯心主义或唯我论;反过来,一旦接触到主观唯心主义、唯我论,就自然想到巴克莱这架"发了疯的钢琴"。总之,在很长一个时期内,在我们的论著中、教材里、讲坛上,到处都可以看到或听到这样的语句,"存在就是被感知"这一命题是指世间事物的存在在于被人的心灵所感知,这就等于把客观的物质世界变成了主观的产物;"物是观念的集合"就是直接宣布周围的事物乃是我的感觉。一句话,巴克莱是主观唯心主义者、唯我论者。直到现在,这一评价依然是西方哲学史领域中的最强音。

尽管如此,进入80年代以来,我国的巴克莱研究还是取得了可喜的进展。有人撰文对认定巴克莱是主观唯心主义者的传统见解提出了挑战,主张"存在就是被感知"是一个分析命题,无非是肯定"感觉的存在在于被感知",而产生观念的原因是大写的精神实体——上帝,所以,巴克莱哲学属于客观唯心主义。也有人认为,巴克莱哲学从本体论上看是客观唯心论,而在认识论上则是主观唯心主义的。还有人主张,当巴克莱声称一切感知对象都是感觉观念,而观念只能存在于人的心中时,他是一个主观唯心主义者;而当他认为一切存在都离不开上帝,都在我个人的心灵以外存在时,他又是客观唯心主义者;在这个意义上,巴克莱的哲学本身就是一个自相矛盾的体系。有的文章对照了巴克莱早期的非物质主义和晚年著作中的自然哲学思想,认为在巴克莱那里有一个从主观唯心主义向唯物主义的二元论转变的问题。还有的论文指出，巴克莱的科学观是以神秘唯心主义为基础的，旨在调和宗教与科学，使科学服从于神学。阎吉达先生的论著介绍了巴克莱的《笔记》即《哲学评论》，全面考察了巴克莱的非物质主义哲学以及政治、经济、伦理和美学思想，并将《论运动》译成中文，对我国的巴克莱研究作出了较多的贡献。越来越多的学者认识到，在相当长的一个时期内，我们对巴克莱哲学的态度是过分简单化了。一些人认为，巴克莱关于主体与客体相互关连的思想，强调了认识的主观性和相对性，对克服17世纪形而上学的独断论和形而上学唯物论的局限性，都有积极的作用和意义，对后来哲学和科学的发展也产生了重大影响；休谟哲学的形成，以及康德关于思维的能动作用的思想，都与巴克莱哲学有密切关系。

然而，毋庸讳言，我们对巴克莱哲学的研究仍然是不够全面的，很初步的。巴克莱哲学中的一些重要方面，例如自然哲学和语言哲学的许多问题，还没有讨论到，或者涉及甚少；对巴克莱哲学中的一些基本原理，如"存在就是被感知"、"物是观念的集合"这样的重要命题的理解，由于缺乏细致的分析而停留在一般的水平上，甚至产生误解。至于对巴克莱是如何反驳物质的存在，上帝和人心的性质和功能，观念与事物，以及不同观念之间的关系等问题的探讨，就更是粗线条的，不够详尽的。

总之，虽然我国近年来的巴克莱研究取得了一定成就，但从总体上看，冷清与单调、粗线条和浅层次，依然是我国巴克莱研究的基本现状。

二

巴克莱在西方的命运与此截然不同。他的"非物质主义"一经公之于世,立即在知识界引起了强烈的轰动效应。近三个世纪内,尽管褒奖与非议、赞扬与嘲讽之声此起彼伏,各种意见、不同的评论纷然杂陈,但是毫无疑问,巴克莱始终是西方哲学史上最引人注意的人物之一,他的非物质主义哲学一直是人们热衷于讨论的重要课题。

在上个世纪,以弗雷泽(A.C.Fraser)为主要代表的巴克莱学者,在发现、整理和出版巴克莱的论著,研究其生平和思想方面,取得了丰硕成果。到了本世纪四五十年代,卢斯(A.A.Luce)与约瑟朴(T.E.Jessop)这两位巴克莱母校的哲学家编纂出版了九卷本的《巴克莱全集》,这是迄今最全面、最权威的巴克莱著作。同时,以卢斯的大量权威性研究性成果为主体,许多学者的论著也相继问世,这使哲学界对巴克莱的研究达到了前所未有的高潮。正由于此,都柏林三一学院被公认为国际巴克莱研究的中心,卢斯则被誉为"20世纪最伟大的巴克莱学者"。

70年代以后,西方又迎来了一个巴克莱研究的热潮。1975年,第一个国际性的巴克莱研究组织——国际巴克莱学会在美国的罗得岛州正式成立。1979年9月,这个学会值巴克莱赴美推行"百慕达计划"250周年之际,在美国罗得岛州的纽波特(Newport)召开了规模盛大的"巴克莱纪念大会"。1985年,在美国的纽波特,密执安的卡拉马祖(Kalamazoo)学院,爱尔兰皇家科学院,都柏林三一学院,爱尔兰的克罗因,加拿大的渥太华,法国的巴黎和贡比涅(Compiene),英国的牛津大学,分别举行了学术会议和活动，纪念巴克莱诞辰300周年。此外，据不完全统计，从1971年至今，约出版巴克莱学术专著20余种，发表论文400余篇。由美国巴克莱学者皮彻(G. Pitcher)担任总编的一套十五卷本的巴克莱系列丛书也于1989年问世。这些都表明，一个新的巴克莱研究热潮正方兴未艾。时至今日，人们为什么对巴克莱表现出如此浓厚的兴趣？用特本尼(C. M. Turbayne)教授的话来说，根本原因在于，巴克莱"具有惊人的当代性，他涉及了现在哲学家们所关心的大多数问题……"①

近年来，在巴克莱著作的出版、文献的发现以及他的生平的研究方面又有新成绩。艾厄斯(M. R. Ayers)以卢斯和约瑟朴的《巴克莱全集》为基础，编辑出版了英文的《巴克莱哲学著作》(1975)。法文版的《巴克莱全集》，英文版的《哲学评论》，德文版的《巴克莱论视觉》和荷兰文的《巴克莱哲学三篇对话》，也都是在过去的近几年中问世的。1987年，瑞典学者贝尔弗雷奇(B. Belfrage)还重新整理出版了《巴克莱的手稿绪论》这一重要历史文献。此外，经过波曼(D. Berman)等学者的努力，现在发表的巴克莱的书信已由原来的270封增至290封。其他的文献资料也相继被发现和发表。其中一篇题为《作者意见概述》的手稿尤其值得注意，它简明扼要地表现了巴克莱哲学的总观点和基本立场②。波曼博士整理和出版了巴克莱的遗孀写在由斯多克(J. Stock)撰写的第一部《巴克莱传》书页中的全部眉批和注释③，为研究巴克莱其人提供了很有价值的史料。正是以此为重要根

---

① 特本尼编：《巴克莱：批判与解释性论文集》序言。

② 见《巴克莱通讯》第4号(1980年)。

③ 见《赫墨西娜》1977年和1985年号。

据，波曼对巴克莱的个性和人品提出了颇具说服力的新见解①。此外，美国学者高斯特(E. S. Gaustad)的《乔治·巴克莱在美国》(1979)一书使人更清楚地了解了巴克莱的所谓“百慕达计划”的前前后后，以及他在美国纽波特两年多的生活情况。

巴克莱哲学究竟属于经验论抑或其他流派？在这个问题上，一些学者紧步卢斯的后尘，摆脱了所谓巴克莱是从洛克到休谟的英国经验主义哲学发展过程中的一个环节的传统见解，认为巴克莱属于理性主义的笛卡尔派。例如加拿大学者布莱肯(H. M. Bracken)就明确宣称：巴克莱“既不是英国人，也不是经验论者，如果必须给以归属，那么更准确地说法是爱尔兰的笛卡尔派”②。美国的洛伊朴(L. E. Loeb)也指出：如果可以把从笛卡尔到休谟之前的这段历史称为“大陆形而上学”的话，那么，巴克莱就像笛卡尔、斯宾诺莎、马勒布朗士和莱布尼茨一样是其中的重要成员③。当然，仍有一些学者坚持传统观点，如贝内特(J. Bennett)在《洛克、巴克莱、休谟：核心问题》(1971)一书中就是把巴克莱当作主要的经验主义者之一来研究的。戈雷令(A. C. Grayling)和但西(J. Dancy)分别在《巴克莱：中心证明》(1986)与《巴克莱引论》(1987)中依旧称巴克莱为经验主义者。

在讨论巴克莱与传统哲学家的关系时，以贝内特为代表的一种意见认为，巴克莱在批判洛克的物质实体和两种性质学说时误解了洛克，因而其批判实际上是“矢不中的”。波曼以及布莱肯则别有新论：在巴克莱的主要哲学著作中，他所批判的物质

---

① 见《赫墨西娜》1977年和1985年号。

② 布莱肯：《巴克莱》1974年版，第18页。

③ 参见洛伊朴：《从笛卡尔到休谟》1981年版，前言和第8章。

实体和两种性质的划分理论，不是针对洛克，而是针对笛卡尔、马勒布朗士以及霍布斯等人的，因而不存在误解洛克的问题。另外一些学者如皮彻、蒂波顿(I.C.Tipton)和但西等仍然认为巴克莱所否定的是洛克的或主要是洛克的学说。关于抽象理论，多数学者主张，巴克莱所批判的抽象论是直接指向洛克的，而弗雷奇(D.E.Flage)则认为，巴克莱所批判的不是洛克一人，而是包括亚里士多德、托马斯、阿奎那、笛卡尔及其学派以及洛克在内的许多哲学家的抽象学说。值得注意的重要一点是，随着卢斯的研究和极力宣传，越来越多的巴克莱学者承认，法国哲学家马勒布朗士和培尔对非物质主义哲学的形成产生过极其重要的影响。

在《哲学评论》中，巴克莱宣称他有一条与怀疑主义原理相对立的新发现、新原理，但他又没有直接表明什么是其新原理。于是在这个问题上产生了不同意见。卢斯认为，巴克莱的新原理就是"存在就是被感知"这一命题，其完整的表述应该是：存在就是被感知，或感知，或可能的被感知，或可能的感知。另一种意见强调精神实体的重要性，认为"心灵是通过感知而支托可感性质的实体"才是巴克莱的新原理。这一看法是由艾厄斯提出来的。戈雷令则认为，巴克莱的新原理就是他对"存在"一词的新解释，即存在所指的是被感知的观念和感知的精神实体两种东西。这是西方巴克莱研究著作中，比较明显的三种意见。

巴克莱哲学与常识的关系也是西方哲学史界普遍关心的问题之一。一种观点认为，巴克莱对常识同时采取了"调和与不调和"两种态度，即当他认为我们感知的即是实在的事物时，"他要我们回到常识的真理"，而当他主张我们感知的只是我们心中的观念，不同的人对同一事物产生不同的对象以及同一个人对同一事物在不同时刻会有不同的对象等学说时,他就与常识相悖了,而且事实上,违反常识的一面在巴克莱那里占据主导地位①。另一种观点是,巴克莱既坚持唯心主义,又维护常识,在他那里,"唯心主义与常识是和谐一致的"②。另一种观点首先把巴克莱的非物质主义哲学分为否定与肯定两部分,进而指出:在否定可感物背后的物质实体这一点上,巴克莱与常识是一致的,然而,就他肯定外物就是观念或其集合物而言,他就与常识背道而驰了③。还有人认为,尽管巴克莱的目的是使人们回复到常识实在论,但实际结果却事与愿违:他的"新实在论成了新怀疑论——对常识的公然否定"④。另外还有一种意见,即是说,在巴克莱那里,实在的事物是由上帝创造的观念或性质组成的,就此而论,他的观点"比洛克和现代物理学、心理学的观点更符合常识"⑤。

人们公认,巴克莱那里的实在物即观念或其集合。但是,由于人们对观念与心灵的关系的理解不同,故而造成了对巴克莱哲学的实质的不同看法。一种看法强调,巴克莱的观念即感觉,即现实地存在于人的心灵中的观念,所以,巴克莱是唯心主义者。贝内特、蒂波顿、但西等大致主张这一观点。戈雷令更多地注重巴克莱的观念的客观性,认为观念是组成实在事物的可感性质,其原因不是人心,而是上帝,所以这种哲学属于实在论,而

---

① 参见皮彻:《巴克莱》(1977年)第9章。

② 帕坡斯:《巴克莱、感知与常识》,载特本尼编《巴克莱:批判与解释性论文集》第1篇。

③ 参见蒂波顿:《巴克莱:非物质主义哲学》绪论和第3章。

④ 帕波肯:《通向怀疑主义的大道》第338页。

⑤ 参见戈雷令:《巴克莱:中心证明》第2章,第18—27页。

且如果把洛克那种既承认上帝存在,又把不可认识的物质当作观念的原因的理论叫作"绝对实在论"的话,那么巴克莱的学说则是"有条件的实在论"①。总起来看,过去那种认为巴克莱是极端的主观唯心主义或唯我论者的见解已经日益少见了。一些学者认为,在巴克莱那里,观念也罢,事物也罢,都不过是指人的感官的对象,知识的对象,也就是说,自然界中的一切归根到底都是科学所能达到的实际现象,因此,巴克莱哲学是一种"现象主义"的学说。

有无可能的存在也是许多人关心的问题。卢斯认为,在巴克莱哲学中,存在的事物包括正在被感知的或可能被感知的观念。这种解释招致了一些人的批评。例如蒂波顿指出:卢斯的解释既是不一贯的,也是不能接受的,"巴克莱旨在主张这种观点:可感的事物必须被我们或被某一永恒的精神现实地感知",所以,"存在就是被感知"这一原理"排除了存在未被感知的可感物的可能性"②。戈雷令也强调实在物与上帝的关系。在他看来,由于巴克莱主张上帝是永恒的感知者,因此,一切存在都是现实的,没有可能的存在,所谓可能性是仅仅对人的有限心灵而言的。③ 皮彻的主张是:在《人类知识原理》中,巴克莱没有清楚地提出未被感知的对象是否存在的问题,只是在《三篇对话》中这个问题才得以明确。不过,巴克莱用上帝来说明可感的未被感知部分的实在性是不充分的,上帝并无法保证事物的完全的实在性。④ 但西与戈雷令一样认为在巴克莱那里没有可能的存

① 参见戈雷令:《巴克莱:中心证明》第2章,第18—27页。
② 参见蒂波顿:《巴克莱:非物质主义哲学》第117—120页。
③ 参见戈雷令:《巴克莱:中心证明》第4章。
④ 参见皮彻:《巴克莱》第166—175页。

在,不过他认为,在巴克莱哲学中,一切观念都是现实地存在于人心中的,我们不可能设想一种现实存在而未被感知的客体,或能够存在又未被感知的客体。这也是他之所以认为巴克莱是唯心主义者的主要理由。

另外两个重要的问题是事物的同一性和时间的性质问题。所谓同一性问题是指不同的人心是否能够同时感知同一个事物,或者说具有同一个观念,还指同一个人能否在不同的时刻感知到同一个事物,拥有同一个观念。有的学者认为,根据巴克莱的学说,被不同的人在同一时刻或者被同一个人在不同时刻感到的是质上相同而量上不同的东西。也有人从整体和部分的角度解释这个问题,认为事物或观念之间的同一性主要在于不同的人同时或一个人在不同的时候可以感知同一个事物即神的观念的一部分。在时间问题上,比较一致的看法是,巴克莱所说的时间是指观念在某个个体心灵中的相继或持续,与上帝和其他的心灵无关,所以时间是纯粹私人的,没有公共的客观的时间。

贝内特指出,在巴克莱那里有两种关于上帝存在的证明,即被动性和连续性证明。前者的大意是:被动的感官的观念不是我的意志活动引起的,而是由另外某种存在的意志活动引起的,这个作为观念的原因的存在就是上帝。后者则是说,当人心不感知事物时必有一非人的精神感知它们,以确保其持续存在,这个精神就是上帝。后来的许多学者接受了上述第一种证明,而对第二种证明持怀疑乃至否定的态度。此外,洛伊朴和胡肯(Hooken)等人还认为巴克莱主张一种视觉语言证明,即是说,视觉观念是揭示其他感觉观念的符号,它们构成了自然的普遍语言,而这种视觉语言的作者就是上帝。在上帝的性质问题上,许多人认为,巴克莱哲学中的上帝与正统宗教神学中的上帝相同。也有人如戈雷令持不同意见,主张巴克莱的上帝主要是形而上学意义上的,其功能是引起并保持宇宙的存在。一般说来,凡主张巴克莱哲学是唯心论的,不强调上帝在其体系中的作用,而认为巴克莱是实在论者或现象论者的人则把上帝的作用看得更重要一些。

我们发现,在最近十几年的巴克莱研究中,更多的人在考察巴克莱哲学的思想来源时超出了近代经验论和唯理论的界限而追溯到了某些古希腊和中世纪的哲学家;而在看待其历史影响时也不仅局限于休谟、康德,实证主义与实用主义,而是扩展到了现代分析哲学、科学哲学、精神哲学、语言哲学、政治哲学、伦理以及数学和心理学等广泛的领域。同时,涉及的问题也日渐增多。除了上面提到的以外,西方巴克莱学者们感兴趣的重要问题还有抽象的本质,观念和语词的关系,语词的意义,语言的本性,心灵的本性及其与观念的关系,自我和他我的关系,如何形成自我与上帝的知识以及这种知识与观念知识的区别,空间与运动的本质问题,视觉与触觉以及其他感觉之间的关系,数学中的无限问题和一些伦理、政治和宗教哲学中的问题。其中有的问题是随着西方哲学中新流派的出现和新方法的使用而新产生的问题。

如果说西方的巴克莱研究中有什么不足的话,那么,我们感到有两点值得一提,其一是普遍缺乏历史感,就是说,西方巴克莱学者在研究其思想时着重的是逻辑和语言分析,常常在著作的字里行间做文章,往往忽视其哲学与当时的社会和文化背景的关系。其二是有任意拔高的情况,在某些问题如意义理论方面,巴克莱被过分现代化了。

由上述看出：西方学者对巴克莱的兴趣异常浓厚，对他的研究在广度上几乎涉及到了他的生平和思想的每一个方面，在深度上则达到了相当深刻、细致入微的程度。这种局面和他在中国的境况形成了鲜明的对照。

三

鉴于中国与西方在巴克莱哲学研究方面存在着明显的差距，考虑到巴克莱在近代西方哲学史上的重要地位和对整个人类文化的深远影响，我们认为有必要对巴克莱哲学进行更全面、更深入、更合于实际的研究和评价。于是，就产生了这部以探讨巴克莱的非物质主义哲学为主要内容的由八章构成的作品。

本书第一章简明扼要地介绍了巴克莱那充满传奇色彩的一生，其中着重叙述了他生活中的三件大事。第一是以他的《人类知识原理》为标志的非物质主义哲学体系的诞生。这一事件使年仅25岁的巴克莱永远当之无愧地标名于欧洲和世界名哲的行列之中，同时对他本人以后的社会与学术生涯产生了直接而重要的影响。第二件是他的“百慕达计划”，这是一项旨在于美洲殖民地建立“圣保罗神学院”，培养本地传教士，帮助大英帝国进行殖民统治的计划。由于它本身带有不切实际的浪漫色彩，加之没有得到英国政府的财政支持而最终流产。第三件是有关焦油水的风波。说的是巴克莱在担任克罗因主教期间，适遇全爱尔兰流行瘟疫，他便采用据说是从美洲印第安人那里学来的方法，用焦油树脂与冷水的浸泡剂为民治疗病痛。不久，这种焦油水竟被视为万应良药，奇迹般地风行于英伦诸岛和一些欧洲大陆国家。在这三件大事中，第一件表明的是巴克莱的奇才，第

二、三两件则是关于他的奇闻奇事。结合起来，三者一起体现了巴克莱那极富想象力、创造性和冒险精神的非凡人格。

在第二章中，我们首先表明，巴克莱非物质主义哲学的形成有一个过程。在1708年秋以前，巴克莱曾经是一个彻头彻尾的主观唯心主义者。那时他认为，世界上的一切事物都是人的心灵的产物，因而都属于意识的东西。这便是他所谓的"第一论证"。1708年秋后，巴克莱逐渐放弃了这种观点而形成了他的以客观唯心论为主要特征的成熟思想。他主张自然界中的一切事物都是上帝创造出来并与人的心灵相联系的观念，它们亦可称为可感物或感知对象。他反复申明，观念、对象物与人心相联系而存在，但其来源不是人心，而是上帝这一永恒、客观的精神，因此，他没有把世界上的事物变成主观意识性的东西。

在建立非物质主义哲学的过程中，巴克莱受益于前此许多哲学家，其中主要是洛克、马勒布朗士和培尔。洛克是巴克莱哲学上的开蒙"老师"，他的《人类理智论》教给巴克莱什么是哲学以及哲学关心的主要问题。不仅如此，它还从正反两方面为巴克莱哲学提供了主要的思想源泉。马勒布朗士对物质实体的游移态度，有利于巴克莱摒弃洛克哲学中"食之无味"的物质实体概念；尤其是他主张广延观念在上帝中存在的观点，大大激发了巴克莱如何摆脱观念的纯主观性枷锁的灵感，从而为肯定观念对象的实在性迈出了关键的一步。培尔使巴克莱深切感到，不论哪种哲学，只要承认现象与本体、观念与实在的差别，就会自然而然地认为现象背后有实在性，否认可感对象的实在性，因而不可避免地陷入怀疑主义的陷阱。培尔还向巴克莱暗示，第一性质与第二性质在本质上是同一的，它们都不是外物固有的东西，这成为巴克莱否认物质实体和心外之物存在的重要论据。

什么是巴克莱的新原理？新原理意味着什么？它在巴克莱的整个哲学体系中占据什么地位？这是本书第三章所讨论的主要问题。在巴克莱看来，他以前的绝大多数哲学家犯有一个通病，这就是把世界二重化，主张现象与本体、观念与实在的差别和对立，肯定可感物背后隐藏着实在性，这是怀疑主义的原理，正是它导致了人类知识中无数的错误和纷争。与此恰好相反，他宣称"存在就是被感知"，认为凡可感之物皆是实在的，现象背后无实在。这条与怀疑主义原理相反的原理正是巴克莱自称为惊世骇俗的"发现"或"全新的"原理。

"存在就是被感知"，不仅意味着被人心感知，而且也包含被上帝感知。照巴克莱的分析和解释，上帝凭其意志创造出可感的观念物，同时又利用其理智不间断地感知着它们，从而保证它们的连续存在。人心的感知在于使客体与主体相联系，使上帝创造和感知的实在同时成为作为人的对象的实在。正是凭借这两种感知的结合，巴克莱得以从本体论和认识论的统一中解决了以往哲学家一直无法解决的现象与实在的对立问题，使实在与对象同一起来了。这也是巴克莱的新原理的意义所在。"存在就是被感知"这条新原理是巴克莱非物质主义哲学的核心，它既蕴含着"物是观念的集合"这一肯定的命题，又暗示了物质实体或外物的非存在这一否定的方面，同时还为其他一些原理打下了基础。

西方巴克莱学者在什么是巴克莱的新原理问题上的各种解释，得与失的大小、多少不尽相同，都带有程度不同的片面性。

第四章的任务是专门论述巴克莱的观念学说。巴克莱在论述其观念与心灵的关系时循着三条原则，这就是：第一，差别性原则，强调观念与心灵是完全不同的东西；第二，内在性原则，表明观念只能存在于精神实体中；第三，同一性原则，指出观念不能与对它们的感知相分离。这三条原则阐述了观念与心灵既相互区别，又相互关联的关系，强调了它们之间有差别的同一和同一中的差别。这是我们理解巴克莱的观念论的关键。

在巴克莱那里，观念有三种类型：感官的观念、反省的观念和想象的观念。前者指实在的事物，中者是人的心理活动的结果，后者则是前两者的映像或幻相。后者跟前者在产生的根源、对人心的依赖性以及有序、清晰和稳定的程度诸方面，都有显著的差别。巴克莱一再强调其间的差别性，旨在告诫人们不要因为它们都属于观念而把二者混为一谈，它们的区别是本质性的，即实在与虚幻的根本区别。

在非物质主义哲学中，感官的观念，第一性质与第二性质，以及感觉是同一事物的不同名称，指的都是人的感官可以直接感到的事物，因此，说"物是观念的集合"，或者说"物是感觉的复合"，"性质的结合"，含义都是一样的。由于巴克莱主张可感的事物或观念是上帝的造物和感知对象，其产生和存在都直接依赖于上帝，人心在对象物的存在问题上不起决定作用，同时，它们又与想象的观念厘然有别，因此，我们认为，巴克莱哲学的基本性质不是主观唯心主义，更不是只相信"自我"存在的唯我论，实际上，其主导倾向是客观唯心主义的。就巴克莱把自然界中的一切事物都归结为认识的对象——现实的与潜在的对象，并且否认有超验的外物而言，非物质主义可以说是一种客观唯心主义的现象论。

我们还认为，巴克莱的非物质主义哲学不是常识，也不是实在论，但它并不直接与常识和实在论相对立。它否认现象背后的实在性，主张直接的可感对象的实在性，这一点是常识和实在论者可以赞同,愿意接受的。

驳斥物质实体和外物的存在,以反对唯物主义和无神论,是巴克莱哲学的主要目的之一。这部分内容是在第五章中阐述的。巴克莱将自己的驳物质论分为“先验的证明”与“后验的证明”,前者旨在揭露传统的物质概念中所包含的矛盾或错误,从理论和逻辑上证明物质的不存在,后者则采用概括物质学说在哲学、神学和其他人类知识方面所带来的种种灾难和不幸的手法,以期达到同样的目的。在巴克莱看来,所谓人心以外的存在,与人无关的对象物,所谓不思想的物质拥有观念,所谓人的观念与超验原型的相似和契合,统统都是自相矛盾的,因此也是在理论上站不住脚,在现实中不可能存在的。此外,关于物质是产生观念的原因、工具或偶因的论调也是毫无道理的,因为它直接与上帝的万能相悖。还有人主张物质是现象背后的基质,其功能是支托各种可感性质。对此,巴克莱反驳说,“基质”不过是一个毫无意义的抽象观念,“支托”的含义也是模糊不清的,所以现实中根本不可能有物质的基质。在“后验地”反驳物质学说说,巴克莱指出:承认物质实体会使世界二重化,造成此岸与彼岸世界的对立而最终导致怀疑论;物质实体论是唯物主义和无神论的莫逆之交,正统宗教神学的死敌;承认物质实体就会造成“物质能否思维”以及物质的无限可分等种种难题,产生“内在的本质”、“隐蔽的质”、“引力作用”等一系列错误和混乱。因此,健全正确的哲学必欲清除物质概念而后快。

巴克莱竭尽全力否认物质的存在,表明了他的哲学立场是唯心主义的。但值得注意的是,巴克莱所驳斥的主要是旧唯物主义的物质概念,即一种被动的、不思想的、超验的、与人毫无关系的物质实体。这样的物质概念从科学和辩证唯物论的立场来看，本身就存在着严重的缺陷。因此，我们主张对巴克莱的驳物质论进行具体分析，在充分否定其唯心主义错误的同时，也不忽略其中积极有益的成份。

本书第六章介绍巴克莱关于上帝和人心两种精神实体的理论。这两种实体的共同特点在于，它们是真实的存在；是有意志、有理智，因而能创造、能感知的主体；它们的存在方式是超时空、超感官的，永恒或不朽的。因此，这两种实体都不是人的感觉对象，亦不属于科学研究的范围，人们只有借助于反思或推论才知道其存在，获得其意念。如果从本体论上看，上帝在巴克莱哲学中占有突出重要的地位，因为世界上的一切事物，包括人本身在内，都是上帝创造出来并保持其存在的。从认识的角度看问题，人的心灵就是举足轻重的，因为认识归根到底是人的认识，一切观念或事物都是作为人的认识对象而存在，而有意义的，没有人心，任何对象和对象的知识都无从谈起。

在这一章中，我们还详细阐述和分析了巴克莱关于上帝存在的几种证明，其中主要是从被动的观念或对象物不能自生，必以主动的创造者上帝为原因的所谓“被动性证明”，以及只有上帝的感知才能保证事物的连续存在的“连续性证明”。此外还涉及到其他几种证明形式。我们认为，巴克莱使用的这几种上帝存在的证明，和历史上曾经多次出现过的本体论证明、宇宙论证明、设计论证明一样，都不过是毫无根据的纯粹形而上学的思辨而已。

为了更全面地了解巴克莱哲学，我们在第七章中阐述了他的主要的自然哲学观点，内容包括巴克莱的时间、空间概念，运动观、因果观以及与数学相关的几个问题。巴克莱从否认心外有物，主张一切对象都是人心的观念这个大前提出发，认为时间只是观念在人心中的相继或持续，因而是纯私人性的、主观的东西。他强调空间、运动与观念物的不可分离性、相对性，对人心的依赖性，等等，坚决反对牛顿等人的绝对空间观和运动观。在因果关系问题上，巴克莱否认事物之间存在着真实的因果联系。在他看来，作为对象物的观念既然只能由上帝创造，那么，除了上帝与自然界中的对象之间具有实在的因果联系外，其余都是虚枉不实的。常识和自然科学中所说的事物之间的因果联系，由于每一事物自身的被动性而不可能发生，其实，它只是上帝用以向人表示事物存在的符号之间的关系罢了。关于数学，巴克莱承认数学是最具明晰性与确定性的科学知识，但是，数学原理的某些前提，如抽象、一般的数目，有限广延的无限可分，以及无穷小概念等等，都是错误的。因此他认为数学的基础理论是不可靠的。作为一名双重真理论者，巴克莱的自然哲学明显地带有调和宗教与科学，神学与哲学的倾向。

本书的最后一章论述巴克莱的反抽象论。巴克莱一再阐明，传统的抽象论者认为人心可以随心所欲地把任何对象在思想中分开，即"分开来设想"，进而形成一个脱离具体的事物和性质的抽象的一般观念，这是完全错误的。他强调指出，人的抽象是有限度的，即只限于对那些可以在现实中分开存在的事物进行分别考察，超出这个界限是不容许的。照他的理解，一切观念，或者是个别的事物，或者是其主观的影像，因而都是具体的、个别的，决不存在什么抽象的一般观念。他进一步认为，抽象观念论之所以谬种流传，主要在于语言方面的错误，即认为一般名词所直接代表的是某种抽象的一般观念，只有通过其中介作用，语言才表达具体的观念内容。与此完全不同，巴克莱重申，语词根本无需抽象的一般观念的中介就可以直接表达具体的事物或观念,所谓抽象的一般观念既不真实存在,也无任何用途。巴克莱的反抽象论集中体现了他的具体思维方式,它要求人们尽量避开语言文字的屏障,克服抽象错误,直接面对和把握个别、具体的观念。在他看来,这才是达于事物真谛的惟一正确道路。其实,巴克莱的这种思维方式不过是他的狭隘的经验论的充分表现而已。

以上便是本书的梗概。

四

巴克莱在英国近代经验主义哲学的发展过程中占有独特的地位,对近代以来的西方哲学,尤其是英美哲学,产生了极其深远的影响。在中国,他也以典型的主观唯心主义者而享有很大名声。对于巴克莱的研究,在西方可以追溯到18世纪,在中国至今也已历时五十余载。我们深切感到,对于这样一位影响大,知名度高,研究历史久远的哲学家,进行新的探索和再评价,的确不是一件容易的事。为确保我们的研究工作富有成效,研究成果具有一定的学术价值,以便真正起到推动我国的巴克莱哲学研究的作用,我们有意识地在以下几个方面做了努力。

首先,在方法论上,我们坚持用马克思主义哲学的基本立场和观点作指导,力求对巴克莱哲学的性质和某些重要命题作出合乎辩证唯物主义的分析和评论。这是我们在研究过程中决不动摇的前提。但是,我们也没有在马列经典作家的个别结论面前畏首畏尾,表现出死板和僵化的态度。我们的基本原则是:实事求是,论从史出。本着这一原则,我们没有拘泥于马克思或列宁对巴克莱哲学的实质的个别结论,而是从全面掌握和正确理解史料入手，认真、仔细地剖析了上帝与人心之于可感对象，以及感官的观念与想象的观念之间的关系等关键问题和概念，得出了巴克莱哲学的基本性质是客观唯心主义的现象论这样的新结论。

其次，尽可能全面地把握巴克莱的原著。我们参照中文版，反复、认真地研读了巴克莱的《人类知识原理》、《海拉斯与菲勒诺的三篇对话》、《视觉新论》、《论运动》等主要哲学著作；同时还阅读了《哲学评论》、《西里斯》、《〈人类知识原理〉绪论手稿》、《艾尔西弗隆》，巴克莱在美国时与约翰逊的通信，以及近几年新发现的一些巴克莱的书信，等等。其中，《哲学评论》是巴克莱于1707—1708年间写的笔记，他在生前没有发表，现在被公认为研究巴克莱哲学形成过程的珍贵史料。《〈人类知识原理〉绪论手稿》也是被后来的巴克莱学者发现后整理出版的，它对于研究巴克莱的反抽象论和语言哲学，有着极为重要的价值。在阅读英文原著，尤其是巴克莱生前未发表过的作品时，我们注意了版本的权威性。例如《哲学评论》，我们主要利用G.托马斯1976年的新版本，同时参考卢斯的详尽、周密的注释；《〈人类知识原理〉绪论手稿》，则以贝尔弗雷奇于1987年编辑发表的最新、最全的版本为准。我们相信，这样做对于全面、准确地把握巴克莱其人和他的哲学的本来面貌是大有裨益的。

再次，努力了解和掌握国内外巴克莱研究的现状。由于种种原因，我国研究巴克莱的著述不甚丰富，因此，把握起来也就容易一些。我们翻阅了1949年以来的主要报刊，其中主要是80年代的作品，就基本解决了问题。然而，国外的巴克莱研究历史悠久，论著浩如烟海，掌握起来就困难多了。幸蒙都柏林三一学院的著名巴克莱学者波曼博士指点迷津。在他的悉心帮助和指导下，作者在不太长的一个时期内重点阅读了一批书籍和论文，从而较快地了解了西方学者在巴克莱的生平，著作的成书，思想的形成，基本命题和概念等方面所关心的主要问题，存在的主要分歧和争论等情况。由于对国内外巴克莱研究的现状做到了心中有数，这就为进一步深化对他的研究奠定了基础。

最后，广泛借鉴和吸取最先进的研究成果。我们知道，这是深化巴克莱研究的关键环节。在具体的研究和写作过程中，我们根据掌握的大量材料，广泛借鉴和继承了国内外学者，尤其是国外学者的许多优秀成果。这些成果直接或间接地散见于本书的各个章节，成为本书的有机构成部分。在参考和吸收优秀成果时，我们既注意了广泛涉猎，博采众长，又特别考虑到了权威和新颖的成果。如弗雷泽的《巴克莱的生平和书信》，卢斯的《巴克莱与马勒布朗士》，《巴克莱的非物质主义》，《巴克莱传》，《非物质主义的辩证法》等，虽然发表于上一世纪或本世纪上、中叶，但因其公认的权威性而被优先参考和借鉴。较新颖的重要参考成果则有贝内特、蒂波顿、皮彻、布莱肯、戈雷令、波曼、但西、弗雷奇、佛朗等重要巴克莱学者在过去十几年中发表的论著。可以说，没有他们，就没有这部著作。

我们深知，尽管此书在材料和观点方面都做了一定的努力，但其中仍然不乏难以令人满意的地方。例如，在材料的运用和分析的功夫上，各个章节是不平衡的；对原文的理解，新资料、新观念的消化和吸收，以及由此而来的结论，很可能存在着不少错误。正如巴克莱曾经指出，他的著作并不足以教人真理，而只是为读者自己去发现事物的真谛提供帮助一样，本书也决非自命完全把握了巴克莱的历史真面目，因而穷尽了对巴克莱的研究，反之，它的使命只是一块铺路之石，引玉之砖。倘若它问世后果真能够起到这种作用，那么，其使命也就完结，作者的本来愿望也就实现了。

第一章

生平和著作

一、童年与学生时代

乔治·巴克莱(George Berkeley)于1685年3月12日生于爱尔兰基尔肯尼(kilkenny)城的近郊。他的童年是在离此不远的托玛斯镇(Thomastown)东南两英里的一个破旧的城堡里度过的。城堡前方百余米处就是著名的诺尔河,河水清澈透底,潺潺流过。从城堡望去,绵延起伏的小山丘上灌木葱茏,绿草如茵。周围没有别的人家,显得格外寂静。很可能正是这幅山丘、芳草、流水、人家的美丽画卷陶冶了巴克莱那独特的哲学家的气质和性格。

巴克莱的家境算不上富裕,可他的祖上却曾是英格兰显赫的贵族。1660年以后,查理二世王政复辟。巴克莱的祖父被贬到爱尔兰北部的贝尔法斯特,担任了港口收税官。父亲威廉·巴克莱是在英格兰出生的,后来也到爱尔兰某地当了收税官。母亲伊丽莎白,是爱尔兰人,传说是都柏林一个制酒商的女儿。未来的哲学家是这个家庭的长子,他有五个弟弟和一个妹妹。

巴克莱11岁时开始到基尔肯尼公学就读。这是爱尔兰最著名的一所学校。著名作家斯维夫特(J.Swift)曾先于巴克莱14年在这里读书。巴克莱天资聪颖,学业突飞猛进,打下了很好的古典著作、诗歌和演讲术等方面的基础。在这所公学,他结识了同窗普赖尔(Thomas Prior),两人从此成了终生不渝、亲密无间的朋友。

1700年,也就是巴克莱15岁时,他被都柏林三一学院录取,开始了为期四年的大学生涯。这是一所由伊丽莎白一世钦准兴建的古老而著名的大学,与牛津、剑桥并称三姐妹。在这里,他学习过拉丁语、希腊语、法语和希伯来语,以及数学、逻辑、哲学和神学等课程。他对数学和哲学尤其感兴趣,对当时的牛顿的数学和物理学、洛克等人的哲学有了深入的理解。

巴克莱不是一个书呆子。在业余时间,他和同学们一起组织了哲学研究会,据说他担任该会的秘书。研究会介绍哲学和科学领域中的新成果,大家对自己感兴趣的问题各抒己见。当时流行的洛克哲学和牛顿数学和力学,是他们讨论的主要话题。在大学期间,巴克莱还写过两篇文章,即《描述杜莫尔洞》和《论无限》,后者对数学上的无限概念提出了质疑,大胆地向微积分的理论基础发起挑战。

巴克莱天性好奇。这方面的轶闻趣事非止一端。据说,有一回他跟同伴们一起去刑场观看犯人是如何被处死的,回校后便对殉难者的感受萌发了不可遏止的好奇心。于是巴克莱就跟同伴合伙做上"绞架"的实验,以求得到真切的体验。当然,他是希望做得恰到好处,即:既要体验到死亡的感受,又不致被真地送命。一个叫克恩太伦(Contarine)的同学把他用带子吊上梁头,蹬翻他脚下的凳子以后,有意让他多吊了一会儿。当他被放下来时,已不省人事,一动不动地瘫在地板上了。过了好大一阵儿,他才醒了过来。他看了看上吊用的带子,接着对克恩太伦说:哎呀!你把我的带子弄皱啦①!

由于他好奇心重,平素行为难免有点古怪和脱俗。这样,巴克莱在刚上大学不久就引起了人们的广泛注意。传说,当他偶尔散步时,有些人便围拢上来看他的样子,以求一笑。对此,他虽时而表示不满,但从未真正动过肝火。同学们这样议论巴克莱:此人要么是一个伟大的天才,要么是天字第一号的大笨蛋。那些不了解他的人自然把他当作傻瓜,然而在熟悉的朋友们心里,他却是学问上的奇才,心地善良的好人。②

1704年2月24日,巴克莱以优异成绩获得了学士学位。从此,他的学生时代结束了。

二、主要著作的问世

然而,在巴克莱时代,大学毕业并不是教育的终结,也不意味着职业。按照惯例,如果要做学问工作,毕业生须留校继续学业,候补空缺的教职。巴克莱这样做了。在毕业后的三年多里,他继续在三一学院学习、写作,等待和准备教职考试。1707年初,他发表了《算术学》和《数学杂论》两篇文章。6月9日,他顺利通过了考试,战胜了竞争的对手,终于被三一学院接受为教管

① 参见波曼(David Berman):《巴克莱:高德史密斯、耶茨和卢斯心目中的形象》,见《赫墨西娜》第139号(1985年)第9—23页。

② 参见弗雷泽(A.C.Fraser):《巴克莱的生平和书信》,牛津1871年版,第22页。

会成员(fellow)[1],替补了由于威廉·穆拉特的离职造成的空缺,成为一名名符其实的大学教师。

1707年的6月15日,巴克莱被授予文学硕士学位。从1707年到1722年获得德里教长职位为止,巴克莱在三一学院担任教职长达15年。其间,他先后担任过学生的辅导老师(tutor 1709—1714);图书馆管理员(1709);两次受命学监(1710,1711);希腊语讲师(1712)。他还在三一学院的教堂里担任过副主祭(1709)和牧师(1710)。

巴克莱的哲学体系就是在他取得教职前后形成的。根据卢斯的研究[2],巴克莱在1707年—1708年间完成了一系列笔记,记述非物质主义哲学的形成和完善的过程,这些笔记是由著名英国学者弗雷泽(A.C.Fraser)[3] 于1871年发现并首次出版的。当时他为笔记加的书名是《关于形而上学的随想摘记本》,简称《摘记本》(Commonplace Book)。1944年卢斯重新修正和出版了

---

① "Fellow"一词一直被译为研究员。其实,它大致指的是都柏林三一学院类似教学与管理会议的成员。这些成员既是教师,又参与学校的某些管理工作。会议由初级和资深两种成员组成,前者多人,后者只有5名。在巴克莱时代,学校的每一位教师必须是教管会的成员。现在,教管会成员一般由一定数目的高级讲师以上职务的教师担任。

② 卢斯(A.A.Luce),当代英国哲学家、神学家,20世纪最著名的巴克莱学者。早年就读于英格兰伊斯特本(Eastbourne)学院,后赴爱尔兰的都柏林三一学院深造。获神学与文学博士学位。从1912年起任三一学院资深会员。1934年—1949年担任该校道德哲学教授,退休后于1953年被授予巴克莱形而上学教授,同时担任爱尔兰皇家科学院成员。1977年去世。主要著作有:《钓鱼与思想》,《自学逻辑》,《巴克莱与马勒布朗士》,《巴克莱的非物质主义》,《巴克莱的哲学评论》,《没有物质的感官》,《乔治·巴克莱传》,《巴克莱全集》(9卷本,与T.E.约瑟朴合编),《非物质主义的辩证法》。此外还发表了大量论文。

③ 弗雷泽(A.C.Fraser),19世纪至20世纪上半叶英国著名巴克莱学者。

这一名著，并改名为《哲学评论》(Philosophical Commentaries)。这个书名一直沿用至今。笔记分A、B两部分，弗雷泽的版本是A在先，B在后。经卢斯的考证，从思想发展的顺序看，正确的次序是先B后A。所以卢斯的版本就是照此排列的。笔记B包括1—399条；笔记A由400—888条构成。

在《哲学评论》的开始部分，巴克莱表示，他有一个"非物质主义的假说"，或"第一论证"，基本意思是否认物质世界的存在，主张世界中的一切都是人的精神及其变形。随着笔记的展开，即当他写到第一本笔记的三分之二时，他发现了新原理，形成了自己的成熟的思想。这时，他认识到，把世界完全归结为精神是没有理由的，实际上，整个的存在包括被精神感知的物理世界和感知它的精神实体。前者是由上帝实体所创造，并为人们的心灵实体所感知的，它与后者有根本的区别。在第279条笔记中，巴克莱表明了当他发现新原理时又惊又喜的心情："我并不对自己发现这一既显而易见又惊世骇俗的真理的聪明才智感到吃惊，使我感到吃惊的倒是我的愚蠢的粗枝大叶而没有更早地发现它……"《哲学评论》第一部分的后面和第二部分是巴克莱对已成熟思想的进一步考察、发挥和完善。笔记涉及到洛克、马勒布朗士、培尔、牛顿以及其他一些古希腊、中世纪和近代的哲学家、科学家或派别，从而揭示了巴克莱哲学所受到的广泛影响。在形成非物质主义哲学的同时，巴克莱的视觉理论也体现在《哲学评论》之中。总而言之，《哲学评论》是巴克莱的思想库和理论发源地，是我们研究巴克莱所不可多得的极有价值的资料。

1709年，24岁的巴克莱在都柏林出版了他的《视觉新论》。这部著作的第一节表明此书的宗旨在于证明我们由什么方式借视觉来知觉物象的距离、体积和位置；考察视觉观念和触觉观念有什么差异；同时还研究视觉和触觉这两种感官是否具有共同的观念。第一节以下分六部分。各部分的主旨如下。第一部分(2—51节)：人的眼睛同实际对象物之间的距离实在说来是看不到的，它只是由所见现象和眼中所产生的感觉暗示(Suggest)出来的；第二部分(52—87节)：感官对象的体积实际上是看不到的，我们所见到的物体的大小事实上是习惯性联想的结果，即由于长期的触觉经验，当我一看到某个物体的颜色时，便自然地联想到其体积或大小；第三部分(88—120节)：感官对象的位置也是不被视觉感到的，视觉中的位置只是暗示实际的触觉位置的标记；第四部分(121—146节)：视觉对象与触觉对象是完全不同类型的，二者之间没有共同点。前者只是在人心中的不同的颜色，后者才是实在的对象。这也是整个《视觉新论》的核心思想。第五部分(147—148节)：视觉观念构成了上帝创造的用以向人表示自然界事物的标记或自然语言，就像语词向人们表示各种观念内容相似。第六部分(149—160节)：几何学的真正对象不是视觉的广延，而是触觉的广延。

《视觉新论》是巴克莱的独立的心理学与哲学著作，其目的是反对用生理学和光学、几何学来解释视觉现象，主张用经验的或联想主义心理学的观点来解释视觉的本质以及视觉和触觉的关系。这部著作没有提出非物质主义的命题。但是，从时间上看，写《视觉新论》时，巴克莱的成熟的非物质主义哲学早已形成并系统化了。而且就内容而言，巴克莱已经明确把视觉对象看作是人心中的观念。同时，他虽然仍视触觉对象为外部的实际事物，但也或多或少地表示，触觉对象不等于与人的心灵毫不相干的物质或物质实体，反之，它们是人的触觉的对象或观念。这就为非物质主义哲学作了铺垫。巴克莱之所以没有在《视觉新论》中直截了当地否认物质的存在,很可能是出于写作上的考虑。他的《视觉新论》只能论证视觉的本质及其与触觉的关系这一个主题,不可能立论过多,尤其是不便直接提出否定物质存在这样公然违反传统和常识因而需要着力证明的论点。不过事实上,在写作《视觉新论》时,巴克莱对他的非物质主义哲学体系早已成竹在胸,只等在下一部著作《人类知识原理》中昭示于天下了。

《视觉新论》的出版引起了英国知识界的重视,各界学人对巴克莱这个初出茅庐的小伙子刮目相看。评论多半是肯定和赞扬性的,许多人赞扬巴克莱用心理学方法揭示视觉本质的做法使人耳目一新,它比用当时的光学和几何学方法更合于道理,更正确,因而更有意义。直到现在,有的学者仍然认为,《视觉新论》是巴克莱的最重要的著作,是西方心理学和哲学发展史上的里程碑。1710 年和 1732 年这部著作出了第二、三版。

在《视觉新论》首版后的第二年,踌躇满志的巴克莱推出了他的更为惊人的作品《人类知识原理》。其副标题是:“探讨科学中错误和困难的原因以及怀疑主义、无神论和反宗教的基础。”巴克莱明文表示,1710 年 6 月首版的《人类知识原理》是整个著作的第一部分。据巴克莱自己说,其第二部分的手稿被他在意大利旅行途中遗失了,以后再也无心续写,这样他留给我们的就永远只能是这第一部分了。① 这一部分包括前言、绪论和正文 156 节。

前言宣称,这部著作对于克服怀疑主义、论证上帝的存在和

---

① 参见巴克莱:《给约翰逊的第二封信》,见艾厄斯(M.R.Ayers)编:《巴克莱的哲学著作》,伦敦 1975 年版,第 347 页。

非物质性以及灵魂的不朽是有用的。巴克莱还告诫人们用心仔细地读完整篇著作，以免由于断章取义而误解他的基本观点。绪论包括25节，是根据一篇长达65节的草稿改写而成的。主要讨论抽象论和语言学问题。他的基本主张是，抽象是造成知识混乱、错误和矛盾的重要根源。我们的抽象只限于在现实中可以分开而存在的事物，否则，任何抽象都是不可能的。洛克等抽象论者认为我们可以抽象出一般观念，如非人、非鱼、非鸟兽的普遍的"动物"观念，既不是直角三角形，也不是钝角三角形的一般的"三角形"观念，这是完全错误的。而这种错误抽象的根源就在于人们误以为语词的意义是一个确定的抽象观念。其实，根本不存在，因而语词也不代表这种抽象观念。他提出，正确的思维方式就是直接观察个别、具体的观念。

正文的前33节正面阐述了非物质主义哲学的一系列原理。其中包括"存在就是被感知"，"物是观念的集合"，观念间的差别与同一，观念与心灵实体的联系和差异性，第一性质与第二性质的不可分离性，物质实体是不存在的，心外之物是无法证明的，不思想的物质不能成为观念的原因，精神实体不是观念的对象等等。

第34—84节回答读者可能提出的驳难，进一步论证前面提出的原理。他一再申明，他否认的不是自然界中实在的事物，而是哲学家们所坚持的物质或物质实体；"观念"与"事物"是一回事，但它比事物的意义更准确、更清楚；存在就是被感知不会导致物象的忽生忽灭，因为上帝永恒的感知可以保持其稳定的存在；观念不同于属性或情态，因此心中有广延观念并不导致心灵是有广延的谬误；非物质主义是可以与常识调和的，我们要像学者一样地思想，和俗人一样地谈话；事物发展的齐一性，自然界事物构造的精妙，都是照上帝的意志产生的；上帝创造和操作自然物的规则就是科学上的规律；物质不是产生观念的原因和生缘，上帝是惟一和直接的原因，物质是虚无的代名词。

第85—156节论述了他的非物质主义给人类带来的有益结果，如可以消除哲学和宗教上长期争论的难题，克服怀疑主义、无神论和偶像崇拜；维护正统基督教的神圣和尊严；可以正确解释自然哲学中的原因与结果、时间、空间、运动等问题的实质；可以克服数学、几何学上的某些错误观念。诸如此类。

1734年，此书再版。

《人类知识原理》一经发表，英国知识界为之哗然。其时，称赞褒奖之语鲜见寡闻，斥责、嘲笑之声四处传扬。人们说巴克莱否认了物质世界的存在，把自然事物变成了主观虚幻的梦境；书中到处是疯人的狂言呓语。巴克莱的密友帕西沃尔(Percival)在给他的信中客观、直接地描述了伦敦知识界对这一著作的反应。他写道：朋友们都嘲笑这本书，不去读它。一个医生要诊断一下你的个性，坚持认为你一定疯了，应该治疗。某主教也蔑视地说，一种靠猎奇哗众取宠的欲望和虚荣心在你身上作怪。尽管这部书是题献给潘卜卢克伯爵(Earl of Pembroke)的，不过即使他在见到书后也没有说多少赞语。他说您是聪慧明智的人，应该受到鼓励，不过，他不相信所谓物质不存在那一套。①

这样的评论自然使这位刚刚出名的哲学家不快，不过他始终不怀疑自己学说的正确性。他深信人们贬低他、蔑视他是因为误解了他的原理。于是他便开始起草另一部著作，企图以更

---

① 参见卢斯(A.A.Luce)：《巴克莱传》，Thomas Nelson and Son LTD.1968年版，第50—51页。

通俗的语言,更容易为大众所接受的形式,重申他的非物质主义哲学。1713年元月,他身携新近完成的书稿《海拉斯与菲勒诺斯的三篇对话》(以下简称《三篇对话》)前往伦敦。5月,这部著作由伦敦新月出版社出版。

《三篇对话》是模仿柏拉图的《对话》写成的。它重申了《人类知识原理》所阐述过的学说,尤其强调了驳斥物质或物质实体存在的内容。书中的两个对话人海拉斯与菲勒诺斯,分别代表普通人和巴克莱式的哲学家。菲勒诺斯就像柏拉图笔下的苏格拉底一样,通过巧妙的谈话,使海拉斯一步步放弃了原先对非物质主义的误解,转而承认非物质主义是伟大而正确的真理,最后也变成了一位非物质主义者。这部著作的出版使更多的人知道了巴克莱的大名,了解了他的基本观点,尽管依然没有多少人信奉他的惊人的"真理"。

《三篇对话》发表之前,巴克莱在1712年出版了一本题为《论消极的服从》的小册子,其中汇集了他这一年在三一学院教堂中宣讲过的三篇布道辞。它的主旨在于宣扬臣民对政府的容忍和效忠。他说:"我将极力证明,由于政府权力最高,所以存在一个绝对无限制的不反抗,或者叫消极的服从。"① 在他看来,政府权力既然是依照自然法或上帝的律令建立起来的,那么忠诚于它就是"道德上的义务"。效忠政府就是要服从政府,不要起来反抗政府。他指出:臣民可以与政府发生分歧,允许不与政府合作,一个人只要不反对政府就是忠诚于政府;即使他违犯了法律,如果愿意接受法律制裁,也可以说是忠诚的。巴克莱这里所说的忠诚不是要臣民无条件地服从政府的一切法规和律令,

① 转引自卢斯:《巴克莱传》第53—54页。

积极主动地配合政府的活动，他只是要求人们不从事旨在反抗和推翻政府的活动而已。所以这种服从是消极的。这部著作限制和反对任何反政府的活动，表明其政治倾向在于维护业已建立起来的君主立宪政权。但其中也暗示出，政府对人民要宽容，允许政府与人民之间存在严重的分歧。这些不利于政府的言论在后来给他带来了一定的麻烦，曾一度遭到同仁的攻击和王室的猜忌，幸而得到了威尔士亲王和王妃的保护，才没有妨碍自己的前途。

巴克莱于1713年1月离开都柏林，渡过爱尔兰海，经威尔士抵达伦敦。这是他第一次造访这个英伦诸岛上的经济、政治和文化中心。在这里，他遇到的第一位朋友是《卫报》的编辑斯蒂勒(Richard Steele，1672—1729)。这位来自于都柏林的爱尔兰老乡，天性善良而友好。他对巴克莱极尽热情，更敬重他的才智。于是巴克莱便应邀在《卫报》上连续发表了12篇抨击"自由思想家"① 的文章。内容涉及到未来的生活，奖赏与惩罚，宗教教育，不信宗教、幸福、道德的含义与社会契约等政治、宗教和道德方面的问题。巴克莱在伦敦结交的另一位好朋友是斯维夫特(Jonatham Swift)。这位年长18岁的著名作家和巴克莱毕业于同一所公学和大学，同时也是一名虔诚的英国圣公会的教徒。他在英国文学史上的地位就像巴克莱在英国哲学史上一样重要。斯维夫特很可能早就知道巴克莱的大名，而且《视觉新论》中有关对象大小的相对性描写曾经反映到他的《格列佛游记》这部不朽的文学名著中来。不过二人的正式交往还是在1713年3月的伦敦。斯维夫特与巴克莱、斯蒂勒、艾狄森(Addison)等几位

① 自由思想家指违反正统宗教和道德的激进思想家。

朋友经常一起吃饭,谈论政治、文学和哲学问题,赠给巴克莱自己的作品,尽可能地给予他最大的帮助。他曾在一封信中称赞巴克莱是一位天才,伟大的哲学家。1713 年 4 月的一个星期天,巴克莱在斯维夫特的引荐和陪同下来到当时的安妮(Anne)女王的宫廷,拜会了来自英格兰另一支巴克莱家族的大臣斯特拉顿的巴克莱(Berkeley of Stratton)。巴克莱和斯维夫特的友谊是亲密、深厚的,而且没有随着时间的推移而减弱。11 年以后,斯维夫特还利用自己的影响,写信给有关的政府官员,帮助巴克莱推行百慕达计划。通过斯蒂勒、斯维夫特的介绍,巴克莱还与伦敦的其他各界人士,如艾狄森、波普(Pope)、帕耐尔(Parnell)、阿布斯诺(Arbuthnot)、阿特伯利(Atterbury)主教等交上了朋友,这些人中有诗人、文学家、外交官、医生、神职人员等。

1713 年 6 月中旬,巴克莱来到了他向往已久的英国第一学府牛津。他在这里逗留了两个月。优美的环境,错落有致的古今建筑,加上一流的学者和学习工作条件,这些都使他留连忘返。也许这时他就产生过在这所大学任职、颐养天年的想法。不管怎么说,他对牛津的好感一直念念不忘。大约 40 年后,垂暮之年的巴克莱真的来到了牛津,并把它作为永远安息的场所。

为了开阔视野,增长知识,巴克莱从牛津返回伦敦后,于 1713 年 10 月底开始了他的第一次大陆旅行。

11 月 20 日,巴克莱带领他的三个仆从,与一个苏格兰人和两位英格兰绅士结伴抵达巴黎。在那里,他参观了教堂、修道院、王宫、学院,其中包括爱尔兰与英语学院。巴克莱对巴黎城那数不胜数的宏伟壮丽的建筑和名胜古迹惊叹不已。据传,在巴黎期间,巴克莱还专程拜访了老态龙钟的著名哲学家马勒布朗士。据说由于两人意见不合而发生了争执，结果，会不欢而散。①

一月后，巴克莱一行离开巴黎朝意大利进发，沿途参观了法国东南部的一些城镇和自然风景区。1714年的新年之夜，他们翻越了阿尔卑斯山的最陡峭而冰滑的危险地带，第二天到达意大利的都灵(Turin)。在以后的时间里，他们还去过热那亚(Genoa)和里窝那(Leghornar Livorno)。6月，他们回到热那亚，由那里剩船经巴黎于7月底返回伦敦。适逢安妮女王驾崩(1714年8月1日)。

第一次大陆旅行结束以后，巴克莱并没有回到三一学院，他在伦敦逗留了两年。1716年的10月，巴克莱收到了他学生时代的老师乔治·艾舍(George Ashe)主教的信，信中希望巴克莱能陪他的儿子去大陆旅游，一切费用由他承担。于是巴克莱又开始了他的第二次大陆旅行。这次，巴克莱与小艾舍及其随行人员游历了巴黎、阿尔卑斯山、都灵、罗马、那不勒斯、普利亚(Puglia)、卡拉布里亚(Calabria)、伊石亚岛(Island of Ishia)、西西里、佛罗伦萨等著名城市和风景区，历时长达四年。他们回到伦敦的时间是1720年8月下旬。在这期间，巴克莱进一步了解了欧洲大陆的风俗习惯，悠久的历史和灿烂的文化。当他正在意大利周游时，他还被三一学院提升为学管会的资深会员(Senior fellow)。他还响应巴黎皇家科学院的悬赏征文，写了《论运动》一文。遗憾的是，他在这次旅行中丢失了《人类知识原理》第二

① 侯恩与罗西(Hone and Rossi)的《乔治·巴克莱》否认巴克莱拜访马勒布朗士一事，弗雷泽也对此事持怀疑态度。卢斯从巴克莱的两封书信确定，此次会见是真实的。

部分的手稿。

《论运动》这篇用拉丁文写成的论文，虽然未受到巴黎皇家科学院的赏识，因而与奖金无缘，但它却不失为反映了巴克莱自然哲学思想的最重要的论著。文章的完整标题是《论运动或关于运动的原理和本质以及运动传递的原因》。它由 72 小节组成。在这篇文章中，巴克莱具体发挥了在《人类知识原理》中提出的运动观、时间和空间思想、力的概念以及他对数学问题的看法。在他看来，时间是每个人心中的观念的前后相继，因此是纯私人的、主观的和相对的。与之相似，空间也如其主体事物一样是一可感的观念，它是相对的广延和物体部分的运动场所。根本不存在牛顿所主张的绝对时间和空间。巴克莱也反对绝对的运动，认为运动也与人的和具体的观念物相联系。力学上所说的力、引力、吸引作用、死力都是不可信的，因而决不是物体运动变化的原因。惟一可以成为物体运动原因的东西是真正主动和威力无边的上帝这一精神实体。巴克莱还用狭隘的经验主义观点批判了数学中主张的有限部分的无限可分见解，攻击了微积分的理论基础。《论运动》对于我们了解巴克莱的自然哲学观点和他调和神学与科学的态度，有极其重要的意义。

三、百慕达计划

第二次大陆旅行结束后，巴克莱在伦敦靠近格林威治的查尔顿居住了约一年的时间。他跟伦敦的老朋友恢复了交往，同时又结交了本森(Benson)、赛克(Secker)、荣德尔(Rundle)等新朋友。除了《论运动》以外，另一本小册子《如何防止大不列颠的颓败》也在这期间问世，后者包括宗教、勤劳、节俭和大众精神几方面的内容。他告诫那些离经叛道的“自由思想家”放弃在思想和行动上的自由化,主张以更加勤奋的劳动消除时兴的赌博的狂潮。他还提出了节俭的措施,要求制定法律反对奢侈的服饰、放纵的生活等等。他希望修建富丽堂皇的议会大厦、法院、王宫和其他公共设施,饰之以美丽的壁画和雕像,以此维系民族尊严,“振奋大众精神”。他企图建立文学科学院,以恢复人们对宗教和道德的尊敬。他还号召消除那些两败俱伤的党争派斗。没有材料证实他的哪些意见被政府采纳。不过由此即可见到,巴克莱不是终日埋头形而上的玄思中的纯粹哲学家,而是忧国忧民、用心良苦的、基督教的虔诚的教士,大英帝国的忠诚子民。

巴克莱在这期间认识了当时颇负盛名的建筑设计师柏灵顿(Burlington)伯爵,并因他而结交了格拉夫顿(grafton)公爵。公爵十分欣赏巴克莱的智慧和才干,加上公爵夫人与巴克莱的好友帕西沃尔之妻是朋友这一层关系,巴克莱就更受器重了。据说公爵曾许诺帮助他谋取教职。于是,随着这位公爵于1721年8月被委任为爱尔兰总督,巴克莱也在9月份回到了久别的三一学院,作为学管会的资深成员,继续其教学与管理事务。11月14日,他被授予神学学士和博士学位。11月20日,他受命担任神学讲师。在以后的两年中,他还担任过希腊语和希伯来语的讲师以及学院的资深学监。巴克莱的拉丁语极佳,在学校接待要员时,曾请他出面致词。

在18世纪,大学教师的薪金比专职神职人员低得多。巴克莱当时的年收入,包括工资和生活、工作上的补贴,总共不到100镑。所以许多人都把大学看作是一块通向更高职位和俸禄的跳板。然而,即使像巴克莱这样蜚声海内外的名人,谋取教职也决非易事,粥少僧多,竞争激烈而残酷。巴克莱先是在1722

年,由格拉夫顿公爵支持参与杜罗莫尔(Dromore)教长的角逐,然而由于在教权和王权的斗争中,王权失利,所以没有如愿。翌年,他亲赴伦敦,出入于宫廷王室、达官亲朋之间,寻求谋职上的帮助。1724年春,他再次投身于另一教职德里教长的竞争。在公爵和三一学院的全力支持下,这次终于如愿。他于5月4日被正式任命为德里教区的教长。这个职位可以给他带来每年1500镑的可观收入。5月8日,他正式辞掉了三一学院的一切职务,以德里教长的身份揭开了生活的新篇章。

值得一提的一桩有趣的故事是,在巴克莱取得教长职位前的1723年,他忽然意外地获得了一大笔遗产。事情是这样的,前都柏林市长兼富商范·霍姆里格(Van Homrigh)死后,其遗孀和四个孩子住在伦敦。1708年,著名作家斯维夫特也住在附近。时间一久,这家的长女海斯特(Hester)便疯狂地爱上了他。然而斯维夫特却只希望保持友谊。在以后的十几年中,海斯特又写过许多封热烈的情书,但都没有激起斯维夫特的爱心。一次,海斯特怀疑斯维夫特已与一位叫史蒂拉(Stella)的姑娘结婚,禁不住写信追问,斯维夫特对此难以容忍,遂怒冲冲地赶到海斯特小姐的住处,把她的信狠狠地扔到桌子上,扬长而去。从此两人彻底绝交。不过,这位小姐却记着斯维夫特的朋友巴克莱。虽然两人只有吃过一顿饭的交情,然而她却对哲学家的人格产生了极好的印象。于是,她在临死前写下遗嘱,把自己的遗产赠给巴克莱和另一位继承人。巴克莱因此得到了2000英镑。这个数目在巴克莱所处的时代是相当可观的。巴克莱认为这笔意外的财产是神助的征兆,表明上帝要帮助他独立并从事神圣的使命。于是,在取得教长职位、有了固定的较高收入后,他便开始着手推行那蓄意已久的百慕达计划。

所谓“百慕达计划”(Bermuda Project),是巴克莱在1722年产生并在1723年3月成熟的一项设想。它的主要内容就是计划去美洲的百慕达地区建立一所“圣保罗学院”,由巴克莱任校长,三一学院和英国的部分教师前往任教,招收美国印第安人和那里有志于宗教事业的英国青年学习宗教神学。巴克莱设想在学院周围建成一个理想的社区,他的余生将在那里安然度过。实际上,这个计划是大英帝国扩张主义的产物。巴克莱看到,当时的大英帝国内部党争激烈,政治腐败,工业革命在促进经济繁荣的同时亦威胁和破坏了传统文化和道德。诸如此类都表明帝国的基地正在走向没落。于是,他寄希望于殖民地。他在一首诗中极力美化殖民政策,指出“帝国的出路在西方”,在美洲,在那里“将有帝国的艺术崛起”,“另一个黄金时代就要来临”。作为一个虔诚的教士和知识界名人,他所能做到的自然是宗教文化的输出与扩张,于是就产生了“百慕达计划”,在他看来,这是繁荣殖民地文化的需要,振兴大英帝国基业的重要组成部分。

巴克莱曾先向普莱尔、帕西沃尔等朋友透露出他的想法,得到的反应是肯定性的。在取得教长职务后不久,巴克莱把百慕达计划正式公之于众。消息一经传开,立即在朝野上下引起轰动。许多人盛赞巴克莱这一计划和他的胆识,报名参与实施计划和经济支持的也不乏其人。1724年9月,巴克莱前往伦敦谋求国王对这项计划的特许状和政府在财力上的支持。国王乔治一世对百慕达计划颇感兴趣,所以巴克莱没费多大周折就得到了恩准在百慕达建立圣保罗学院的皇家特许状(1725)。然而,从政府筹款的工作却不那么顺利,首相和财政大臣对巴克莱的计划抱怀疑态度,所以迟迟没有作出拨款的决定。经过巴克莱的多方努力,最后终于达成一项妥协,政府允诺当卖掉西印度的圣·克里斯托弗岛后,从所得款项中拿出 20000 镑作为巴克莱建立圣保罗学院的资金。巴克莱虽没有拿到现款,但看到资金已有具体来源,也就满意了。与此同时,巴克莱还号召私人捐款。这项工作非常顺利,不几天,包括约克区的教长、牛津的伯爵和帕西沃尔在内的 27 位知名人士都捐了款,所得数额足以应付建校前的准备工作。

1728 年 8 月,即将动身赴美的巴克莱教长与安妮·弗洛斯特喜结良缘。这位女子的父亲曾是爱尔兰的首席法官和议会发言人。她不但年轻貌美,而且受过良好的教育,善工诗赋文,因而气质、性情与众不同。巴克莱曾经写道:"我之所以选她为妻,是因为她有良好的气质和对书文的真诚热爱。"① 她跟巴克莱生过 7 个孩子。1786 年 5 月 27 日卒于英国的肯特,享年 86 岁。

1728 年 9 月刚刚到来,燕尔新婚的巴克莱与汉考克(Hancock)女士、约翰·詹姆斯(John James)、里查德·达尔顿(Richard Dalton)、约翰·斯密伯特(John smibert)等一行七人,悄悄地离开了伦敦,从格里塞得(Gravesend)登上了驶向美洲的航船。他们一路上披风斩浪,历尽惊险和艰难,经过几个月的航行,终于抵达弗吉尼亚。在那里,当地官员把他们当作尊贵的客人,给予热情的欢迎和接待。他参观了威廉与玛丽学院,和总督把盏欢宴。不过,巴克莱一行的目的地是纽波特(Newport),不是弗吉尼亚。于是几天后他们又向罗得岛方向进发,终于在 1729 年 1 月 23 日,胜利到达罗得岛州的纽波特。

纽波特是英国在美殖民地的重要城市之一。当时约有五六千人口,拥有举足轻重的商业区和海运港口。新来乍到的巴克

---

① 转引自卢斯:《巴克莱传》第 101 页。

莱对这个地方有良好的印象。在他的笔下，这里风景如画，令人心旷神怡；在这五六千人口中，包含信仰不同的16个教派，但他们彼此之间相安无事，和睦共处。这里还是美国最富饶的地方。这些都使巴克莱教长惊喜不已。

巴克莱的名声早已传到纽波特，因此，这位哲学家兼教长抵达时，受到了当地各界人士的欢迎。这帮客人先在当地三一教堂教长哈内曼(James Honyman)家里住留了几个星期的时间。三一教堂处于纽约和波士顿之间，这座至今犹存完好的哥特式建筑是英国国教在美最有影响的教堂之一。巴克莱来后的第三天就在这所教堂作了布道。他的讲道吸引了各个教派的人士参加。华丽的言辞，动听的语调，渊博的知识，典型的绅士风度，使听众大为折服。

不久，巴克莱打算在附近买一套房子，好让家人和随员安顿下来，同时等待伦敦方面提供建设神学院的资金。在哈内曼的帮助下，他很快就在米得尔镇(Middletown)买下了一所面积达96英亩的农场。农场内原有几间房子，巴克莱又亲手设计和监造了宽大舒适的一幢两层楼房，取名“白厅”(whitehall)，供自己的家人及随员居住。巴克莱和他的家人在这所房子里度过了两年多的时间。后来在返回伦敦时，它连同其他一些财产被赠给耶鲁大学，现在是美国早期移民妇女学会的所在地。

关于巴克莱赴美推行百慕达计划这一事件，有三个令人费解的问题。第一，他为何没有公开而隆重地离英赴美，而是悄然离去？按理说，既然百慕达计划是国王钦准，国会同意拨款，王公贵族踊跃资助，平民百姓尽人皆知的大事，巴克莱一行理应郑重其事地举行告别仪式，接受政府官员和亲朋好友的热烈欢送才是。第二，在与巴克莱一同赴美的人员中，没有一人是国王特许令所任命的未来圣保罗学院的成员。汉考特女士是巴克莱夫人的朋友,可能是斯密伯特的情人。达尔顿与詹姆斯本是不逞之徒,专为在异地他乡寻欢作乐而来美国。斯密伯特倒是一位颇具才气的正人君子,不过他也不是为建神学院而来。他是一位画家,后来定居波士顿,成了美国人物画像的先驱者。第三,他们赴美的目的是建立圣保罗神学院,而校址选在百慕达群岛。从英国横穿大西洋赴美至百慕达远比去纽波特距离近,为什么巴克莱一行不是径直去百慕达校址,而是舍近求远,以纽波特为目的地呢?可能正确的解释是,就在巴克莱从国王那里取得特许状、建校资金也有着落的时候,他从美国朋友纽曼(Newman)的书信中得知,百慕达的地理位置离美洲大陆600英里之遥,交通不便,根本不具备办学的条件。这时巴克莱的决心已经动摇。不过他不能放弃这一计划,也不能公开改变计划。因为已经制造的舆论和准备工作已使他骑虎难下,一旦人们知道百慕达计划不切实际,那就意味着他的身败名裂。这时,敢于冒险的巴克莱便抱着先去美国一试的想法,随便带了几个随从,悄悄地乘船来到了纽波特。如果说,百慕达计划失败的直接原因,是政府没有兑现建校资金,那么背后的更主要的原因则是这个计划本身的不可实施性。

巴克莱在书信中没有公开提到放弃在百慕达建校的打算,不过,当他亲自了解到百慕达的情况后,很可能考虑过要把学院改建在纽波特。不管在哪里建校,资金都是必须的。所以他惟一所能做的是写信催促政府实现诺言,尽快兑现拨款。政府那边没有回音,他只好一再等待。由于政府拨款迟迟不兑现,巴克莱的随员也相继离他而去波士顿等地谋生,留下巴克莱一家在他们的"白厅"里过着平静的生活。

在美国的两年多，巴克莱深居简出。他在公开场合所做的事情，主要是去三一教堂讲道。他拜访过罗德岛的圣保罗教堂。这所教堂的主持人名叫麦克斯巴伦(James Mcsparran)，也是从爱尔兰移居至此的。他曾参观过当地印第安人的住区，并为当地的儿童其中包括三个奴隶施洗礼。他在写给国内的朋友本森(Benson)主教的一封信中说："我认为，我在这里比在世界上任何其他地方都更有用处。"①

在巴克莱的美国友人中间，约翰逊(Samuel Johnson)算得上最重要的一位。他于1696年生于康涅狄克州的贵尔福德(Guildford)，父亲是一家教堂的教长。约翰逊接受过当时美国最好的教育。20岁时，他已是耶鲁大学的助教了。1724年受命为斯特拉福德(Stralford)地区的传教士。后来，他赴牛津深造，获神学博士学位(1743)，并被选为哥伦比亚大学的前身——国王学院的校长。1772年1月6日，卒于斯特拉福德。巴克莱到美国后不久，经哈内曼的介绍，约翰逊认识了他。约翰逊像巴克莱一样，不但是一位热爱哲学的学者，而且还是圣公会的虔诚教士。因此，两人的友谊很快也很自然地建立起来。约翰逊对巴克莱十分尊敬，他说过，巴克莱"秉性诚恳而友善，这在其言谈和著作中都表现得淋漓尽致"②。

从巴克莱与约翰逊的通信中可知，巴克莱赠给约翰逊自己的著作，其中包括《视觉新论》、《人类知识原理》、《三篇对话》以及《论运动》。约翰逊仔细阅读和研究了这些"优秀论著"，总结了巴克莱的基本思想，并在信中提出了一系列挑战性的问题。

---

① 《巴克莱全集》第8卷，第194页。

② 艾厄斯编：《巴克莱哲学著作》第339页。

巴克莱从非物质主义的基本原理出发，对他所提出的大部分问题做了明确的回答，重申和发挥了早期著作中的基本观点。他们之间的四封书信是极为重要的哲学文献，从中不仅可以了解到巴克莱哲学的基本内容，而且我们还可发现，巴克莱哲学自1707年—1708年形成以来，其主要观点一直没有变化。正如卢斯所言："巴克莱与约翰逊的通信以充分的论据表明，在经过旅行和新经历开阔视野后，人到中年、精力最盛的巴克莱仍然绝对自信其哲学的真理性，没有对它做一丝一毫的更动。"①

巴克莱和他的夫人在纽波特等待达33个月之久。然而他们终究没有等到政府的拨款。在这期间，巴克莱得知，曾经十分热衷于百慕达计划的三一学院的同僚克雷顿(Clayton)，也通过关系谋到了主教的位置，根本不理睬什么圣保罗神学院的事了。这当然使巴克莱又气愤又伤心。不过更使他伤心以至绝望的倒是1731年1月从伦敦好友吉布森(Gibson)主教传来的信息：当吉布森向瓦尔普(Robert Walpole)首相问及巴克莱所等待的拨款时，这位首相说："如果您是对作为首相的我提出这个问题，我必须而且可以使您确信，一旦公众认为方便，那笔钱无疑是会支付的。不过如果您是把我当作朋友来问这个问题，即巴克莱教长是否应继续留在美国，期待那笔两万镑的拨款，我建议他毫不迟疑地返回欧洲老家，丢掉他现存的期望。"② 瓦尔普首相的话实际上等于宣布了巴克莱计划的收场。读罢来信，巴克莱自知拨款无望，留在美国也是无益之举，所以不久就写了回信，信中说："首相的回答已不容我再有思考的余地。因此，我准备尽

① 卢斯：《巴克莱传》第131页。

② 参见斯多克(J. stock)：《巴克莱传》1776年伦敦版，第23—24页。

快返回。”①

不过，巴克莱并没有立即回返。他在自己的“白厅”里又住了约半年。他有两件事需要完成，一是写完《艾尔西弗隆》（Alciphron），这是在异地他乡的平静的世界中构思而成的哲学著作。再就是处理他的书籍和财产。他将自己的庄园、房产和大部分书籍赠给了耶鲁大学；一部分书籍，其中包括一些拉丁文的重要典籍，送与哈佛大学。他把一架大型管风琴留给了三一教堂。这些财产的价值近 3000 镑。这对当地的教育和宗教事业的发展产生了重要的影响。人们为了纪念这位伟大的哲学家和新大陆宗教文化教育的热情传播者和倡导者，用他的名字命名了一些学院和建筑物。其中现今美国最著名的大学之一——加利福尼亚大学巴克莱分校就是采用了他的名字。

巴克莱夫妇在纽波特生下一男一女。男孩亨利，1729 年 6 月生。三个月后由他的父亲在三一教堂施行洗礼仪式。巴克莱在给好友普赖尔的信中提到儿子的降生，字里行间洋溢着兴奋之情。女儿取名露西娅（Lucia），她生于 1731 年 9 月 5 日，这是巴克莱一家在美国的最后一个星期日。不幸的是，她生下来不久就夭折了。巴克莱把她埋葬在三一教堂的院子里，至今仍有铭碑可见。时至今日，一些巴克莱学者每年还在墓前举行一次简短的仪式，表示敬意和缅怀之情。

1731 年 9 月 10 日，巴克莱夫妇与儿子亨利登上了回返的航船。他在波士顿逗留 12 天后，继续赶路，终于在 10 月 30 日，快快抵达伦敦。酝酿和准备近 10 年之久的百慕达计划，以失败告终。

---

① 转引自《赫墨西娜》（1970 年）第 27 页。

四、克罗因主教

百慕达计划的失败对巴克莱无疑是沉重的一击。但是,他并没有因此而一蹶不振。帕西沃尔、本森、吉布森等伦敦的老朋友对他的热情依然如故。他本人也像三年前那样活跃于宫廷和教会的朋友之中。他无心回到德里担任他的教长,他希望谋到主教的职位。他和家人在伦敦的格林大街找到了一所房子,在那里一住又是两年半。1734 年 1 月,在朋友的极力帮助下,巴克莱战胜了各路竞争对手,被正式授予爱尔兰克罗因教区主教的头衔。

巴克莱在伦敦谋取教职期间,发表了几篇论著,其中包括在纽波特完成、1732 年在伦敦首版的《艾尔西弗隆》和《分析学家》。前一部著作全名是《艾尔西弗隆或渺小的哲学家》(Alciphron or the Minute philosopher),它也是一部效仿柏拉图的对话录的作品,全书由七篇对话构成。该书的主旨是从哲学上维护一般的基督教以及英国国教,批判当时以所谓自由思想和理性主义表现出来的反宗教倾向,其中包括宗教观点的自然神论和生活观上的快乐论。书中对话人的背景和言谈都明显反映了美国纽波特周围的山山水水、农场和住宅等田园景色,这表现了作者对那段不平凡经历的眷恋与缅怀之情。《分析学家》(Analyst)出版于 1734 年初。这是一部研究数学中流数法的小册子,书中对牛顿的无穷小概念提出了批评。这本小书中的观点招致许多数学家的猛烈反击。

巴克莱对克罗因主教这个位置并不感到称心如意,因为那个地区是爱尔兰南部的穷乡僻壤,主教的年俸只有 1200 镑。这个数字比德里教长的年薪还低。然而，主教的教阶毕竟比教长高一级，所以，巴克莱还是欣然接受了任命。1734 年 5 月初，这位新升主教和妻子安妮，带着 5 岁的亨利和半岁的乔治两个儿子，回到了阔别了 10 年的都柏林。在那里拜会了新婚不久的弟弟罗伯特、老朋友普赖尔和斯维夫特，后者当时是都柏林最大的教堂圣帕特里克的教长。这年的初夏，巴克莱在家人的陪伴下，乘马车南下 160 英里，来到了他的教区克罗因，正式走马上任了。

克罗因是一个不大的城镇，距爱尔兰最南端的港市考克(Cork)仅 20 英里。整个教区占地 50 万英亩，拥有教堂 44 座，新教教徒 14200 人。巴克莱时代，古代残留的城堡、圆塔随处可见。主教和他所辖的一些教长和牧师都住在伊默克利男爵的领地上，从而构成了这个教区的中心。主教管理着整个教区的一切宗教事务，诸如召集宗教会议、主持宗教圣典、负责教民的道德教化之类。据说，巴克莱待人宽厚、体恤民情，和同僚及教民相处融融。他提倡当地百姓自己动手织布缝衣，节俭持家。据说还开办纺织小学。他没有忘记国事和故友。他去都柏林参加过议院大会，著文批判异端教派和学说，他一直跟普赖尔、斯维夫特等朋友保持通信联系，他们的友谊终生不渝。

在克罗因，亨利和乔治在巴克莱主教和夫人的监护和养育下长大成人。同时安妮还生下另外三男一女。可惜的是，约翰与萨拉(Sarah)死于襁褓之中，聪明伶俐的威廉也于 16 岁时不幸夭亡。只有天真可爱的小女儿朱丽娅(Julia)活了下来。巴克莱爱好艺术，更喜欢享受天伦之乐。他曾写信告诉普赖尔："我不乐于出现在宴会和人群中，不常拜会友人，不愿熬夜，不想跟陌生人打交道。繁忙的事务是没有意思的。""你会发现我跟夫人，三个儿子和貌似天仙的女儿，在无花果树下尽情欢乐。”① 安妮夫人性情和顺，举止高雅，懂法语，写得一手好文章。她可以与丈夫一起讨论形而上学，并且能歌善舞，赋诗作画。此外，对于监管家园，照顾和培养孩子，也都是章法分明，头头是道。巴克莱钦佩地称她为“不寻常的人才”。有这样和谐美满的家庭，加之周围风景如画的田园风貌，可以想见巴克莱在克罗因的生活是安逸、恬静、幸福的。

巴克莱在刚担任主教不久，就在都柏林分三部分发表了一本题为《提问者》的长文，后汇集成册。这是一部由许多问题组成的集子。第一部分出版于 1735 年，包括 317 个问题；第二部分于 1736 年发表，由 254 个问题组成；第三部分发表于 1737 年，内有 324 个问题。1737 年出二版时作了修订，删节到总共 595 个问题。《提问者》的目的仅在于提出一些引人深思的经济与社会问题，而不是去回答或解决这些问题。这近 600 个问题涉及新旧教徒之间、豪绅与平民之间的平衡，高雅的艺术品与实用的工艺品的兼顾；经济学上的理论和实际应用的统一，财富的源泉与本性，货币的特征等问题。它建议创办国家银行，发行小型硬币。他反对奢侈的生活方式，主张节俭朴素，提倡妇女大办家庭副业。他还希望爱尔兰人穿本地衣，喝本地酒，做到自给自足。他批评英国不要以剥夺爱尔兰为代价，来换取自身的繁荣。通篇著作，始终围绕着这样一个问题：如果爱尔兰还将继续贫穷下去，那么错误在谁？《提问者》出版后，在社会各界引起了一定的反响，深受一些爱国者、政治学家和经济学家的重视。

巴克莱是一位颇具仁爱恻隐之心的主教，时常注意和关怀

① 转引自卢斯：《巴克莱传》第 180 页。

民众的生活,身体力行地帮助减轻疾苦,医治病痛。其中“焦油水风波”的故事生动有力地表现了这一点。

事情是这样的。1739年—1740年冬,爱尔兰不幸遇到严重的霜冻,人们赖以糊口的土豆被冻而腐烂,于是罕见的饥荒降临到这个岛国。大批灾民衣食无着,流离失所,许多人被活活饿死。巴克莱对此深感不安。他每星期一的早晨拿出20镑钱赈济受难百姓,以尽绵薄的援助之力和同情之心。春荒过后瘟疫跟来。恶性痢疾流行全国,使本来已经灾难深重的爱尔兰人更加痛苦不堪,又有许多人被夺去了生命。当时的爱尔兰只有三家医院,缺医少药水平低,根本无法对付大规模的瘟疫。早在这场瘟疫之前的1741年,巴克莱根据很可能是从美国土著居民那里学来的方法,用树脂和冷水混合的方法,制作出一种焦油水(tar-water)为自己、家人和邻居治疗过各种疾病。当这次痢疾流行到克罗因时,他便用它进行治疗,据说用后收到了良好效果。于是巴克莱便转告朋友,投书报刊,说明制作焦油水的方法和过程,宣传这一药物的疗效,并在1744年初出版了《西里斯》(Siris)一书,其中的前半部分专述焦油水的制作与妙用。从此焦油水的药用价值广为流传。

也许从科学上讲,用从树上流出的油脂和水浸泡而成的液体治病是没有多少道理的,然而奇怪的是,从现存的材料看,许多人都说这种东西灵如神水,不但可以治疗痢疾,而且可以防治其他疾病。医院的临床记录、报纸杂志也明文记载着它的神奇效用。于是不论男女老幼,也不论平民百姓还是达官显贵,饮用焦油水似乎成了时尚。甚至在爱尔兰岛以外的欧洲许多地方都兴起了焦油水热。伦敦的大街上挂着卖焦油水的招牌,药店制作并出售用各种器皿装盛的这种药液。普赖尔在经过一番考察后这样写道："数以千计的人从中受益，而且在爱尔兰、英格兰、荷兰、法国、葡萄牙和德国，每天都接到因饮用焦油水而有疗效的消息。"① 一时间，焦油水简直成了人人皆宜的万应良药。当时也有些医生反对服用这种药水，他们指责说饮用此水是"流行的疯狂症"。这种焦油水的流行持续了几年的时间，才逐渐销声匿迹。

不管这种焦油水是否真的起了治疗作用，也不管它是否符合科学，都无法改变这样的事实：当时的许多人都认为它是有疗效的。而且，巴克莱主教也因此而继百慕达计划之后，又在英伦诸岛重振名声，着实红火了一阵子。

《西里斯》是巴克莱晚期的一部较大部头的著作。"西里斯"(Siris)的本意为"链索"(Chain)。这部著作的完整标题是：《西里斯：对焦油水之功效以及相关连的和由此产生的各种主题的一系列哲学反思和探索》，共有368小节。

该书的开始部分介绍了焦油水的制作和保存程序，各种病人服用的剂量以及良好的治病效果。巴克莱在书中表明，这种药水对天花病人有奇效，同时亦可防治肠胃病、肺病、气管炎、血液循环疾病、各种炎症、神经系统病、眼病……诸如此类，无不奏效。因此，"也许再也找不到比焦油水更为用途广泛，更加有疗效的药物了"②。在他眼里，焦油水包医各种疾病，而且对人体有百益而无一害。据巴克莱分析，焦油水之所以可以防治病症，在于其中包含由于冷水的作用从树脂油膏中抽离出来的可挥发性盐分，酸性物精炼液汁和常青不衰的性质，如松、杉之类的树

① 转引自卢斯：《巴克莱传》第202页。

② 巴克莱：《西里斯》第71节，见《巴克莱全集》第5卷。

木就是最好的焦油脂的来源,而树脂则是由于太阳长期照射而产生化学作用的结果。

在《西里斯》中,巴克莱依据当时自然科学发展的成果,像古代的恩培多克勒、阿那克萨戈拉等自然哲学家那样探讨了自然界事物以及人的构成要素和活动原因等问题。他表示,空气是多种成份的混合物,其中包含水、火、盐酸、油、土等各不相同甚至相反的元素,这些元素如赫拉克利特所主张的那样,是可以相互转化的。在诸元素中,火,或者说以太,光线最积极,最具活力,其他元素经它的引力获得伸缩性与挥发性才变为气体,在这个意义上,巴克莱称火是“世界的生命之精”(the vital spirit of the world)。最精微、不可见的纯粹的火或以太弥漫充斥于整个宇宙,永远处于运动和变化中,正是它“才是第一个自然界的动者”,它的运动引起空气的运动,也造成了自然界物体的生成与毁灭。[①] 在火之上是上帝这一“最高的智慧”,他是惟一可以控制火的力量。人是肉体与心灵的结合。人的物理方面的感官活动和身体运动,是人体内的动物之精(animal spirit)或纯粹的火直接引起的。巴克莱强调指出,尽管纯粹的火在构成事物并引起运动方面有其他物质元素不可比拟的作用,但它并不是事物产生和变化的真正原因,真正的原因是精神,归根结底是上帝。他说:“事物的秩序和过程,以及我们日常的实验,都说明精神才是控制和调整这个宇宙系统的东西,是真正实在的力量和原因。”[②] 火作为次要的原因或工具,是被上帝这个“无限的心灵所决定的”。

---

① 巴克莱:《西里斯》第 152 节。

② 巴克莱:《西里斯》第 154 节。

在《西里斯》中，巴克莱大量地谈到柏拉图、亚里士多德以及在他们前后的大多数古希腊哲学家，批评了近代机械论和无神论的自然观，表现了自己与柏拉图主义的一致性。他在这部著作中没有再提"存在就是被感知"、"物是观念的集合"这样的命题，但他从未声明放弃上述哲学原理。事实上，这反映了巴克莱研究角度的改变。如果说以《人类知识原理》为代表的早期著作主要是从本体论与认识论的结合上解决知识的对象是如何可能的问题，那么《西里斯》则是着重从哲学与自然科学的结合上解释现存事物的形成的，它构成了巴克莱晚期哲学的基本内容，反映了一种与非物质主义不同但又不对立的朴素唯心主义的自然观。

五、谢世牛津

随着年事日高，巴克莱的健康状况在升任主教后明显地走上了下坡路。患病卧床的事屡有发生。1740年后，巴克莱的一些老朋友先后谢世，这使他陷入悲哀嗟叹之中。尤其是1748年5月和1751年10月，帕西沃尔和普赖尔两人先后病逝，这使他尤其感到悲痛。他们二人与巴克莱自相识后一直保持联系和交往，友情最为笃实。巴克莱在写给帕西沃尔之子的吊唁信中说："我自信有责任向阁下对您父亲的逝世表示悼念之情。我与他的友谊相续约40年，对此我深感荣幸。在他选择的路上，每段路程都留下了他的生命的印记。"①

最大的不幸还是亲生儿子的夭亡。1751年3月3日，巴克

① 转引自卢斯：《巴克莱传》第209—210页。

莱的爱子16岁的威廉突然死去。据说威廉被公认为一个很好的小伙子。他的不幸夭亡简直可以说伤到了他父亲的心脏。悲痛欲绝的巴克莱主教在给本森的信中写道:“上帝呀!大慈大悲的您夺走了我那端庄俊美、活泼可爱的宠儿。他的容貌和个性,他的稚气和虔敬,尤其他对我异乎寻常的爱戴,真是太让我喜欢和留恋了。”① 巴克莱家族的不幸还包括1746—1747年冬他侄子和1748年他弟媳的死亡。接二连三的不幸带来的痛苦致使年迈多病的巴克莱更为虚弱了。

在1751年的降神节(复活节后的第七个礼拜日)那天,巴克莱主教在克罗因的大教堂做了最后一次祈祷。1752年,他修订出版了《艾尔西弗隆》一书的第三版,其中删掉了一些关于抽象观念形成的章节。同时他还在准备出版自己著作的文选,其中包括《对焦油水的进一步思考》这篇最后时期的作品,以及从前没发表过的《论美国的种植技术和学问的前景》,此文是在25年以前完成的。

垂暮之年的巴克莱并不希望一劳永逸地留在克罗因。他想换个地方,一者疗养身体,二者作为永久的归宿。他选中了40年前小住过的牛津。他对这座英国最古老、最负盛名的学府早已“心向往之”,再加上儿子乔治恰好考入这所大学,这就使他下定了迁往牛津的决心。起初,他曾提出用克罗因的主教职位换取牛津的主教或牧师,但未获允许。后来他写信给国务大臣,表示愿意彻底辞掉主教一职。国王得知巴克莱的意见后宣布:巴克莱可以终生保有主教头衔,而且可以到他喜爱的地方生活。这样,巴克莱的愿望终得满足。

---

① 转引自卢斯:《巴克莱传》第208页。

1752年的夏天，巴克莱拖着羸弱的病体，与夫人安妮、儿子乔治和女儿朱丽娅从考克登船，假道布里斯托尔（Bristol），来到了他的最后住所——牛津。在牛津，巴克莱一家住在哈勒维尔（Holywell）街的一所房子，距当时"新学院"的花园很近。几十年前见过的老朋友都已作古，这虽给巴克莱平添了几分陌生感，不过他很快又交上了一些新朋友，其中多半是主教、牧师和学院里的教师。据说，巴克莱在牛津深受人们的敬重。

身处他最感惬意的环境，由夫人和女儿陪伴周围，儿子在最有名的大学里读书，巴克莱安然幸福地在牛津度过了最后的5个月。1753年1月14日的夜晚，巴克莱一家人围拢在壁炉旁喝茶。老人斜卧在躺椅上，安闲地和儿子女儿一起听夫人朗读圣经。起初，巴克莱还时而评说经文，一会儿，言谈中止，哲学家溘然谢世。时年68岁。

根据巴克莱生前嘱托，在他死后六天，人们把他埋葬在牛津基督教会学院（Christ church college）内的教堂里，遗孀安妮为之立碑，铭文如下：

最严肃持重的教会领袖，
乔治·克罗因主教之墓；
不论我们是否称颂此人，
他的智慧、学问，笃实与大度，
在他的时代无与伦比；
巴克莱生来就是，
一个基督徒和爱国者，
不论你是否基督徒，
是否爱国者，

都可由此而感荣耀；

他逝世于七十三岁，

生于基督纪元1679年①。

亡夫遗孀安妮

巴克莱死后，其家属先由友人席克(Secker)关照。两年后，安妮与体弱多病的女儿移居都柏林，和长子同住。二子乔治仍在牛津就读，他于1759年获硕士学位。巴克莱夫人于1786年5月27日死于肯特(Kent)。巴克莱的一个儿子在都柏林附近的伯里(Bray)定居，生有两儿两女，其中只有一子长大成人。

六、生平总论

如果说巴克莱的一生有什么显著特征的话，那么，大致可以用一个"奇"字概括。二十四五岁建立起多年来一直被认为是怪诞的哲学体系，在哲学史上写下了极其重要的一章，可谓奇才；撇开安逸的生活，在未弄清百慕达地理位置的情况下，贸然提出在那里建立神学院的计划，乘兴而去，败兴而归；用凉水加树脂浸泡成的焦油水治疗各种疾病，竟风行于爱尔兰和半个欧洲，这是奇事。可以说，巴克莱的一生就是他那奇才而表现为奇事、奇学问的过程。当然这奇字的背后是隐藏着深刻的社会、历史和文化背景的。

① 根据都柏林三一学院现存的注册簿，巴克莱入学于1700年，时年15岁，他生于1685年。这与几乎所有巴克莱传记所载的年岁相符。因此，墓碑所记生年与卒岁多半有误。

在都柏林三一学院保存着巴克莱的两幅画像，一幅悬挂在学校的教师休息室里，这是在1745年绘制的半身油画像，他那稳重安详的面部表情，深邃的眼睛，整齐的假发和服装，给人以宽厚、文雅、庄重和机敏的感觉；另一幅油画全身像创作于1785年，现挂在学生的固定考场室里。它反映的是较年轻时代的巴克莱。那炯炯有神的双眼，稍稍扬起的冷峻面貌，扶椅微斜而立的矫健身姿，似乎无时无处不在显示自己对芸芸众生的轻蔑、超凡的才智和好奇心，不可遏止的勇气和勃勃雄心。到底哪一幅画像更真切地反映了巴克莱的品性？卢斯认为前者是真正的巴克莱形象，耶茨(Yeats)在他的《巴克莱传》中则肯定后者。我们也许可以说，后者是年轻的巴克莱，前者是年长的巴克莱，它们都表现了巴克莱的真实自我。这一说法虽然不无可取之处，但不免有折衷之嫌。从巴克莱那充满传奇色彩的一生来看，我们宁可说，这后一幅巴克莱画像更多地代表了巴克莱其人。

第二章

非物质主义的形成及其思想渊源

1710年,《人类知识原理》这一"非物质主义"的代表作公之于众,巴克莱这位年仅25岁的青年也因之而作为伟大的哲学家之一载入了史册。

巴克莱是一个幸运儿。他没有像康德、黑格尔等其他许多大器晚成的哲学家那样,经过十几年甚至更长时间的惨淡经营才完成其体系,反之,他只用了四五年时间的酝酿和修改,就完成了他的非物质主义哲学的设计和建构。根据著名巴克莱学者卢斯(A. A. Luce)对巴克莱的《哲学评论》的研究成果,"在1704—1706年间,巴克莱曾经构造了一个非物质主义的体系,他回顾时称之为'我的第一论证'(my first arguings);1707年夏秋之季,他又把这一体系放进了熔炉,对第一论证和原先的观点进行了批判性的考察。他摒弃甚多,改造甚多,发现甚多。到1708年秋,巴克莱的'第二思想'(second thoughts)或'成熟思想'可以说是大致完成并系统化了"①。两年后,《人类知识原理》正式问

① 卢斯:《非物质主义的辩证法》,Hodder and Stoughton出版公司,1963年版,第12页。

世，一座宏伟新颖的哲学大厦矗立起来了。尽管有的巴克莱学者对卢斯所谓巴克莱曾在1704—1706年间形成过“第一论证”的书面文献表示怀疑和异议，但较为可信的是巴克莱哲学确实经历过一个从“第一论证”到“第二思想”，从不成熟的非物质主义到成熟的非物质主义的转变。阐述这一转变过程是我们这一章的首先的任务。

这一章的另一工作是探讨巴克莱的非物质主义和前此哲学的关系，澄清其主要的思想来源。这是一项艰巨而复杂的任务。巴克莱在他的笔记和出版的著作中提到的哲学家和流派达20个之多，其中较为重要的有芝诺、亚里士多德、经院哲学家、霍布斯、洛克、笛卡尔和笛卡尔派、马勒布朗士、斯宾诺莎、培尔、牛顿、毛勒纽斯等。我们不能一一讨论他们对巴克莱的影响，而只能考察其中几个最主要的代表人物，这就是洛克、马勒布朗士和培尔以及当时的科学家。而且，我们的探讨也主要局限于他们在巴克莱非物质主义哲学产生过程中所产生的作用和影响。

一、“第一论证”

巴克莱在《哲学评论》的第265条中写道：“从马勒布朗士、洛克和我的第一论证，无法证明广延不在物质中，从洛克的论证也不能证明颜色不在物体中。”卢斯认为，在这条笔记中，巴克莱首先把洛克、马勒布朗士和自己的第一论证并列在一起，然后接着谈到了洛克的论证，这表明他很可能有一个书面的第一论证。而且，这种论证是在《哲学评论》写作前两三年，即1704—1706

年间写成的[①]。我们可以从这条笔记中确信,巴克莱曾经有过被他称为"第一论证"的哲学见解。然而,在缺乏别的证据的情况下,关于他的论证究竟是写成文字的,还是仅在心目中存在的,却是难以定论。卢斯认为巴克莱有书面材料的说法显然是有点武断的。为了慎重起见,我们姑且对是否有书面论证存而不论,而将注意力放在第一论证的内容方面。

巴克莱的第一论证的内容集中体现在《哲学评论》的第17至24条笔记中。现将它们原文译出如下:

M 亚当的堕落,偶像崇拜的兴起,伊壁鸠鲁主义的流行,以及霍布斯主义关于物质的可分性的争论等等,都可由物质的实体来解释。(第17条)

X 存在是一种感觉,因此,不能离开心灵而存在。(第18条)

M 根据非物质主义的假说,墙是白的,火是热的,诸如此类。(第19条)

P 不能证明第一性的观念存在于物质中,以同样的方式,也不能证明第二性的观念存在其中。(第20条)

X 关于广延无限可分的论证是假定了没有宽度的长度,或者说不可见的长度。这是荒谬的。(第21条)

M 没有思想的世界既不是质,也不是量和处所等等。(第22条)

M 思考一个没有心智的世界是奇怪的。(第23条)

十 恰当地说,除了人格(Persons)即有意识的东西以外,别

---

① 参见卢斯:《非物质主义的辩证法》第47、79页。

无他物存在，所有其他的事物都不像人格那样存在着。(第24条)

在巴克莱的《哲学评论》中，每条笔记的前面都有一个大写的字母或符号。其中M表示与物质或物质世界相关，X与数学相关，P代表第一、第二两种性质，十则表示疑问。只要稍加注意，我们就会看出：第一，这8条笔记大都是关于物质的事物的，其中第17、19、22、23条直接论述物质或物质的世界，其他各条都间接地涉及到物质的事物。第二，巴克莱的第一论证是一个"非物质主义的假说"，它的大意是，物质的世界是不存在的，真正的实在是观念、性质或人心(第18、19、20、22、23、24条)，物质实体的存在是唯物主义和一切错误的根源(第17、21条)。

如果以上8条笔记的思想能够代表巴克莱的"第一论证"的话，那么，这时即1707年夏天[①] 的巴克莱，基本上是一个主观唯心主义者。诚然，作为一个虔诚的基督徒，巴克莱从未否定过上帝的实在性。而且，就在他的《哲学评论》的开始部分，神的理智和上帝这样的字眼就出现过两次(第3、15条笔记)。但是，上帝在这时的巴克莱的心目中还没有突出的地位，他存在着，但其哲学作用却不甚明确。反之，人心的存在及其核心地位却是显而易见的。第24条笔记中所说的人格(Person)是从洛克那里借用的，巴克莱用它来指作为意识的东西的人的心灵(与成熟时期的作为理智与意志的统一体的人心有差别)，除了上帝以外，世界上的一切东西都是人的意识及其不同形态。天上的星辰日

① 卢斯认为，巴克莱的《哲学评论》开始写于1707年6月，而托马斯(G.H. Thomas)则主张始于1706年12月，这里从卢斯说。

月,地上的山川景物,人们平素所说的一切物体,都被主观化、精神化了(mentlized)。中国哲学史上有一位叫作陆象山的主观唯心论者,他的著名命题是“宇宙即吾心,吾心即宇宙”。如果拿巴克莱的第一论证与之对照,两者之间已没有什么本质区别了。因此,卢斯称巴克莱的第一论证为泛心主义(Panpsychism)。

约翰斯顿(G.A.Johnston)于本世纪20年代初发现了这几条笔记的重要意义,他尤其注意到了其中的第24条。他认为,这条笔记集中体现了巴克莱的新发现,新原理,是“巴克莱的知识论与存在论的核心”。因此,巴克莱哲学的发展在他的笔记手稿的第一页就已完成了。① 在约翰斯顿看来,巴克莱的哲学无非就是证明物质世界不存在,主张世界上一切实在的东西都是人的意识这样的唯心主义。

如果约翰斯顿的论断是正确的,即巴克莱在《哲学评论》的开头部分就完成了自己的思想体系,那么,正如上述8条笔记,尤其是第24条所表明的,巴克莱的确是一位主观唯心主义者。然而,正如卢斯所指出的,约翰斯顿没有注意到,即使注意到也没有理解巴克莱第24条笔记前面的那个符号“十”。它的意思是表示疑问。卢斯断言,约翰斯顿完全误解了巴克莱。事实上,第24条笔记根本没有包含巴克莱的新原理,反之,它是其旧原理的具体表现;它是巴克莱“第一论证”达到的顶点,同时也是向成熟的非物质主义发展的低谷和起点;它不是巴克莱哲学的核心,而是行将被抛弃的废品。② 我们认为,卢斯的见解更为合理。这是因为,首先,巴克莱的笔记共有888条,如果巴克莱在

① 约翰斯顿:《巴克莱哲学的发展》,伦敦1923年版,第26页。
② 卢斯:《非物质主义的辩证法》第82—83页。

刚刚开始时就完成了他的根本原理，那么其他那么多论述其非物质主义的笔记岂不成了多余的，至少不是必要的？其次，从他正式出版的《人类知识原理》和《三篇对话》中看，他的非物质主义并没有把世界的存在仅仅归结为人心及其观念。反之，他一再申明，世界上的事物是人的感官对象，但决不是人的产物。自然界中的一切都是上帝创造出来并使之与人的心灵相联系，并因此而成为人的对象的。可信的解释似乎只能是：在巴克莱的新原理形成以前，即在1707年夏秋及以前的某一段时间内，他暂时地产生过像第17—24条笔记表述的那样的哲学观点。这种观点在以后的近一年的进一步研讨过程中，得到了根本的改造和完善，进而形成了巴克莱的成熟的非物质主义的原理。换句话说，主观唯心主义只不过是巴克莱的一个假说，是他哲学生涯的起始阶段而已。

二、"第二思想"的诞生

巴克莱所说的"第二思想"是相对于他的"第一论证"而言的，指的是被他修正过了的成熟的非物质主义原理。根据卢斯的考证，巴克莱的"第二思想"是于1707年秋天形成的，那时他的第一本笔记正完成了三分之二。《哲学评论》中的下面这几段话可以表明巴克莱发现新思想时的情景：

切记：　我在8岁时就不信任什么，因而天生地倾向于这些新的学说。（第266条）

M.P.　如果允许广延存在于物质中，我们亦甚至无法知道它们的大小，这与马勒布朗士相反。（第269条）

M　我在想人们为什么没有发现这样一个如此明显的真理,即广延不能离开思想的实体而存在。(第270条)

M　我并不对自己发现这一既显而易见又惊世骇俗的真理的聪明才智感到吃惊,使我感到惊奇的倒是我的愚蠢的粗枝大叶而没有更早地发现它……(第279条)

第266条笔记是很有意思的。在这里,巴克莱回想起了他的童年时代。他很可能在8岁那年发生过一次不相信传统旧说的重要事件,致使他终生难忘。15年以后,当他产生新的思想时,不由地追忆往事,借以表现自己天生善于标新立异,反对人云亦云的创造精神。而第279条则更加淋漓尽致地表达了巴克莱发现新原理时又惊又喜的心情,同时亦表示了对以前没有发现这一真理的遗憾。第269条和270条则暗示了他的"第二思想"的内容。大致是说,他不像马勒布朗士那样把广延区分为绝对的和相对的、与心灵无关和与人心相关联的两种形式,并且认为当物质和我们接近时,我准确地知道物体的大小,而当距离增大时,我们就无从知道其绝对规模了。反之,巴克莱发现,如果说广延是在物质实体中的,那么,我们无论如何也无法知道其大小。在他看来,没有存在于物质实体中的绝对广延,广延只是相对的,它仅仅与思想的实体相关。可以说,这是巴克莱的第二思想的最早暗示。在第285条笔记中,巴克莱就开始用大写的"原理"(Principle)来表示其新的哲学原理,并逐步展开其成熟思想了。

巴克莱的"第二思想"是关于有广延的物体,即可感对象的存在的。和他的"第一论证"相同的地方在于,巴克莱依然认为广延不存在于物质实体中,它是与某种精神相关联的。然而这时的巴克莱则认为，第一，物体不再是人心的产物，即不再是感觉意识的主观的存在物，而是和人心相关的物理对象。它不能离开思维的实体而存在，但同时却是作为实在的、可被感知到的对象而存在着。第二，人心不再是人格这一"意识的东西"（Concious thing），而是可以感知对象的思想实体。第三，巴克莱这里的思想实体，除了包括人心以外，还指上帝，他说广延的东西不能离开思维的实体而存在，这不仅意味着物理对象与人的心灵相关，还表示对象物也存在于上帝之中。这与第一论证中把事物完全看作是人的意识的各种形态不同。如果把巴克莱的第二思想完全展开，那么它的主要内容就是：万物存在于上帝之中。物理的对象是由上帝创造出来并赋予人的心灵的，它们的存在完全依赖于上帝，相对地依赖于人心的感知。当然，这一思想的展开不是在以上援引的几节中，而是在以后的整个笔记中实现的。

总之，巴克莱的"第一论证"和"第二思想"的根本差别在于，前者否认了物质实体的存在，但同时却把物体变成了人的主观的产物；后者则一方面否认了物质实体，另一方面也保存了物体作为物理对象的存在。根据"第二思想"，物体是上帝创造的，决不是人心的产物，其实在性不依赖于人心，因此是客观的；物体是作为人的对象而存在的，对象作为客体必须与人心主体相联系，不能脱离人心而自存，所以又有一定的主观性。但是两者相比，客观性无疑是更主要的。

从巴克莱的第二思想中，我们可以得到这样的启示：不能简单地认为，凡唯心主义就是把物理的世界变成了主观的幻相；不能简单地宣布，客观精神无非是主观精神的外化，因此客观唯心主义与主观唯心主义没有什么本质的区别。事实上，只有主观唯心主义才把客观世界变成了纯主观的东西。客观唯心主义尽管从本质上看是违反科学的,但它却能够在理论上为现存世界提供一个合乎逻辑的解释,即从上帝出发承认物理世界的客观性。巴克莱从第一论证到第二思想的转变实际上就是从主观唯心论到客观唯心论的转变。这一转变不仅在他本人看来是惊人的,而且事实上是至关重要的,因为它涉及到是否承认物理世界的实在性的大问题。

那么,巴克莱究竟是怎样修正其“第一论证”,进而逐渐产生“第二思想”的呢?这也就是巴克莱的研究方法和途径问题。

巴克莱在美国时曾给他的朋友约翰逊(Samuel Johnson)①写过几封信,其中有这样一段话:“我并不自命我的书可以教人以真理。我所希望的仅仅在于,这几本书能够成为那些善于求索的人们发现真理的辅助因(Occasion),他们是通过请教自己的心灵,探究自己的思想来发现真理的。”② 事实上,巴克莱本人正是这样一位善于求索,在前人思想的帮助和启发下,独立自主地发现真理的哲学家。他的方法就是不断地探索。具体地说,就是先提出一个问题,然后再对它进行探讨和考察,待形成新的看法,再进行新的考察,直到得出自己满意的结论。这种方法酷似苏格拉底的问答法。由于问答法被苏格拉底称为“辩证法”,所以,卢斯也在这个意义上称巴克莱的方法为辩证法。

在方法问题上,巴克莱很可能直接受了马勒布朗士的影响。马勒布朗士曾经说过:“当你遇到难题时,把它置于疑问状态;节

---

① 约翰逊(Samuel Johnson 1696—1772 年),被称为“美国哲学之父”。曾任纽约国王学院即现在的哥伦比亚大学的第一任校长。巴克莱在罗德岛州的纽波特时曾与他几次通信,回答了他提出的哲学问题。

② 《巴克莱全集》第 2 卷,第 282 页。

录下你的思想并写于纸上，你就会发现用以解决难题的原理。”① 巴克莱正是这样写成他的《哲学评论》的，也正是借助这种方法完成他的从第一论证到第二思想的转变的。

巴克莱的第一论证是关于可感世界中物体的存在的。它表明，物体是人的意识，第一性的质与第二性的质都不存在于外物中，它们都是人的意识的不同形式。在提出这样的论证后，巴克莱对它进行了反复的批判性考察。“他沉思了再写，写了再沉思。”② 卢斯在研究巴克莱思想的转变时，把他在《哲学评论》中关于物体存在的沉思作了转述，可以帮助人很方便地把握巴克莱的第二思想的产生过程。他的转述如下：

如果没有物质，那么就只有心灵存在。我能够确定的除了上帝和有限的精神外再无他物。没有物体。不过，这些椅子、桌子和外面的树木和山脉又是什么呢？这些东西看上去足够坚实，但却不能真实地存在，因为它们没有物质的实体，它们也不是心灵或灵魂。我毕竟可以在梦中看见这类东西。这证明它们是不稳固的，倏忽即逝的，它们随着梦境的恍恍惚惚时而存在时而不存在。怀疑论者是对的；不存在什么外部的物体世界；至少我们不能确定它。

不过，那也不成。怀疑主义是一个滑坡。假如我不能确定上帝的世界，我又怎能确定上帝？或者出于同样的理由，我又如何确定我自己的存在？桌、椅、树、山都不是物质的东西；它们不存在于物质的实体中；但他们必定以某种方

① 转引自卢斯：《非物质主义的辩证法》第57页。
② 转引自卢斯：《非物质主义的辩证法》第27页。

式存在于某个地方。那么，究竟怎样存在，在哪里存在呢？

洛克用力(Powers)解释现象。我也能这样做吗？洛克使第二性的质仅仅成为存在于物体中，并在我们心中产生观念的力。如此而已。物体就成了供我们感知的上帝中的力，或者说上帝中力的结合。它们在那种意义上存在。这就无需诉诸物质而挽救了现象。

但这样行吗？物体能够成为上帝中的力或力的结合吗？力是一个复合观念，它包含因果关系。上帝在上帝中引出结果吗？这种说法是不可能正确的。它是泛神论。这样一来，**物体**一词就必定有两种意义。物体必定是思想的结合，也是引起思想的力的结合。但是，这两种意义又是无法同时成立的。它们既不能在上帝中结合，也不能在思想中结合。我们将保留前者而抛弃后者。我不会再谈及力的结合了。我要说，事物本身实在地存在着，它们是上帝的力量的结果。①

据查，尽管卢斯的转述中有些原话不是选自反映巴克莱思想转折的第一部分笔记，而是来自第二部分笔记，例如其中的最后一句话很可能就是从第二部分笔记后半部分的第 802 条中选来的，但这并不至于妨碍卢斯转述的真实性，因为除了个别句子外，绝大多数句子都可在第一部分中找到其原型。而且，即使那个别选自第二部分笔记中的句子，亦可在第一部分中找到其含义相近的段落，例如第 802 条笔记的那句话就大致包含在第一部分笔记的第 290、293 和 293a 条中。

---

① 卢斯：《非物质主义的辩证法》第 27—28 页。

的确,如卢斯所说,巴克莱关于物理世界或物体的看法是,在提出第一论证即认为物体都是人的意识的见解以后,他意识到,那就等于否认了自然界中一切事物的实在性。甚至也无法证明人自己和上帝是实在的。这时,他暂时接受了洛克关于第二性质是物体中可以产生颜色、声音之类观念的力的观点,同时亦顺着洛克的思路,认为人们平常所说的各种性质都是力,这样,事物就被解释为由这样的力结合而成的。力在上帝中存在。但问题是这种力又是从哪里来的?最后他放弃了事物是力的集合的说法,转而认为力是上帝创造的动力,事物是其结果,是上帝创造的观念物。这样他就达到了,至少自己认为是达到了既否认物质实体的存在,又保障物理对象的实在性的目的。这时,关键的问题就解决了。非物质主义的基本点确立起来了。余下的工作,即第一部分笔记的末尾和第二部分笔记的工作,就是进一步充实、完善和系统化了。

下面让我们具体分析几位重要的哲学家在巴克莱非物质主义哲学形成过程中的作用和影响。

三、洛克的影响

所有的巴克莱学者都不否认洛克对巴克莱的作用和影响,但是,洛克究竟在多大程度上影响了巴克莱?他的影响是正面的还是反面的?如果正反都有,哪方面是主要的?对此,人们的回答就大相径庭了。卢斯、布莱肯(Harry M. Bracken)和洛伊朴(L. E. Loeb)大致上属于一派。卢斯认为,洛克的《人类理智论》是巴克莱的入门书,巴克莱从中遇到了哲学上的一些基本概念和问题,如心与物,时间、空间、运动,物质、实体、原因与结果,观念与其对象,第一性的质与第二性的质等等,也从中学到了哲学的基础知识。但是,总的来看,“洛克对于巴克莱哲学中的突出的要素却几乎没有什么作用。他的《人类理智论》教导了巴克莱,但却没有造就出成熟的巴克莱”①。布莱肯也说:巴克莱在《哲学评论》中极为密切地注意了洛克的《人类理智论》,但是我认为,“巴克莱的成熟的见解却不是洛克式的”,在巴克莱看来,洛克的观点是危险的错误。② 可以看出,他们的基本观点是,洛克对于巴克莱来说是重要的,但他的影响与其说是肯定的,不如说是否定的或反面的。与此完全不同,以约翰斯顿和蒂波顿(Tipton)、艾厄斯为代表的另一派意见则认为,在影响巴克莱的哲学家中,“洛克是最重要的。实际上,说洛克是巴克莱哲学的惟一真正的源泉,而其他哲学家仅仅是给予塑成期影响的人物,或许是恰如其分的”③。戈雷令(A.C.Grayling)持中立态度。他指出:洛克跟马勒布朗士、培尔一样重要,他的观点都“直接关系到对巴克莱的理解”④。经过认真的比较研究,我们认为,洛克对巴克莱的影响既有正面的肯定性的,也有反面的否定性的。两者之合大于任何其他哲学家的作用。因此,约翰斯顿的意见较接近实际。

1690年,洛克的《人类理智论》首次出版,不久便风行于英伦诸岛和欧洲大陆。当巴克莱在三一学院求学之际,它与牛顿的《自然哲学的数学原理》一起被列为学院的教科书。巴克莱不

① 卢斯:《非物质主义的辩证法》第59页。

② 布莱肯(Harry M. Bracken):《巴克莱》,麦克米兰1974年版,第17页。

③ 约翰斯顿:《巴克莱哲学的发展》第31页。

④ 戈雷令(A.C.Grayling):《巴克莱:中心论证》,Duckworth 1986年版,前言第4页。

仅在课堂上认真学习过洛克的哲学，而且还在学生中组织过哲学研究会，认真研讨过洛克的哲学。可见，洛克是巴克莱首先熟悉，也是最为熟悉的哲学家。不仅如此，洛克的名字还多次反映到巴克莱的著作中来。仅在《哲学评论》中涉及到洛克的笔记就达110条之多，这个数字远远超过了他所提到的任何其他哲学家。

洛克对巴克莱的影响主要有以下几个方面：

（一）物质实体论与物质概念洛克在《人类理智论》中曾经这样描述过他的实体定义："某些简单观念（这里指简单性质——引者注）经常聚集在一起；它们被认为属于一个物，……我们不能想象这些简单观念是怎样自己存在，所以便习惯于推断有某种基质（Substratum）作为它们存在的归宿和产生它们的源泉。这种东西，我们就称之为实体。"① 这就是说，各种性质，不论是物理的，还是精神的，本身都缺乏独立存在的能力，因而必定以某个东西为支托或基质才能存在。这种支托和基质就是一般意义上的实体。实体与其性质，除了这种支托和被支托的关系以外，还有一层可感与不可感、可知与不可知的关系。在洛克看来，一切简单性质都是可感的，可以认识的；反之，任何实体都是隐藏在性质背后的，超感官的，不可知的。简而言之，在洛克那里，实体兼有本体论上的实在性和认识意义上的不可知性这两种基本特征。

从一般实体定义出发，洛克很自然地得出了他的"分类实体"，即物质实体和精神实体理论。他指出：我们在谈论诸如马、

---

① 洛克：《人类理智论》商务印书馆1959年版，第266页。译文有改动。

石头之类的有形实体时,被知道的只是一些可感的性质,如运动、广延、形状等等。“然而,由于我们无法设想这些性质如何独立存在或在相互依托中存在,所以我们就推断它们存在于某个共有的主体中,并为它所支托。我们称这个支托为实体。”① 具体地讲,有形的或物质的实体就是第一性的可感性质的支托或基质;精神的或思想的实体则是“思维、认知、怀疑和推动力之类确实存在其中”②的东西。对于这两种不同性质的实体,人们只能根据可感性质的存在而推知它们是必然存在的,然而决不能对其自身形成清楚明白的观念,不可能认识其本来面目。

洛克的实体论,主要是物质实体论,对巴克莱起了两方面的作用。其一是说它暴露了物质实体概念本身的困难;其二是指它向巴克莱提供了批判的对象。

关于第一方面。如上所述,洛克的实体是某种实际存在然而又不可知的东西。实体存在于人的感觉范围之外,因此,它的存在不是由感觉经验来证实的,而是由推论得出的。对洛克来说,哪里有凝性、广延、大小、运动之类的性质,哪里就一定有一个本体论意义上的物质存在体为它们所依赖和寄托,否则它们就失去了存在的基础。在这个意义上,人们“所具有的实体观念不过是一个推断,即对那个不知其究竟的这些性质的支托的推断”③。洛克是一位经验主义的哲学家,因此他认识到,说物质实体既存在又不可认识是困难的,因此他对这种理智推论出来的存在物表现出明显的不满。他曾经指出,主张这种实体就好像某些印度哲学家主张地球由大象驮着,大象又由乌龟托着

①② 洛克:《人类理智论》商务印书馆 1959 年版,第 267—268 页。

③ 洛克:《人类理智论》第 266 页。

一样可笑。[1] 据此，贝内特(Bennet)认为,洛克对实体概念“缺乏热情”[2]。当时的史蒂令弗利特(Stillingfleet)主教曾取笑洛克把实体学说建立在一个靠不住的“基质”或“支托”的推断上。但是洛克的悲剧在于,尽管他不满意这样的实体概念,但由于他无法摆脱各种性质必须有其支托这样的先入之见,所以他又不得不肯定它的实在性。正如沃那克(G. J. Warnock)分析的那样,“不管洛克的实体概念多么乏味,多么不令人满意……不管洛克如何悲叹他那神秘莫测的某物,他都无法避免地肯定其存在”[3]。可以说,对于实体,洛克是“食之无味,弃之不舍”。熟读洛克著作的巴克莱当然了解他的实体概念,同时也清楚他对其“食之无味,弃之不舍”的态度。因此,巴克莱指出:物质实体是某种“不知其为何物之物”,洛克的论述是对物质实体概念的“嘲弄”[4]。

洛克关于实体的论述及其态度已经表明,如果沿着经验主义的道路走下去,实体概念是没有存在的余地的。巴克莱已经认识到洛克嘲弄了物质实体概念,而他是不会再继续嘲弄它了。他需要更彻底些,即干脆、直接地否认那种不可认识的物质实体的存在。于是,通过马勒布朗士的更明确的诱导,他终于这样做了,而且把它作为自己哲学的基本观点和主要的目标。这一点即使在《哲学评论》的一开始就已非常明确,在以后的笔记和公开出版的著作中也没有任何改变。按卢斯的说法,巴克莱早在

---

① 洛克:《人类理智论》第142、266页。

② 贝内特(J. Bennet):《洛克、巴克莱、休谟:核心问题》,牛津1971年版,第61页。

③ 沃那克(G. J. Warnock):《巴克莱》,伦敦1982年版,第103页。

④ 巴克莱:《哲学评论》第89条。

1704—1706年,即大学尚未毕业和刚刚毕业之际就形成了否认物质存在,主张一切事物都是人的意识的"第一论证"。如果这一说法成立,洛克的物质实体论对于巴克莱非物质论的形成所起的关键作用就更加明显了。这是因为,如上所述,巴克莱在大学期间主要接受的正是洛克哲学。合理的结论是,洛克的实体论本身就包含了自我否定的因素,巴克莱沿着洛克的经验主义继续前进,并且走得更远,以至抛弃了洛克那"食之无味"的物质实体概念。

关于第二方面。巴克莱既然发觉了洛克实体学说中的困难以及洛克本人的不满态度,从中得出了否认物质实体的结论,那么很自然,洛克所不得不承认的物质实体概念就是他的非物质主义的首当其冲的障碍,也因此成了他首先要批判的靶子。巴克莱在论讨物质实体概念时,仅在《哲学评论》中就有16条笔记提到了洛克。其中第573条写道:"洛克假定物质与运动应在思想之先存在是荒谬的,它包含一个明显的矛盾。"《人类知识原理》中的论述就更是从理论上进行驳斥了。巴克莱说:"现在让我们稍稍考察一下那种为大家所接受的意见。据说广延是物质的一个样式或偶性,物质是支托它们的基质。不过我希望您能给我解释,所谓物质支托广延是什么意思。我没有物质的观念,所以不能解释它。"① 这里所说的"大家所接受的意见",显然就是洛克坚持的作为第一性的质的支托或基质的物质实体。在巴克莱看来,这种实体定义包含两层意思:其一是"一般的存在",其二是它"支托可感性质"。但是实际上,一般的存在只是一个抽象的概念,"支托可感性质"的含义也是人们搞不清楚的。因

① 巴克莱:《人类知识原理》§16,参见§73。

此，这种物质实体不过是一个模糊不清的无意义的概念而已。①在《三篇对话》中，巴克莱也以类似的方式批判了这种从可感性质的存在推断出来的作为基质或支托的物质实体论。

诚然，从古希腊到巴克莱以前，主张物质实体存在的哲学家大有人在，而且从巴克莱的著作中看，他所批判的也决非洛克一人。然而洛克的实体概念是其重要的攻击目标之一，却是毋庸置疑的。爱尔兰的波曼(David Berman)博士认为，笛卡尔、霍布斯等人也主张过作为基质的物质实体，巴克莱在批判时没有把洛克考虑在内，他指的是笛卡尔、霍布斯等人的学说。② 这一见解也是缺乏充分根据的。因为第一，笛卡尔的物质实体定义虽然与洛克的相近，但无论在意义上还是在表述上都有所不同。从意义上看，笛卡尔没有强调物质实体的不可知性，而在洛克那里，不可知则是实体的显著特征之一；从表述上看，虽然笛卡尔与洛克一样认为各种性质所寓于其中的东西为实体，但笛卡尔在多数情况下说偶性或性质“寓于”(reside in 或 inhere in)实体中，洛克却大都使用实体“支托”(Supporting)性质或偶性；笛卡尔经常用“主体”(Subject)表示实体，③ 而洛克的实体则通常描述为“基质”(Substratum)或“支托”(Support)。从我们刚才援引的巴克莱的原话来看，他所抨击的显然是洛克的物质实体定义。④美国学者洛伊朴没有直接否认巴克莱批判过洛克的物质实体概

---

① 参见巴克莱：《人类知识原理》§ 17。

② 参见波曼：《论矢不中的：对贝内特〈洛克、巴克莱、休谟：核心问题〉中某些章节的批评》，见《赫墨西娜》113 号(1972 年)。

③ 参见《笛卡尔哲学著作》英文版，第 2 卷，第 53、64 页；第 1 卷，第 223 页。

④ 关于对波曼见解的反驳，详见拙文《洛克的物质实体学说和巴克莱的批判》，载《哲学研究》1988 年第 10 期。

念，但是他指出："当巴克莱攻击物质实体学说时，他的靶子是洛克早已放弃了的观点。"① 然而事实上，洛克从未放弃他的物质实体论，这一点可以从他在完成《人类理智论》十年后写给史蒂令弗利特的一封信中找到有力的证据。他写道："根据我的证明方式，只要有任何简单观念或可感性质存在，实体就无法放弃，因为一切简单观念，一切可感性质，都要求一个它们赖以存在的基质和推断，要求一个它们寓于其中的实体。"② 总之，洛克的物质实体学说是巴克莱的首要的批判对象，这是毫无疑义的。

此外，洛克关于物质能否思想问题的论述对巴克莱也有影响。洛克在谈到人类知识的界限时指出："我们虽然有'物质'和'思想'两个观念，可是我们恐怕永远不能知道，纯粹'物质的东西'是否也在思想。"③ 他同时还说，虽然物质就其本性而言是不能思想的，但是我们如果设想，上帝"那个原始的永恒的'思维实体'或万能的神灵可以任意造一套无知觉的物质，并且给它以某种程度的感觉、知觉和思想，那并不是一种矛盾"④。后一段话表明洛克在否认物质能思维时的犹豫态度。巴克莱发现了这一问题。为此，他在第 718 条笔记中写道："M 不管洛克说什么，如果允许物质存在，那么，剪下来的胡须和指甲也可以思想了，尽管他似乎肯定其反面。"在巴克莱看来，在物质不能思想这一问题上，不能有丝毫的含糊，否则就会陷入谬误。

概括地说，洛克的实体论，主要是在物质实体问题上表现出来的不满和勉强态度，导致了巴克莱对物质实体存在的怀疑，通

---

① 洛伊朴：《从笛卡尔到休谟》，康耐尔大学 1981 年版，第 349 页。

② 转引自伊尔顿（J. W. Yolton）：《洛克与观念的方式》，牛津 1968 年版，第 133 页。

③④ 洛克：《人类理智论》第 4 卷，第 3 章，第 6 节。

过马勒布朗士的启发,他开始否认它的存在,同时,他的物质实体学说也首当其冲地成了巴克莱所攻击的主要目标之一。由此可以说,洛克的实体论对巴克莱哲学的否定方面,即否认物质存在的学说,产生了直接而重要的影响。

(二)表象主义以及两种性质学说巴克莱哲学不仅否认作为性质的基质的物质实体,他还反对作为对象的物质,在他那里自然中实在的只是观念物,用他的话说"物是观念的集合"。这些思想与洛克的表象主义有密切的联系。

洛克在《人类理智论》中表明,人类的知识是从直接经验发源的,或者说,复杂观念都来自于简单观念,都是人的思想对于广延、形相、运动、坚实性、颜色、声音、滋味、气味等之类的感觉以及知觉、怀疑、相信、意欲等反省观念进行组合、推断、抽象的结果。然而,观念决不是天赋于人心的、与生俱来的东西,反之,它们是通过人的感官或内部反省能力对于"外部对象"(external objects)或"心理活动"的反映或反思而来的。洛克明确宣称,感觉观念的对象就是"外界的物质的东西"①。"有一些运动从那些物体出发,经过神经或元气,以及身体的其他部分,达到脑中(或感觉位置),在心中产生了一些特殊观念。"② 到此为止,我们发现,洛克在关于外部世界的认识中涉及到三个层次,这就是:外部对象、感觉观念和知识。其中,外部对象是产生感觉观念的原因,感觉观念是知识的素材,知识是人心加工、整理观念的结果。在这里,感觉观念是连接外部对象和知识的桥梁和中

① 参见洛克:《人类理智论》第2卷,第1章,第2—7节。

② 同上书,第2卷,第8章,第12节。

介，同时也成了知识和外部对象之间的障碍。由于它的缘故，人的心灵不能直接反映外部对象，其直接的对象只是感觉观念。尽管如此，洛克的这种认识论仍然属于一种表象主义（representationalism），即主张通过观念的中介认识外部对象的认识学说。从本体论方面看，他坚持被表象的外部对象和物理世界的实在性，因此这一学说也可以被称为表象的实在论（representative realism）。

问题就出在感觉观念这一认识中介上面。洛克发现，既然"人心并不能直接认识各种事物，它必然以它们所有的观念为媒介"，那我们凭什么说，我们的知识与外物相契和，并因此而是真理呢？"人心既然除了自己的观念以外再不认识别的，那么它怎么知道它们是和事物本身相符合的呢？"洛克没有否认知识与外物的符合及知识的可靠性，但他承认"这里有一层困难"①。根据常识，人们的知识就是对外部对象的直接反映；感觉观念也是某种知识，所以它不是心灵反映外物的屏障。这是一种只有外物与知识两者的反映论。在洛克那里，感觉观念不是知识，而是直接的认识对象或材料，这样他的表象论就成了三项型的（three－term），即包含外物、观念、知识三者的表象论。对此，蒂波顿（I.C.Tipton）说："这似乎确实表明了与常识的明显背离，而且招致了怀疑主义者和巴克莱的挑战——如果说你只意识到你心中的观念，那你怎么能够恰当地确认外部对象呢？"② 显而易见，巴克莱在发现了洛克的困难以后，采取了一种思维的经济原则：既然外物不能被人心所表象，那就没有存在的必要。人的直接

① 参见洛克：《人类理智论》第4卷，第4章，第3节。

② 蒂波顿：《巴克莱：非物质主义哲学》，伦敦1974年版，第26页。

对象是感官的观念，世界中真实存在的对象也就是这样的观念，所谓的外部对象是不存在的。蒂波顿认为，巴克莱否认了洛克的外部对象，保留了他的观念。奥斯金(Austin)也说："在洛克看来，既有'观念'，也有'外部对象'，……而在巴克莱的学说中，存在的只是他心中拥有的观念。"① 他们的意见是有道理的。

但是，巴克莱并不是毫无保留地全盘接受了洛克的观念论。他的做法是继承与改造相结合，即把洛克的主观的简单观念客观化，使之成为构成事物的要素，即两种性质，并因此而主张"物是观念的集合"。要明了这一点，首先需要对洛克的"性质"(qualities)及其与观念的关系的学说作一番扼要的阐述。

洛克指出："在正确地考察之后，我们知道物体的性质可以分为三类。第一就是物体中各凝固部分的体积、形相、数目、位置、运动和静止。这些性质不论我们知道它们与否，总是在物体中存在的。物体如果大到足以使我们把这些性质发现出来，则我们便可以由此得到事物本身的观念，就如许多人造的东西便是。这些性质我叫作第一性质。第二就是任何物体中一种特殊的能力(Powers)，它可以借不可察觉的第一性质，在某种特殊形式下，在我们的感官上生起作用来，并且由此使我们产生不同的各种颜色、声音、气味、滋味等等观念。人们常叫这些性质为可感性质。第三亦是任何物体中一种特殊的能力，它可以借第一性质的特殊组织，使别的物体的体积、形相、组织和运动发生变化，以异于先前的另一个方式来影响我们的感官。例如太阳就有能力来使蜡变成白的，火就有能力来使铅变成流动的。这些

① 蒂波顿：《巴克莱：非物质主义哲学》，伦敦1974年版，第80页。

性质，人们都叫作能力。"① 这三类性质的划分在这里是清楚的，第一性质是真实的，"不论我们看到它们与否，它们总是在物体中存在的"；第二性质与第三种性质也都是物体中具有的，但它们的存在方式与前一种不同，第一性质就是事物的大小、形相、运动等等，如果不是对象物太微小，这些性质是可以被人的感官感知的；第二、三两种性质则不然，它们是以能力的方式存在于外界物体中的，不论物体多大，我们都无法感知这样的能力，我们只是从其结果，即从人心中产生的颜色、声音之类的感觉观念或者与一物体相关的其他物体的形态之类的变化，而知道这两种性质的存在。由此可见，在洛克那里，物体或外部对象是由真实的第一性质构成的，第二、三两种性质只是第一性质所附属的能力。由于第三种性质不直接涉及主客体之间的关系，因而与我们所要解决的问题无关紧要，我们在此可以存而不论。

在前两种性质与其观念的关系问题上，洛克的总的观点是：第一性质的观念，与第一性质相似；第二性质的观念与第二性质不相似。他说："物体给我们的第一性质的观念是同这些性质相似的，而且它们的原型确实存在于物体本身内。但是，由第二性质在我们心中产生的观念则与其性质完全不相似。物体本身中不存在任何与我们的观念相似的东西。"② 在第一性质方面的相似关系是由于性质与观念之间不仅是原因与结果，而且还是原型与影像（pattens and images）之间的关系；第二性质方面的不相似，是由于观念和性质之间只有因果联系，没有原型与影像的关系。确切些讲，原因是物体本身具有的产生感觉的力，结果是

① 洛克：《人类理智论》第2卷，第8章，第23节；参见第8、9、10、24等节。

② 洛克：《人类理智论》第2卷，第8章，第15节。

各式各样的感觉观念。然而,无论如何,在洛克那里,两种性质都是客观事物本身具有的,两种观念则是人心中的、主观的东西。

这里出现了一个难题。按照洛克的表象论,人心所直接感知的对象只有观念,对于外部对象,它是通过观念的中介间接表象的。如果真是这样,人心也就不能感知存在于外部对象之中的性质,包括第一性质。如果第一性质不能被感知,那么它就不能作为观念的原型,它们与其观念的相似关系也就变成了虚构的产物。洛克没有意识到,因而更没有解决这一困难。但是,巴克莱却没有放过它。他在《哲学评论》的第47、51、280、299、378、484、551、657、861—862、884—885条笔记中谈到了观念的相似性问题。其中,第47条写道:"Qu:除了自己的观念以外,有人看到过其他的事物吗?他会与那些事物相比较并使观念与它们相似吗?"这里的Qu是query或question的缩写,表示质疑。在这里巴克莱没有提及任何哲学家的名字,但是众所周知,洛克的著作是巴克莱最熟悉的哲学教科书,他不可能不知道洛克关于观念与性质相似的论述。因此,这条笔记很可能是针对《人类理智论》第2卷、第8章、第15节的。

在巴克莱看来,"如果不是感知两个东西,人便无法比较它们,因此他也不能说,任何不是观念的东西与一个观念相似或不相似"①。人们实际上只能感知观念,只能比较观念,所以只能说"唯有观念才与观念相似"②。"观念只与观念相似,而不与外物相似",这一在《哲学评论》中较早形成、在《人类知识原理》中正式公开的命题,具有重大的意义,它是巴克莱改造洛克的观念

① 巴克莱:《哲学评论》第51条。

② 同上书,第484条。

论和两种性质学说的重要一步。这意味着第一性质面临着两种选择，即要么是作为外物中的性质而不与它们的观念相似；要么与观念相似而变成可感的观念。巴克莱选择了后者，这样，外物连同其本身固有的性质都从他的视野里消失了，一切性质都变成了人心中的观念。世界也变成了观念的世界，即人的意识的世界。这就是巴克莱的“第一论证”。当然，达到这一点的原因不仅仅是洛克的观念论的影响，还有马勒布朗士和培尔等人的作用，这些将会在下面谈到。

把洛克的客观性质改变成主观的观念，固然主要依靠巴克莱针对洛克自身中的难题而进行的反思，然而洛克本人所表示出来的类似的倾向，也是很值得注意的。在洛克的著作中，概念混乱和论述上的前后不一是很多的。其中“观念”一词的用法更是灵活多变。一般说来，观念在洛克那里有简单与复杂两个层次，其中简单观念又分为心灵通过感官得来的感觉观念和通过反省得来的内省观念。就感觉观念而言，它指的是反映第一性质的观念，如广延的观念，坚实性的观念，运动的观念，诸如此类。此外还包括第二性质的观念，如声、色、香、味等等。然而在他那里，感觉观念与它们的性质的混用是常常发生的。例如，关于第一性的质，他说：“坚实性观念是属于物体的，因此，我们就想象它是能占空间的。”① 在这里他把坚实性观念混为坚实性性质了。关于第二性的质，他写道：“我想，除了声音、滋味、气味、可见与可触的性质以外，任何人都不可能想象物体中的其他任何性质，不论那些物体的组织如何。”② 在另一个地方，洛克

① 洛克：《人类理智论》第2卷，第4章，第2节。

② 洛克：《人类理智论》第2卷，第2章，第3节。

更加直截了当地把木头和灰烬说成是“简单观念的集合体”①。巴克莱显然注意到了这些地方，而且非常重视这样的用法。他记下了这条笔记：“木头实体是简单观念的集合，见洛克第2卷，第26章，第1节。”② 洛克那里“性质”与“观念”的经常混用或多或少地表明，在他那里，各种性质与观念并没有严格的区别，因此，说物体由各种性质组成和说物体由观念组成都是可以的。这很可能正是启发巴克莱弥补性质与观念的鸿沟，跃过物是外部性质的组合的藩篱，进入物是人的观念的集合，形成其“第一论证”的契机。

洛克对巴克莱的影响不仅在于实体学说和两种性质论，还有其他方面，例如第二性质是物体中的“力”的学说，关于人心可以使对象与其时、空分离，与其性质分离，进而形成抽象的一般观念的理论；语词的作用和语词的意义的观点，都对巴克莱产生过不同程度的作用。由于相形之下，这些学说的影响较实体论与观念论为次，所以这里就不详细阐述了。

四、马勒布朗士的促进

对巴克莱的非物质主义哲学的形成产生过重要影响的另一位哲学家，是法国的马勒布朗士。

尼古拉·马勒布朗士(Nicole Malebranche 1638—1715)，出身于巴黎的达官显贵之家。20岁时被教会授予神父的头衔。他曾在巴黎大学神学院学习三年，但他对神学以及经院哲学没有

---

① 洛克：《人类理智论》第2卷，第26章，第1节。

② 巴克莱：《哲学评论》第179条。

兴趣。他在一个叫作奥拉托里会修道院里饱受奥古斯丁主义的熏陶,但这仍然没有激发起哲学家的兴致。一个偶然的机会使他接触到了笛卡尔的遗作《论人》。从此,他开始感到笛卡尔哲学的伟大,并陆续研读了笛卡尔的主要著作。这时他已经成为一个地道的笛卡尔派了。随着思考的深入,他又在笛卡尔主义的基础上,糅进了奥古斯丁哲学的成份,进而形成了自己的宗教唯心主义。他的主要著作有《真理的探索》(1674—1675),《基督教的会话》(1676),《论自然与圣宠》(1680),《基督教和形而上学沉思录》(1683),《论道德》(1684),《关于死亡的对话简录》(1696)等。其中影响最大的是他的成名作《真理的探索》。在《哲学评论》中,巴克莱多次提到马勒布朗士的名字,涉及到他的一些重要观点。他对巴克莱哲学的形成起过不容忽视的作用。

马勒布朗士对巴克莱的影响主要表现在如下几个方面:

第一点,怀疑外界事物的存在,向巴克莱暗示了非物质主义的方向。

从笛卡尔的立场出发,马勒布朗士主张上帝、人的心灵和物体这三种实体的存在。但是,物体在他那里却不像在笛卡尔著作中那样确定无疑。在马勒布朗士看来,物体尽管存在,但我们却难以证明其存在。这是因为,人心借以沟通主观世界和客观世界的桥梁是感觉,而感觉是不可靠的。物体本身应该有广延,但我们的视觉永远不能给我们以物体的大小的概念;物体有形状和运动,但我们错把圆形当方形,视静止为运动的情况也是常见的。至于声、色、香、味之类的感觉,即被其他一些哲学家称为第二性质的东西,本身就只是人的灵魂的一些变状(modification),根本不存在于物体中。这表明,无论是借助于物体的第一性质的感觉,还是借助于第二性质的观念,我们都无法证明物体是存在的。①

马勒布朗士在《真理的探索》中说过:“我们时常看到现在和过去都没有存在的东西。我们不应从看到一个脱离我们的东西得出一个结论,说这个东西现实地脱离我们而存在。”② 这段话中的第一句似乎是矛盾的,其实不然。在这里,“没有存在的东西”是指非可感的存在,心灵自身确定的存在。这一句中的“看到”不是肉眼看到,而是心灵看到或确认。第二句中的“看见”才是指用人的视觉看到。这段话的意思是说,我们经常看到物质在我们身外存在着,因此便推论出物体实际上存在于心外,这个结论是错误的。人的感觉无法把握外部存在,所以,在感觉基础上的任何推论也不能肯定外部物体的存在。马勒布朗士在《真理的探索》之后加了一个附录,根据泰勒(Taylor)的英译本,其标题是:“证明物体的存在是很困难的;我们应该尊重的是现成的关于其存在的证明。”③ “证明”在这里是复数,这表明马勒布朗士认可的关于物体存在的证明不止一个。不过,作为笛卡尔派的哲学家,他心目中的证明主要是指笛卡尔的证明。在笛卡尔那里,物体的存在是靠上帝来保障的。上帝创造了物质的或物体的世界,并把其原理印入人的心灵,使人天生就有物体的观念。上帝决不是一个骗子,所以人们从他所赋予的观念就可以确信物体的存在。这种靠上帝证明物体存在的方式实际上只是一种信仰。在马勒布朗士看来,无论感性还是理性都不能证明

① 参见庞景仁:《马勒布朗士》,见《西方著名哲学家评传》,第4卷,山东人民出版社1984年版,第235—236页。

② 马勒布朗士:《真理的探索》第1卷,第10章,转引自卢斯:《非物质主义的辩证法》第65页。

③ 转引自卢斯:《非物质主义的辩证法》第64页。

物体的存在,但我们不能断然否认它的存在。“根据宗教的原理,我们不能否认物体的存在。”① 宗教教义上说,上帝创造了人,也创造了万物,那我们就相信其存在吧!

显而易见,和洛克相比,马勒布朗士的怀疑论倾向更加明显。洛克承认我们没有物质实体的观念,但他明确主张,我们必须从各种性质的存在推断其存在;他认为人心的直接对象是观念,因此人无法感知外部对象,但是我们却可以通过观念间接地表象物体。与此不同,马勒布朗士认为,我们所直接感到的只是一些感觉,它们不真实地反映外物;我们亦不能从不可靠的感觉得出物体存在的结论;我们仅仅是在信仰的意义上承认物体的存在。用卢斯的话来说:“作为僧侣的马勒布朗士,他断定物体存在;作为思想家的马勒布朗士没有肯定其存在。”②

巴克莱很清楚马勒布朗士的怀疑论倾向。他至少在三条笔记中,即第800、686、686a条,提到这一点:“M.P.E.在他的《例证》中,马勒布朗士跟我不大相同,他怀疑物体的存在,而我却丝毫不怀疑其存在。”③ “经过重新考虑,我趋向于另一端,我确定马勒布朗士所怀疑的东西,即物体的存在。”④ 前一条笔记中的“《例证》”就是上面所提到的《真理的探索》的附录,它曾被泰勒译为“例证”(Illustration)。⑤ 这几条笔记虽然代表的是巴克莱的成熟思想,但他至少表明,巴克莱是了解马勒布朗士的怀疑主义倾向的。

较为可信的推论是,洛克那里的“食之无味”的实体论和不

---

① 转引自卢斯:《非物质主义的辩证法》,第66页。

② 卢斯:《巴克莱与马勒布朗士》,牛津1967年重印本,第60页。

③④ 巴克莱:《哲学评论》,第800,686a条。

⑤ 参见卢斯:《非物质主义的辩证法》,第64页。

可感的外部对象概念，以及他那里的观念论上的混乱，使巴克莱接近了怀疑物体的实在性的边缘；再加上马勒布朗士的怀疑论倾向的进一步诱导，巴克莱终于迈出了关键的一步，开始否认物质的外部世界的实在性。

第二点，主张观念的实在性，为巴克莱肯定实在的观念物奠定了基础。

马勒布朗士也像洛克一样主张观念是认识的直接对象。他指出：既然精神和物质是性质不同的两种东西，彼此不能相互作用，因此“我们不能知觉在我们以外的物体本身。我们看见太阳、星体和无穷无尽的物体在我们以外，灵魂不能从肉体中走出，去(姑且这样说)在天空中翱翔以便观察一切物体。因此它不是从它们的本身看见它们。比如说看见太阳时，我们精神的直接对象不是太阳，而是一种直接与我们的灵魂相结合的什么东西，这个东西，我们称之为观念。因此，用观念这个词，我在这里不是指别的东西，而是指在精神知觉到什么东西的时候，精神的直接对象或者与精神最接近的东西说的。”①

但是，在对观念的分类及其实在性的看法方面，马勒布朗士却与洛克有重大的分歧。马勒布朗士认为，大致说来，观念有两类，一是声音、颜色、滋味、疼痛之类的感觉，它们是我们内心的情感(sentiments)，是人的灵魂的变态。看上去它们是代表事物的直接对象，其实，它们并不能告诉我们外界的任何情况。因此，它们算不上真正的观念。二是广延、形状之类的观念，它们能够表现在我们之外独立存在的物体，如一所房子、一棵树等。

① 马勒布朗士：《真理的探索》第2卷，第373页，转引自《西方著名哲学家评传》第4卷，第244页。

马勒布朗士认为，它们是真正的观念(ideas)。

马勒布朗士所主张的真正的观念，与柏拉图的理念意义相近。它们不但不存在于人心中，而且也不是存在于外部物体中；它们既不是人的精神的产物，也不是从物体派生出来的东西。它们存在于上帝中，是上帝创造万物的“原型”或样本。这类观念实际上可以归结为广延，即马勒布朗士所说的“可理解的广延”(Intelligible Extention)。它虽然不反映物体，但它却“表现”或“使人知道”(make known)物体的存在。而且，这种观念是我们借以了解物体的惟一通道。我们看不到物体，被我们直接看到的就是“可理解的广延”。由于它只存在于上帝里面，所以我们看到的一切也在上帝之中。用马勒布朗士自己的话说，“我们看到所有事物都在上帝里面”(We see all things in God)。他还说：“上帝才具有万物的观念，这是绝对必要的。”“可以说上帝是精神的场所，就和空间在某种意义上是物体的场所一样。”①

马勒布朗士与洛克的异同是清楚可见的。在洛克那里，第一性质的观念与第二性质的观念，尽管有一定的差别，但它们都是存在于人的精神中的东西；而在马勒布朗士看来，只有相当于洛克的第二性质的观念的“情感”才是人心的变状或精神的产物，而像“广延”这样的观念却不存在于人心中，它们存在于上帝中，是客观的、实在的东西。他们的共同点在于，都认为观念不在物体之内。这种思想影响了巴克莱的“第一论证”。他写道：“第一性的观念证明不存在于物质中，同样，第二性的观念也证明不存在于其中。”② 这条笔记写于《哲学评论》的开始部分。

---

① 转引自《西方著名哲学家评传》第4卷，第239—240页。

② 巴克莱：《哲学评论》第20条。

它表明,巴克莱赞同洛克与马勒布朗士的共同点,倾向于认为两种观念都与外部物体无关。这是他早先主张的主观唯心主义的"非物质主义假说"的一个否定方面,这一步可以说是洛克与马勒布朗士共同影响的结果。

巴克莱"非物质主义假说"或"第一论证"的更重要的一面是认为观念仅仅存在于人的心中,是人的精神的产物。这一点与洛克的观念论相同,与马勒布朗士的作为心灵的变状或主观感觉的观念相似。因此,在这一方面,巴克莱很可能是得益于他们两人,而不是其中的一人。

虽然关于巴克莱形成过"第一论证"的说法基本可信,但是,从他没有正式发表过任何与之相关的论著而是进一步用笔记的方法进行探讨来看,直到他成熟的新原理发现以前,他对第一论证是没有把握的,不满意的。他意识到,如果说我们周围的世界都是人的意识的不同形式,这无异于把一切事物归结为主观的幻相,否认了可感世界的实在性。这样做是违反常识,因而任何人都不会接受的。他知道,关键的问题是,在否认了超验的物质实体和外部对象以后,如何确保周围世界的实在性。洛克认为,外部对象中存在着第一性质和由它们而发生的两种力量,即客观的第二、三种性质。他还说过物体是观念的集合体之类的话。这些方面无疑会引起巴克莱的进一步思考,以期冲出否认可感世界的实在性的陷坑。但是,光有洛克的作用是不够的。他需要另外的力量,这种力量是由马勒布朗士关于观念的实在性和上帝包容一切的观点提供的。

马勒布朗士关于真正观念的实在性理论从以下几个方面帮助了巴克莱:第一,它们不是从外部物体那里产生出来的,也不是对外物的映像,所以无需说它们与外物相似与否。它们可以告诉人们物体如何,是因为它们是上帝创造万物的原型。第二,观念不是灵魂依据对象物作用于人体的力量产生的,否则就过分夸大了人本身的能力。第三,观念也不是天赋的,与生俱来的。第四,真正的观念与人的感觉不同,它们不是灵魂的变状,而是实在的存在体。第五,它们存在于无限的上帝之中,我们通过与上帝的结合而看到它们。[①] 如果说这里的前三点有利于巴克莱克服洛克等唯物主义者主张的表象论和笛卡尔等唯心主义者宣扬的天赋观念论,那么,最后两点则为巴克莱肯定对象物是实在的观念奠定了基础。可以说,正当巴克莱苦于无法确立对象世界的实在性的时候,马勒布朗士雪中送炭,帮助巴克莱用他的客观实在的观念取代了纯主观的观念,从而在理论上迈出了肯定实在世界的决定性一步。

马勒布朗士说:"上帝是一个可理解的世界,或者说是精神的场所……在他之中,我们生活、运动并且具有我们的存在。"[②] 巴克莱在他的著作中几次重复类似的话:"我完全赞同《圣经》中所说的话,'在上帝中,我们生活、运动并且具有我们的存在'。"[③] 这表明,马勒布朗士关于观念在上帝中的学说起了重大的影响。在马勒布朗士那里,观念之所以实在,是因为它们存在于上帝中。在巴克莱的第一论证中,上帝也是存在的,但观念的事物却只是人的意识,因而缺乏实在的根据。马勒布朗士的学说恰好为巴克莱找到了出路,促使他把人心中的观念同时也看作是上帝中的观念。对巴克莱来说,观念既是上帝的,即被上

① 参见卢斯:《巴克莱与马勒布朗士》第 78—79 页。
② 转引自卢斯:《巴克莱与马勒布朗士》第 80 页。
③ 巴克莱:《三篇对话》第 53—54 页。译文有变动。

帝所创造并存在于其中;观念又是我们的,它们通过感官与人的心灵相关连,并且因此而成为人的对象物。这样一来,第一论证中所设想的人的主观世界就改换了面目,变成了客观实在的观念物的世界。卢斯认为,"马勒布朗士向巴克莱指明了如何建立一个废黜了物质以后的体系"①。这种见解是大致不谬的。

应该指出的是,正如马勒布朗士在物质论方面从感性和理性上怀疑物体的存在,又在信仰上保留其存在,因而留下一个不彻底的尾巴一样,他在观念论上也留有两个类似的尾巴。第一,他认为只有广延、形状之类的观念才是在上帝中的和实在的观念,声色香味等观念只是人的主观感受,没有任何实在性。这里两种观念的分离和不彻底的观念论妨碍巴克莱全面地肯定世界事物的实在性。后面我们将看到,弥补这一点主要是经过培尔的启发来实现的。第二,马勒布朗士肯定观念,即广延观念的实在性,他并没有同时否认物体本身是有广延的。他指出:广延有两种,一种是可理解的,即存在于上帝里面的实在的广延观念,"另一种广延是被创造的广延,这就是组成世界的物质,它与你所知觉作为必然存在体的广延大不相同,只有信仰才能告诉你它的存在"②。他跟笛卡尔一样认为广延是物体的基本属性,所以经常把二者等同起来。在这里的意思是,物体本身有其实在的广延。这里的广延和洛克那里的物体本身具有的第一性质是一致的。这种物质的广延的实在性与可理解的广延观念的实在性并存的局面,也是巴克莱在彻底否认物质、肯定观念世界的实

---

① 卢斯:《巴克莱与马勒布朗士》第 83 页。

② 马勒布朗士:《基督教的沉思》,转引自《西方著名哲学家评传》第 4 卷,第 241 页。

在性时遇到的拦路虎。他的笔记表明了这一点。他写道:"从马勒布朗士、洛克和我的第一论证,无法证明广延不在物质中。"①他逐渐地认识到,要解决世界的实在性问题,必须克服观念与其物质对应物,如广延观念和广延本身的分离,以实在的观念消解实在的广延等性质。这一点也是他通过对培尔两种性质论的研究,把观念与其性质等同起来达到的。

虽然巴克莱从马勒布朗士那里受益匪浅,但前者在他的笔记和著作中却经常对马勒布朗士持反对态度。例如,他在笔记中写道:"……马勒布朗士跟我大不相同,他怀疑物体的存在,而我却丝毫不怀疑其存在。"② "如果允许广延存在于物质中,我们就甚至无法知道其大小(proportions)。与马勒布朗士相反。"③他在另一个地方说:"如果有人想象我已流入马勒布朗士的狂热,我将不因此而感到奇怪,尽管实际上我远非如此。他是在最抽象的一般观念之上建立体系的,而我却完全不承认这样的观念。他肯定一个绝对的外部世界,我则否认它。他主张我们被感官所欺骗,而不知道有广延的事物的实在本性、真正的形式和形相。我在这几方面同他恰好相反。所以总的说来,再没有别的原理像他与我的那样更从根本上对立了。"④ 卢斯曾经认为,巴克莱之所以公然否认自己与马勒布朗士有共同点,不肯承认他从马勒布朗士那里继承的遗产,是因为马勒布朗士是大陆人,是笛卡尔派,而自己是英国——爱尔兰人,属于另一个传统。也许巴克莱真有这样的考虑,但巴克莱的成熟哲学与马勒布朗士

---

① 巴克莱:《哲学评论》第265条。

②③ 巴克莱:《哲学评论》第800,269条。

④ 巴克莱:《三篇对话》第55页。

不同却是事实。他的确不是以抽象观念为基础,而是以个别观念为对象,以观念与精神的联系为基础建立其体系的;他也不像马勒布朗士那样从信仰上肯定外部物质的存在。在他看来,我们的感官没有骗人,而是真理的报导者,它们所感到的世界就是真实的世界。可以说,巴克莱是从马勒布朗士那里走出来的哲学家。一方面他继承了他所需要的精华,另一方面他又抛开了他认为的糟粕。他是利用物质论者马勒布朗士来建构自己的非物质主义哲学的。①

五、培尔的警示和科学家的帮助

促成巴克莱形成其非物质主义哲学的重要人物还包括培尔和当时的一些科学家。

比埃尔·培尔(Pierre Bayle 1647—1706)是17世纪末18世纪初法国早期启蒙思想家和怀疑主义哲学家。他的大部分学术生涯是在荷兰度过的。他的名著《历史与批判辞典》,是一部以理性为基础,以怀疑主义为武器,向传统的宗教和形而上学进行挑战的著作,曾在当时的思想界引起非凡的轰动,对18世纪的欧洲大陆和英国哲学产生过直接而重要的影响。

据悉,在巴克莱的家庭成员所拍卖的藏书中就有上述辞典。我们还可以从《哲学评论》中看到培尔的名字和有关他的辞典内

① 如果我们把洛克、马勒布朗士和巴克莱那里的实在排列起来,其间的差别就更容易看清楚了:
洛克:实体、外部对象、上帝和人心。
马勒布朗士:物体、上帝和人心。
巴克莱:可感的性质或观念、上帝和人。

容的笔记。这些都充分证明，巴克莱曾经直接接触过培尔的著作，并从中受到了启发和教益。

值得一提的是，关于培尔对巴克莱的影响，以往的巴克莱学者没有特别注意到，只是到了本世纪30年代，以卢斯为代表的某些西方学者才发现和开始重视。今天，他对巴克莱的影响已成为西方哲学史界一个公认的事实，尽管人们在对其影响程度的评论上，持有不尽相同的意见。

从巴克莱的笔记看，培尔的《历史与批判辞典》中的某些篇目影响了非物质主义的建立。这些篇目主要有：《阿那克萨戈拉》，巴克莱《哲学评论》的第60、64条提到了这位古希腊哲学家在解释万物的起源时所主张的"同类部分"学说；《芝诺》和《皮罗》，巴克莱的第26、79、491、19、285、392、411等条笔记与它们有直接或间接的关系。巴克莱最重视的是后两篇。正是通过对《皮罗》以及《芝诺》的研究，他形成了自己对古代和近代怀疑主义的看法，最终确立了"新原理"，与此同时，也萌生了非物质主义的其他重要论证。

首先，培尔使巴克莱了解并且避开了怀疑主义。

培尔是笛卡尔哲学的崇拜者，但他在某些方面却比笛卡尔走得更远。笛卡尔在其第一哲学中怀疑我们的感官、身体，甚至一切物理的东西，但他仅仅是以怀疑为方法。培尔不同，他是以怀疑为目的，其结论本身就是怀疑主义的。在他看来，人的感官和理性都是骗人的，因此，我们无法获得对世界的真实可靠的解释。他还说："我敢说，本世纪的优秀科学家们几乎没有什么人不相信自然是一个深不可测的无底洞，它的源泉只有创造它们、支配它们的上帝才知道。所以在这一方面，所有的哲学家全都是学院派和皮罗派。"[1] 他还认为,怀疑主义只有在宗教和神学家眼里才是有害的理论,然而事实上,它在自然科学和人类社会中,都是最好的方法和态度。

在《皮罗》和《芝诺》篇中,培尔讨论了古今的怀疑主义哲学,尤其是包括马勒布朗士在内的笛卡尔派的怀疑论思想。他宣称,古代的怀疑论者都把物体的可感性质视为现象,其本质和实在自身是人所不可感到的。例如,当火出现时,我们感到热,但是我们不知道火是什么,或者不知道火是否热。近代的哲学家沿着这条道路向前走,进而认为可感性质只是灵魂的变状。譬如说,因为正是他把声色香味之类的感觉看作是我们灵魂的不同变态或表现形式。

培尔对古代和近代怀疑主义的阐述自然也反映到巴克莱的《哲学评论》中。巴克莱写道:"在非物质主义的假说中,墙是白的,火是热的,等等。"[2] "切记,我注意到我不会与法德拉等怀疑主义者同流合污,我使物体确实存在,而他们却怀疑其存在。"[3]"有些人说存在着不可感的广延,另一些人说墙不是白的,火不是热的等等。我们爱尔兰人达不到这些真理。"[4] 这几条笔记都是针对培尔在《皮罗》与《芝诺》两篇中关于怀疑主义的论述而写的。其中第二条笔记中所说的法德拉(Fardella),是《芝诺》篇中提到的 17 世纪末的意大利西西里的哲学家。他与马勒布朗士相似,认为对象可以与它们的观念不相似,上帝为我们造就了这样的感官,它们把非存在的东西表现为存在;假如我

---

① 参见《西方著名哲学家评传》第 4 卷,第 286 页。

②③④ 巴克莱《哲学评论》,第 19、79、392 条。

们相信物体的存在,那也是仅凭信仰而已。①

巴克莱意识到,怀疑主义与常识的根本区别就在于是否相信我们的感官,是否肯定我们的感官所感到的这个世界的实在性。在他看来,怀疑主义者所信奉的一条根本原理,就是认为现象与本体有差别,进而否认现象世界的实在性,主张它背后另有实在的物质世界。如果我们坚持洛克的学说,我们就是地道的怀疑主义者;如果我们站在马勒布朗士的立场上,即在信仰上承认外部物体存在的同时坚持观念的实在性,我们仍旧不能摆脱怀疑主义的影子。问题的关键是弄清存在的意义,即清除现象与本体、观念与物体之间的鸿沟,简单地、直截了当地承认可感世界的存在;即主张我们所感到的物体和性质的实在性。他指出:"许多古代哲学家陷入如此严重的谬误,以致否认被他们的感官所现实地看到的运动和其他事物的存在。这起源于他们不懂得什么是存在。"② 我们看到的白、热、广延和大小就是真实的存在,它们背后不存在更真实的东西。"存在就是被感知",这就是存在的真正含义,也是巴克莱的新发现和新原理。它的反面,即"存在就是非被感知"(esse est non - percipi)则是怀疑主义的原理。

可见,正是通过对培尔的研究,巴克莱才认识到,如果不摆脱现象与本体、观念与实在之间的差别,自己照样没有肯定世界的实在性,仍旧是一位怀疑论者。在这种认识的基础上,他又受到常识的启发,从而,取消了马勒布朗士的"物体"这个尾巴,代之以他的实在的观念,即既存在于上帝心中,又是人的感官的直

① 参见卢斯:《非物质主义的辩证法》第 69 页。

② 巴克莱:《哲学评论》第 491 条。

接对象的观念。可以说,马勒布朗士与培尔对巴克莱的“第二思想”或成熟的非物质主义的诞生起到了关键的作用。培尔在这里的作用主要是警告巴克莱:未被修正的非物质主义仍然有流入怀疑主义的危险。这就使他警觉起来,最终避免了怀疑论。在这个意义上,卢斯说培尔给巴克莱以“警示”(Warn)是对的。

其次,培尔向巴克莱暗示了同化两种性质的途径。

怀疑论者否认可感世界的存在,巴克莱则肯定其实在性。值得注意的是,巴克莱所说的实在的可感世界与其他一些哲学家所主张的世界不同。

在他那里,可感世界不是外部的或超感官的物体组成的世界,而是看得见、摸得着的对象物的世界,用他的话来说,即“在心中”的世界。这样的世界,一方面是上帝心中的实在,另一方面又是人在心中的对象。但是,如果承认两种性质的差别,即认为第一性质是与人毫不相干的“外物”之中的性质,只有第二性质才是人心中的感觉,那么,可感的物体是否具有第一性质?如果具有,怎样使洛克等人所主张的不可感的第一性质变成可感的?总之,如果听任两种性质的差别性,就无法消除不可感的心外之物,以证明可感物的实在性。

为实现用两种性质学说证明对象物在心中的目的,巴克莱需要做两方面的工作:一是把性质与其观念等同起来;二是使第一性质成为与第二性质本质相同的东西,即在人心中的观念。其中第一方面的工作是通过利用伽利略、波义耳、牛顿等人的学说而实现的;第二方面的工作最重要,它是通过培尔的启发来完成的。

如前所述,在洛克那里,性质与观念是两种不同性质的东西。第一性质与第二性质分别是外物的广延、形相、坚实性、运动与静止、数目等性质和它们所具有的在人心中产生感觉观念的能力。观念则是人心中对第一性质的映像和由第二性质产生的声色香味之类的感觉。但是,他有时也把性质同观念混同起来,说声色香味本身就是第二性质,并且还说物体"是观念的集合"。巴克莱当然了解这些情况。但是他在著作中并没有细致地讨论洛克那里性质与观念的区别,而多半是直接把第一性质看作是广延、形相、坚实性、运动静止、数目,第二性质即声色香味之类的感觉。① 他之所以这样做,一方面是由于洛克本人就有混同性质与观念的嫌疑,另一方面是受了伽利略、波义耳等近代科学家的影响。

关于第一性质与第二性质的区别,或者第一性质的客观性和第二性质的主观性的见解古已有之。古希腊原子论哲学家德谟克利特就认识到,组成物体的原子本身有形状和大小,然而并不具有声色香味之类的可感性质。这类可感性质只是由于原子组合排列的不同而在人的感觉上的表现。到了近代,伽利略、培根、笛卡尔、伽桑狄、霍布斯、波义耳、牛顿等人继承了这一观点,更明确地否认物体本身有声色香味之类的可感性质,把它们看作是外物中的性质或能力在人的感官上的表现。波义耳在1666年的《从微粒哲学看形式和性质的来源》中第一次提出了第一性质和第二性质的概念。在他那里,不可入性(坚实性)、广延、大小、形相、运动、静止、组织等被称为物体的"第一性的偶性"或物质的"更单纯、更原始的性质";而物体表现于人的感觉的声色香味之类的感觉被叫作"第二性的偶性"。巴克莱承袭了他的做法,直接称广延、形相、运动为第一性质,颜色、声音等为

① 参见巴克莱:《人类知识原理》§9以下。

第二性质。正是由于这一点，布莱肯等巴克莱学者才一再说，巴克莱在谈到两种性质学说时根本不是针对洛克，而是针对波义耳等人的。这种说法基本正确。惟一值得指出的是，巴克莱也没有完全忽略洛克，因为在洛克那里，性质和感觉观念的界限，并不是泾渭分明的，他也是借用了波义耳的概念，而且在内容上也有与波义耳相同的部分。

正确地讲，巴克莱是批判地利用了波义耳、洛克等人的两种性质理论。在他那里，两种性质的内涵与前人有本质的不同。不论是第一性质，还是第二性质，都是可感物或观念，因而都在人心中，而不在"外部物体"中。同时，它们又不是人的产物，也不仅仅在人的心中。它们是组成对象物的要素，是上帝创造并被他所拥有，同时也与人心相关联的。可以说，他是把前人那里的客观的第一性质内化，而把主观的第二性质外化，从而使两种性质变成了可感物或对象物。

那么，培尔是怎样启发巴克莱完成同化两种性质的任务的呢？

培尔在《皮罗》篇中论述了两种性质学说。他说："现在，这种新哲学讲得更为肯定：热度、气味、颜色，诸如此类，并不存在于我们感官的对象中。它们是我的灵魂的变状。当一些物体呈现给我时，我对它们毫无所知。他们或许希望取消广延和运动，但他们办不到。因为如果我们感官的对象似乎呈现为有色的、热的、冷的、香的，而它们本身又不是这样，难道它们不能呈现出有广延、形状，在静止和运动中，尽管它们并非真的如此？"① 事实上，培尔这里说的"新哲学"指的是西蒙·富谢(Simon Foucher)

① 转引自布莱肯：《巴克莱》第57页。

的哲学。富谢是17世纪下半叶的法国实验科学家。他反对马勒布朗士关于第一性质与第二性质的客观性与主观性的区别，认为关于第二性质或可感性质的论证也同样适用于第一性质。有广延的东西也一定有颜色，如果颜色在我们心中，那么形状也同样如此。结论是：第一性质如同第二性质一样没有客观性。①卢斯用形象的语言概括了培尔及富谢的上述见解。他说："'雌鹅的美食也是雄鹅的佳肴'，使第二性质内化的论证也把第一性质内化了。"②

对此，巴克莱心领神会。他写下了这样一条笔记："不能证明第一性的观念存在于物质中，以同样的方式，也不能证明第二性的观念存在其中。"③ 在《人类知识原理》中，巴克莱作了更明确的表述："总之，让任何人思考那些明确证明颜色和滋味只存在于心中的论证，他都会发现，那些论证也同样可以用来证明，广延、形相和运动也一样是人心中的东西。……任何颜色、广延或其他一切可感性质，都不能在心外一个不思想的实体中存在，或者真正讲来，根本就不存在外部对象这类东西。"④ 他的结论是，不论是第一性质，还是第二性质，都是可感的、存在于人心中的性质或观念。这样一来，以往哲学家所主张的包含广延、大小、形相之类性质的外部实体或对象就被架空而成了一个毫无内容、没有意义因而也不能存在的"虚无"了。

在证明第一性质和第二性质都是人心中的可感性质时，巴克莱使用过这样一种论证。他说："现代哲学家既然由某种途径

---

① 参见卢斯：《非物质主义的辩证法》第71页。

② 卢斯：《巴克莱与马勒布朗士》第64页。

③ 巴克莱：《哲学评论》第20条。

④ 巴克莱：《原理》§15。

证明某些可感性质不存在于物质中，或者说并不在心外，同样，我们也可以证明任何别的可感性质也都是这样的。例如，人们说热和冷都只是人心变状(affections)，它们并不是实在事物的摹本，并不存在于刺激起它们来的有形实体中，因为同一物体在一只手感觉为冷，在另一只手则感觉为热，不过我们何以不可说，形相和广延也不是存在于物质中的各种性质的摹本或肖像呢？因为同一只眼在不同的几个位置，或组织不同的几只眼在同一个位置，所见到的形相和广延都是不一样的，因此它们并非是离开心灵而存在的任何确定事物的影像。还有，人们证明甜并非真在甜物中，因为同一东西虽无变化，可是甜也会变成苦，例如在发烧时或味觉出毛病时就有这样的情况。我们难道不可以同样的理由说运动也不能在心外存在么？因为人们都承认，心中的各个观念的前后相继如果较为快些，则外物虽不变，运动也会慢起来的。”①简言之，正如颜色、滋味之类的第二性质是随人的感知的变化而变化的一样，广延、运动等第一性质也是如此。因此，它们一样属于人心的观念。这个论证被叫作感官的相对性论证。

这种论证也与培尔相关。培尔说：“……所有那些用以摧毁有形性质的实在性的悬置性判断，也可以摧毁广延的实在性。因为同一些物体对某些人来说是甜的，而对另外的人却是苦的。由此可以正确地推出，这些物体本身既不是甜的，也不是苦的。而且，绝对地说，尽管这些‘新’哲学家们算不上怀疑主义者，但他们却非常明白在声音、气味、热、冷、硬、软、重、轻、滋味、颜色之类的东西方面判断悬置的基础，这样的判断告诉人们，所有这

① 巴克莱：《人类知识原理》§ 14，参见§ 11。

些性质都是我们灵魂的知觉，它们决不存在于我们感官的对象中。为什么我们不能说广延也是这样呢？……同一物体，根据它被观察的位置不同，它在呈现给我们时也会或小或大。毋庸置疑，在我们看来很小的一个物体，对一只苍蝇来说却是硕大无朋的。"① 培尔这段话旨在表明，第一性质如同第二性质一样，是随着人们观察它们的位置和其他情况的改变而改变的。因而都是相对的。不存在纯客观的、一成不变的性质。因此，有限的人的心灵不能对它们作出肯定或者否定的判断。正确的做法是使判断悬置起来，或者说保持存疑状态。洛克在他的《人类理智论》中也谈到感觉的相对性和可变性问题。但是，在他那里，相对性与可变性只适用于第二性质的感觉观念，坚实性、广延、形状等第一性质却是物体本身固有的，不随人的感官和心灵的改变而变化的。如果我们把巴克莱的上述论证与培尔的这段话稍加比较，我们即可看到它们是何等的相似。因此，我们有理由说，巴克莱的这一论证不是得自洛克，而是从培尔那里学来的。他的改变仅仅在于，他不像培尔那样说广延和颜色之类的性质不在感官的对象中，而是说它们不存在于脱离人心的外部对象中。在他看来，感官的对象就是各种性质及其集合，它们是只能在心中存在的。

最后，培尔反对无限可分的广延，为巴克莱驳斥物质的存在提供了一种论据。

在《历史与批判辞典》的《芝诺》篇中，培尔首先阐述了芝诺

---

① 转引自威尔逊（Margaret D. Wilson）：《巴克莱完全误解了洛克那里的第一、二性质的基础吗？》，见特本尼（Colin Turbayne）编：《巴克莱：批判与解释性论文集》，曼彻斯特大学出版社 1982 年版，第 111 页。

关于反对运动的四个论证,然后提出了自己反对广延存在的"驳难"。其中,他详细阐述了笛卡尔派所主张的广延无限可分的观念和数学家所说的数学上的点以及物理上的点的问题。他指出:"无限可分性(divisibility in infinitum)是亚里士多德和所有的哲学教授们所拥有的假说。……你应该把选言三段论抛在一边,来运用这一假说。如果广延存在,它就要么由数学的点来组成,要么由物理的点组成,要么用无限可分的部分组成。但是,它却不是由数学的点,物理学的点或无限可分的部分组成的。因此它不存在。"①

在哲学史上,唯物主义的原子论者,包括古代的德谟克利特、伊壁鸠鲁和近代的伽桑狄,都主张物质的事物是由不可分、不可见的原子构成的。近代自然科学也持这种见解。一些数学家则认为,真正的不可分的点不应该是物理的原子,因为原子有广延,有广延的东西总是可以再分割下去的,所以,说原子不可分本身是自相矛盾的。笛卡尔派哲学家从连续的角度看问题,主张广延即物质,或者说物体是由无数可分的部分组成的。培尔认为:数学上的点不是实在的东西。数学家们"坦率地承认,没有高度的长和宽是某种不能存在于我们心外的东西。三维性也是如此。它们只能存在于我们心中。它们仅仅在理想中存在"②。既如此,数学的点是不能构成实在的广延的和物质的。他进一步说:"广延的本质在于它的三维性,它的密不可分的属性和性质是可分性、活动性和不可入性。……我们决不会发现

① 转引自卢斯:《巴克莱与马勒布朗士》,第54页。

② 培尔:《历史与批判辞典》,《芝诺》篇,转引自布莱肯:《巴克莱》第26—27页。

任何不动的、不可分的、可入的广延的观念。”① 就是说，广延是由可分的同时又是可以形成其观念的或可感的广延构成的。物理上的原子是不可分的，又是不可感的，因此不能构成真正的物体；笛卡尔派所说的“无限可分的部分”，由于它可以分到无限小，以至超出了感觉的范围。所以，它们也不能构成可感的物体。所以说，哲学上所说的构成物体的三种可能性都是不成立的。

培尔对于无限可分的广延的反驳引起了巴克莱的沉思。他在《哲学评论》中写道：“关于广延的无限可分性的论证是假定了没有宽度的长度，或者说不可见的长度，这是荒谬的。”② 还有，“广延的无限可分性确实假定了广延的外部存在。但是后者是虚假的，因此，前者也是虚假的。”③ 在巴克莱的心目中，数学的点无疑是不实在的。同样，物理学上的不可分的原子和无限可分的部分都是难以让人接受的，因为它们都是太微小而不可由感官来区别的。如果我们说广延或物体是由不可感的广延部分构成的，那么，“不具有可感部分的东西怎么能被分成可感的部分呢？如果你说它可以被分为不可感的部分，那我就说这些部分是虚无”④。而虚无加虚无还是虚无⑤。一句话，所谓无限可分的外部的广延的存在是不成立的，因此，也不能用它来证明外部物体的存在。

巴克莱本人的主张是：“可见的东西不能由不可见的东西来组成。”⑥ 物体是可感的，所以只能由可感的广延来组成。可感

---

① 培尔：《历史与批判辞典》第4卷，伦敦1710年英译本，第3083页。

②③ 巴克莱：《哲学评论》第21、26条。

④⑥ 巴克莱：《哲学评论》第439、438条。

⑤ 参见上书，第338、337条。

的广延和颜色等其他可感性质一样都不过是人心中存在的观念。广延如同数学上的点一样不是无限可分的,同时它又像物理学上的原子那样实在。它是上帝创造的并存在于人心中的构成可感对象的真实的原素。在这里,巴克莱与莱布尼茨不约而同地走到一起来了。后者的"单子"就是为了克服数学点的不真实性,物理点的可分性而提出来的。在这个意义上,巴克莱"物是观念的集合"的命题同样有权像莱布尼茨的单子论一样称为精神单子论。

由上述可见,巴克莱是最具独创性的哲学家之一,然而即使如此,他亦离不开以往哲学的营养和滋润。倘若没有从洛克、马勒布朗士、培尔和其他许多哲学家那里淌出的涓涓细流,巴克莱的哲学海洋是不可想象的。继承、批判、改造、创新,是巴克莱的成功之路,恐怕亦是每一位认真的学者的成功之路。

第三章

新原理

巴克莱的哲学体系是由数条原理组成的，其中主要有"存在就是被感知"，"物是观念的集合"，"物质是虚无"，"精神是真正的实体"，等等。然而，值得注意的是，在《哲学评论》的第279、285、429条，以及《人类知识原理》的第149节等地方，巴克莱一再突出地强调，在他的哲学中有一条原理是最基本、最重要的，这条原理是他的"发现"，是"全新的"和"惊世骇俗的真理"。据统计，在巴克莱的《哲学评论》中有28条笔记使用了"原理"一词，其中，第285、291、304、363、379、402、410、411、556条中的"原理"，较之其他场合有两点显著区别，即这几条笔记中的"原理"(Principle)一词的开头字母是大写，并且是单数形式，而在其他地方则是小写和复数形式。这两点区别表明，巴克莱这里所谓的大写的"原理"就是后来人们所说的"新原理"。然而，令人十分遗憾的是，巴克莱在这些笔记中并没有一语道破他的新原理究竟是什么。因此，他的新原理是什么这个问题就成了历代巴克莱学者都力图解开的谜，并围绕它而形成了不同的见解。这一章的目的就是根据巴克莱在《哲学评论》中提供的线索，力求澄清什么是巴克莱的新原理，它的基本含义怎样，然后简要评价其他巴克莱学者的见解有何得失，以及这条新原理在巴克莱整个哲学和在哲学发展史上的作用和意义。

一、新原理与怀疑主义原理的关系

巴克莱在《哲学评论》的第 304、411 条笔记中分别写道:"这一原理的反面导致怀疑主义。""我认为,这一原理的反面是一切怀疑主义,所有矛盾和内在地迷惑人的谬误……的根源。"按照卢斯的权威性的考证,这两条笔记中所说的"这一原理"即巴克莱的"新原理"。它们表明,在巴克莱看来,怀疑主义者们有一条基本原理,它是怀疑论和一切错误的总根源,而他的新原理恰好是这条原理的反面。据此,如果我们弄清了什么是怀疑主义的原理,那么,巴克莱的新原理也就随之而水落石出了。

巴克莱的新原理矛头所指向的是怀疑主义的原理。然而,值得注意的是,巴克莱所谓的怀疑主义和我们平常所说的怀疑主义在内涵和外延上都有所不同。在《三篇对话》的第一篇对话中,他提到三种怀疑主义:第一,怀疑任何事物的存在。他说:怀疑主义者,我指的是"怀疑一切事物的人"①。第二,"怀疑事物的实在性和实相"②,否认任何真理的可能性。巴克莱在给他的好友帕西沃尔(Percival)的一封信(1710 年 9 月 6 日)中清楚地表明了这一点。他说:我所谓的怀疑主义者,即"那些不肯定任何真理的人"③。第三,怀疑可感事物的实在性。关于这一点,巴克莱在《哲学评论》中早有论述:怀疑主义的哲学家"甚至否认被

①② 巴克莱:《三篇对话》第 3、4 页。

③ 转引自帕波肯(Popkin):《通向怀疑主义的大道》,1980 年版,第 299 页。

他们的感官所现实地感到的运动和其他事物的存在”①。“我不会与法德拉等怀疑主义者同流合污,我使物体确实存在,而他们却怀疑其存在。”②巴克莱重点批判的不是前两种怀疑主义,而是这最后一种怀疑主义,即一种怀疑可感事物的真实性,主张可感事物背后的物质或实体的实在性的观点。对此,他在《哲学评论》的第61、304、305等条笔记,《人类知识原理》的第86、87、88等节,以及《三篇对话》的第一篇的前半部分,多有论述。随着我们论述的逐步展开,这一点也将使人清楚地意识到。

那么,究竟是什么导致了怀疑主义?巴克莱在《人类知识原理》的第87、88节清楚地告诉我们:

> 这种怀疑主义之兴起,只是由于我们假设,在事物和观念之间,有一种差异;只是由于我们假设,事物可以在心外不被知觉而存在。我们本来很容易申论这个题目,并且指示出,古今怀疑论者提供的论证,只是依赖于外物的假设上。
>
> 只要我们认为不能思想的事物离开知觉而实在,则我们不但不明白任何实体的不能思想的本性,而且我们甚至不能确切地知道它是存在的。因此,我们常见有些哲学家怀疑自己的感官,怀疑天和地的存在,怀疑他们所触的一切,甚至怀疑他们自己的身体。

这就是说,在怀疑主义者那里,统一的世界被划分为两部分,其一是可以感知的现象或观念,另一是不思想的、不被感知

①② 巴克莱:《哲学评论》第491、79条。

的，即现象背后的“外物”；两者相比较，前者倏忽不定，后者则是持久而实在的。它们之间的区别是观念与事物、现象与实在、相对与绝对的区别。正是由于在观念和实在物之间划了这样一道无法逾越的鸿沟，实在性被归之于超验的彼岸世界，所以怀疑主义者才怀疑可感事物的实在性，怀疑知识的可靠性，进而怀疑一切事物的存在。正因如此，巴克莱才认为观念与事物之间的这种差别的假定，乃是怀疑主义之所以兴起的总根源，或者用巴克莱自己的话来说，乃是“怀疑主义的原理”。

早在《人类知识原理》出版前两年多，巴克莱关于怀疑主义原理的见解就已经酝酿成熟了。因为他在《哲学评论》中就曾这样写道：“那种认为事物与观念有差别的假定不带有任何实在的真理性，并因此而导致普遍的怀疑主义。”① 怀疑主义哲学家们还“大谈什么绝对事物与相对事物之间的差别，从自身考察的事物和我们相关的这同一事物的差别。我不知道他们所谓的从自身考察的事物是什么意思。这是一派胡言”②。

卢斯教授在考察巴克莱对怀疑主义原理的论述时曾做过精辟的分析和概括。他指出：既然在巴克莱看来，怀疑主义之所以产生的根源就在于承认一种可感世界和超感官世界的差别，并认为只有后者才是实在的，那么，按照正常的逻辑，同时也是按照巴克莱的分析，怀疑主义的原理实际上可以简单地概括为“存在就是非被感知”(esse est non-percipi, to be is to be unperceived)③。换言之，实在的东西即是无法感知的外物或物质实

① 巴克莱：《哲学评论》第606条。

② 同上书，第832条。

③ 卢斯：《巴克莱的完全的新原理》，载于施坦克劳斯(W.E.Steinkraus)编：《巴克莱哲学新研究》，1966年版，第9页。

体。

巴克莱认为，“存在就是非被感知”这一原理，还是唯物主义、无神论、非宗教和其他一切矛盾和错误的根源。这是因为，如果承认可感事物背后有某种实在，如果否认这种实在是精神性的实体，那就势必认可物质或物质实体的存在，这就导致唯物主义。在近代哲学史上，洛克正是由于坚持了实在与现象的差别，实在与可感性质的差别，而不得不承认物质实体的存在的；笛卡尔、马勒布朗士、霍布斯等哲学家也犯了类似的错误。而且，也是以怀疑主义的原理为基础，有些哲学家才得以用物质实体的存在作为与正统宗教相抗衡的武器，反对上帝创世说，主张无神论和非宗教的异端邪说。在这个意义上说，“存在就是非被感知”这一怀疑主义的原理，同时亦是唯物论、无神论和非宗教的原理，这也就是何以巴克莱经常把他所反对的学说并列在一起或者笼而统之地称为怀疑主义的缘故。

在巴克莱看来，怀疑主义的原理承认物与观念之间的差别，怀疑人们在“日常生活中所接触的一切现象的实在性，把真实的存在推到超于感官之外的，或隐藏于可感事物背后的所谓“外物”或物质实体上，这不仅与普通人的常识不相容，而且还是造成人们不相信科学知识的可靠性，否定科学的价值，以及导致科学中一切错误的原因。任何与哲学无缘的普通人，都会毫不犹豫地、直截了当地肯定他所面临的事物的实在性，然而，一经哲学，尤其是近代哲学的熏陶，他就很可能改变初衷，把他所见、所闻、所触的一切仅仅归结为某种性质(qualities)或观念，并且从承认它们缺乏独立存在的能力而推断出它们所依赖的物质实体和外部对象的实在性，于是就承认什么绝对的空间和时间，神秘的力和隐蔽的质等等，从而造成了科学中无数的错误和纷争。

还有，根据当时流行的看法，作为认识对象和科学内容的各种性质或观念都是由它们背后的某种“外物”引起的，那么，超感官的外物又是怎样在人的感官上引起这样的观念，进而形成科学知识呢？巴克莱认为，要回答以上问题，克服科学中的错误和混乱，就是要剔除怀疑主义的原理，让人们重新返回到常识的立场上来。正是基于这一点，他指出：“我比任何别的哲学家都肯定(可感事物的——引者注)实在性，因为他们数以千次地怀疑它，宣称不确切地知道它，我们只能上当受骗。而我则肯定其反面。”①

二、巴克莱哲学的目的和任务

巴克莱哲学的“新原理”即是怀疑主义原理的直接反面，这一立场表明，凡是怀疑主义原理所肯定、所赞成的，就是巴克莱所否定、所反对的；凡是怀疑主义原理所否定、所反对的，就是巴克莱所肯定、所赞成的。如上所述，怀疑主义原理所肯定和赞成的是观念与事物、现象与实在之间的差别，并由此而主张物质实体或“外物”的实在性，因此巴克莱的新原理则旨在取消观念与实在物的差别，从根本上否认物质实体的存在；怀疑主义原理所怀疑和否定的是可感现象的实在性，与此相反，巴克莱的新原理则极力使人们确信可感物的实在性；怀疑主义原理由于主张物质或外物的实在性而导致唯物主义，并成为非宗教的根源，巴克莱的新原理的任务正是要通过剔除“物质”这块基石而建立非物质主义，并为传统的宗教神学辩护；怀疑主义的原理怀疑和否定

① 巴克莱：《哲学评论》第517a条。

可感现象的实在性,主张超验物质的实在性,因而违反常识,并因此而造成了科学中的混乱和错误,巴克莱的目标却是要人们抛弃“哲学家们的见解”,重新返回到常识中去,并使科学知识建立在坚不可摧的可感对象的基础之上。一言以蔽之,巴克莱哲学的目的和任务就是要反对怀疑主义,以恢复常识;反对唯物主义和无神论,以建立唯心主义,维护传统宗教;清除科学中的混乱和困难,以保障科学的简明性和确实性。

由于如何认识巴克莱哲学的目的这一问题直接关系到怎样理解巴克莱哲学的新原理以及其他一些重要观点,所以有必要在这里就西方哲学界对这一问题的主要看法简要地作一番介绍和分析。

牛津大学的戈雷令(A.C.Grayling)博士在他 1986 年出版的《巴克莱:中心证明》(Berkeley: Central Arguments)一书中明确表示:“巴克莱有两个相互关联的目的,这就是用反驳怀疑主义去维护常识,以驳斥无神论来捍卫宗教。对他来说,这两个目标具有同等的重要性,但在他的主要著作中,第一个目的占有优先的地位。”① 戈雷令的确抓住了问题的主要之点,他既注意到了巴克莱的攻击目标,又看到了他所肯定的方面,同时还意识到这两个目的的否定方面和肯定方面之间的联系。美中不足的是,从否定的方面看,他忽视了唯物主义也是巴克莱所急于摧毁的靶子,尤其重要的是,从肯定的方面讲,他没有看到巴克莱念念不忘为人类知识或科学确定界限和提供方法这一点。就此而言,戈雷令的见解是不够全面的。

爱尔兰的巴克莱学者威斯德(J.O.Wisdom)与戈雷令不同,

① 戈雷令:《巴克莱:中心的证明》,伦敦 1986 年版,第 1 页。

他充分肯定了巴克莱哲学对于科学方面的作用。他指出:“巴克莱相信,他的哲学将反对无神论,并通过从数学和物理科学中清除那些不真实、不必要的假定(事实上它们是令人心烦意乱的东西),以简化这两门科学。《人类知识原理》的大部分篇幅都用于了这一主题。”① 他也提到了巴克莱是反无神论的,但没有从分析无神论与怀疑论原理的联系入手,因而没有强调,在巴克莱心目中,怀疑主义的原理是包括无神论在内的一切“谬误”的总根源,是哲学家们之所以违反常识、科学之所以充满错误的总根源。

牛津大学的著名巴克莱学者沃那克(G. J. Warnock)教授把注意力集中到了巴克莱《哲学评论》中的第 751 条笔记上:“切记:永恒地取消形而上学等等,并使**人们**返回到**常识**。”在援引了这条笔记后,他说:“这条笔记强有力地表达了巴克莱的基本目的。”② 照沃那克的意思,在巴克莱的时代,尽管哲学和各门科学都取得了举世瞩目的进展,然而其中却充满着各种各样的错误和困难。就承认或者探究经验世界背后的实在性这一点而言,当时的所有科学家和哲学家都是形而上学家。巴克莱认识到这种形而上学是违反常识的,同时也是妨碍科学发展的大敌,他就把清除形而上学,净化学术界的环境,视为自己当然的、重要的使命。我们认为,沃那克的分析是大致符合巴克莱哲学的基本精神的,但是沃那克在他的著作中没有充分分析怀疑主义原理与当时的形而上学的关系。在巴克莱看来,两者之间存在

---

① 威斯德(J.O. Wisdom):《未意识到的巴克莱哲学的起源》,伦敦 1953 年版,第 27 页。

② 沃那克:《巴克莱》伦敦 1953 年版,第 11 页。

着很大程度的一致性，只是由于怀疑主义原理是怀疑论、无神论、非宗教，违反常识和科学等一切错误的根源。它所包含的内容比形而上学更广些。因此，说巴克莱以怀疑主义原理为主要攻击目标要妥当些。而且事实上，巴克莱在其著作中提到的反对怀疑主义的地方要远比反形而上学的地方为多。

艾厄斯(M.R.Ayers)教授则另有洞见。他说："巴克莱的目标是使自然科学从属于神学和伦理学。"① 在巴克莱时代，机械力学最为流行。根据这一科学，事物的产生、观念的形成和持续都是由于某种机械物理的原因所决定和支配的，尽管上帝也是存在的，但其作用不是直接的、决定性的。这样一来，自然科学和神学与伦理学之间就形成了一种若即若离的倾向，越来越失去它的神学和伦理学的意义。巴克莱大胆地否定了外物的存在，从而使上帝成为产生和支配事物的直接原因，使上帝的作用从后台转到了前台，使自然科学建立在神学的基础上，并具有了伦理学的意义。雷奇(A.D.Ritchie)教授也持这一见解。可以说，艾厄斯与雷奇一定程度地反映了当时学术领域的实际状况，反映了巴克莱在恢复和强调上帝的作用、企图调和科学与宗教的矛盾方面所做的努力。其缺憾只是没有阐明巴克莱在调和科学与宗教的同时，又有提倡、维护和净化科学的动机。

作为《巴克莱全集》的主编之一，约瑟朴(Jessop)教授直截了当地认为："巴克莱的体系，不论给它贴上什么样的标签，都显然是一篇宗教辩护词，是有神论形而上学的建设性自然神学的大纲。"② 根据前面的分析，巴克莱哲学固然有其维护宗教的目

---

① 艾厄斯：《巴克莱哲学著作》绪论，第18页。

② 转引自蒂波顿：《巴克莱：非物质主义哲学》，伦敦1974年版，第297页。

的,但是这只是其中的一方面,而不是全部,所以,约瑟朴的观点未免失之偏颇了。

弗雷泽(A.C.Fraser)非常重视巴克莱《三篇对话》的前言,从中全面、准确地把握了巴克莱哲学的目的。巴克莱在那里写道:“为使人的匆忙的心灵不再从事于无谓的探索,似乎必须考察其难题的根源。如果可能的话,制定出这样一些原理,作为它们的解决方案……可以直接把它们作为真理而推荐给人们的心灵,使它从正在从事的那些无休无止的追求中解脱出来。……如果我在这里极力宣扬的原理被认为是正确的,那么显然由此产生的后果就是,无神论和怀疑论将被彻底摧毁,许多复杂而困难的观点会变得明白易懂,大的难题解决了,科学中一些无益的部分将得到简化,思辨要诉诸于实践,人们就会从矛盾回到常识中来。”① 弗雷泽说,“这些话再明确不过地表达了巴克莱哲学的精神。”②

实际上,除了《三篇对话》的前言以外,最明确地表述巴克莱哲学的目的的地方要算《人类知识原理》和《三篇对话》的副标题了。前者的副标题是:“其中考察的是科学中错误和难题的主要原因,以及怀疑主义、无神论和非宗教的根据。”后者的副标题更长,因而概括得似乎也更全面些:“旨在明确论证人类知识的实在性和完美性,灵魂的非物质性,直接的神意:反对怀疑主义者和无神论者;亦为提供一个使科学更简易、更有用而且更扼要的方法。”③ 从这两个副标题和《三篇对话》的前言来看,我们前面

① 艾厄斯:《巴克莱哲学著作》第131—132页。

② 弗雷泽:《乔治·巴克莱的生平和书信》第61页。

③ 在1734年出版的第三版中,这个副标题简化为“反对怀疑主义者和无神论者”。

把巴克莱哲学的目的和任务归结为反对怀疑主义以恢复常识;反对唯物主义和无神论以建立唯心主义并维护传统宗教;确定科学的对象和范围以保障科学的简明性和确实性,是更为符合巴克莱的本意的。同时,由于在他看来,他所反对的一切理论和错误的根源乃是“存在就是非被感知”这一怀疑主义的原理,巴克莱要实现和达到他的目的和任务,把自己的新原理当作怀疑主义原理的直接对立面就是顺理成章的了。

三、新原理——“存在就是被感知”

巴克莱的新原理是他所谓的怀疑主义原理的直接反面,而怀疑主义的原理,如我们以上分析的那样,在于“存在就是非被感知”,因此,巴克莱的新原理只能是“存在就是被感知”。似乎没有疑问,这是惟一合乎巴克莱原意的结论。这条新原理或根本原理,是巴克莱在《哲学评论》中反复酝酿,以至成熟,在《人类知识原理》正文第三节中以拉丁文和英文混合的形式首次明确的。他在这一节中写道:“在我看来,印在感官上的各种各样的感觉和观念,无论怎么混杂和组合在一起(即是说,无论它们组成什么样的对象),都只能存在于那个感知它们的心灵中。我认为,凡是明白当‘存在’这一词被运用于可感事物时的含义的人,都会凭直觉了解这一点。我说我写字用的这张桌子存在,就是说我看见它,摸着它;假如我在书斋之外,我还说它存在,这意味着,假如我还在书斋内,我就会感到它。或者说,某个别的精神确实现实地感到它。我说曾有香气,是说它被闻到过;曾有声音,是被听到过;曾有颜色和形状,是被视觉和触觉感到过。这就是我所理解的这些以及此类用语的全部含义。至于说与被感知毫无关系的不思想的事物的绝对存在,这似乎是完全不可理解的。它们的存在就是被感知(*esse* is *percipi*),在感知它们的心灵或思想物之外,它们不可能有任何存在。”

有人认为,这一原理早在《哲学评论》中就明确提出来了,因为巴克莱的第429条笔记就曾这样说过:“存在就是被感知或感知。”(Existence is percipi or percipere)其实不然。原因在于,这条笔记中所谓的“存在”,不单是用来表示可以被人的感官所感到的事物的实在性的,而是一种广义的存在,即指被感知和感知两者,因而它不与怀疑主义原理相对立。关于这一点,我们还将在下面详细论述。

《人类知识原理》的第三节,对于我们准确理解和把握巴克莱的新原理是至关重要的。它表明,可感事物的存在就在于它们可以被心灵或精神所感知。但是到此为止,我们还不足以完全清楚“存在就是被感知”这一命题的具体含义。人们还可以提出以下疑问:什么是可感事物?存在是什么意义?感知是直接的还是间接的?能感知的心灵或精神是什么?它们是怎样去感知的?诸如此类。只有这些问题都弄清楚了,巴克莱新原理的含义才可以真相大白。

在巴克莱的著作中,可感事物(sensible things)与“感官的观念”(ideas of senses)、与“可感性质”(sensible qualities)即“第一性质与第二性质”、与“感觉”(sensations)是相通或相同的。所谓感官的观念即为人的感官所感到的东西,它们从本质上不同于由人的想象力任意产生的影像或幻想。前者为某个主动者按照一定的规则直接印入(imprint)人的感官的观念,在人的心目中是清晰而强烈的;后者则是对前者的模仿,因而是暗淡和微弱的。巴克莱这里所谓感官的观念与想象的观念之间的区别恰如后来休谟所说的印象与观念的区别,二者之间是原型与复本的关系。① 巴克莱进一步认为,凡可以被人感到的东西无非是广延、形状、坚实性、运动与静止、数量、以及各种颜色、声音、气味之类的性质或感觉,因此,可感物也就是这些可感性质及其复合物。这些可感的性质或观念的复合物即实在的东西(real things)或自然的事物(rerum natura),例如"家屋、山岳、河流"、"日、月、星辰"、"树木、岩石,以及我们的身体"等呈现在我们感官面前的东西。② 一句话,"可感的事物"即"能够被人的感官直接感到的事物"③。

可感事物既然是可以被人的感官直接感到的事物,那么,它们也就是可以作为认识对象的东西。正因如此,巴克莱在他的著作中才时常用"可感对象"(sensible objects)、"认识的对象"(objects of knowledge)来代替"可感事物"一词。当然,除了可感事物以外,"由人心的激情和活动而引起的观念",即内省的观念,以及人心"借助于记忆和想象力而形成的观念",即想象的观念,在巴克莱那里,也是人类知识的对象,④ 但是,与别的观念不同,可感的事物是自然中惟一的对象,这一点是巴克莱一贯的主张。

"存在"一词在巴克莱的著作中有较大的灵活性。他有时把存在看作是最广义的概念,它包括所有被心灵感知的观念,即感官的观念、内省观念、想象的观念以及它们的感知者上帝和人的心灵(他还提到天使的存在);有时把存在归结为可感事物和精

---

① 参见巴克莱:《人类知识原理》§ 1、2、3、10、33、36 节。

② 同上书,§ 34。

③ 《三篇对话》,见艾厄斯编:《巴克莱哲学著作》第 137 页。

④ 参见巴克莱:《人类知识原理》§ 1。

神实体两类，例如上面提到的《哲学评论》的第429条笔记中就是如此。但是，巴克莱更为关心的是可感物本身的存在，他多次在“可感事物”、“感官对象”、被人的“感官现实地感觉到的东西”的意义上使用“存在”一词，而且强调说，正是存在的这种意义，才是“存在的本性、意义和含义”，才使他的原理区别于怀疑主义原理。“存在”的这一层意义在《哲学评论》的第491条得到了集中表述，① 而在《人类知识原理》的许多地方和《三篇对话》的第一篇中得到了详细阐发。

巴克莱与怀疑主义原理的根本分歧在于究竟什么是实在(reality)。怀疑主义原理并不完全否认可感物的“存在”，反之，他们也承认我们周围的事物存在着。但是，在他们看来，这些东西是“存在”但不是“实在”，实在的东西在于作为它们的支托的物质实体或外物。巴克莱的新原理是与怀疑主义原理针锋相对的，其目的就是要肯定可感事物的实在性，因此，他所谓可感物的存在不是一般意义上的存在着，不是作为可见的精神，也不是作为想象或梦幻而存在着，而是作为自然界中的事物而实实在在地存在着。正因如此，巴克莱在阐明他的原理时经常把“存在或事物的实在性”(existence or reality of things)连用，把印在人的感官上的可感对象叫作实在(reality)，“真实的存在”(real being)，或“实在的东西”(real things)等等②。

由此可见，巴克莱的新原理所肯定的就是可感事物或感官对象的存在或实在性。“存在就是被感知”这一命题可以正确地理解为“可感事物的实在性在于被感知”(reality of sensible things

① 参见《哲学评论》427、473、812条。
② 参见《人类知识原理》，§33、34、36等。

consist in being perceived)。①

至此,“存在就是被感知”这一判断的左端的含义已被充分发掘出来了。现在让我们再来看它的右端,即弄清被谁感知,什么是感知,以及怎样感知的。

巴克莱反复告诉人们,传统哲学中所谓的物质,假定它是存在的,也不能成为感知者,因为它是“被动的”、“不能思想的”东西。同时,各种观念,不论是感官的观念,还是想象力的观念,也因其本身是完全被动的东西,所以也不能作为感知者而存在。这样,能够充当感知者的只能是精神,或精神实体。巴克莱指出,我们不具有精神实体的观念,即是说,“人的理智并不感知精神的观念”②,但他们仍可以凭“直觉”、“反思”或“推论”而知道精神是存在的。一般地讲,“精神是单纯的,不可分的,是能动的存在;就其感知观念而言,人们称之为理智,就其作为产生者作用于观念而言,它被叫作意志”③。

精神之为实体,包括上帝和人的心灵两类型。巴克莱在《哲学评论》的第485、610、671、675、712、734、794、812、838等条目中论述了上帝的性质,总的意思是说,上帝“是无广延、无形体的精神,……是全智全能的”等等,在《人类知识原理》的第146—149条中有更集中的论述。在那里,上帝被描述为“一,是永恒的,全知的,全善的,最完美的”精神实体。在《三篇对话》中,巴克莱称上帝是“无所不在,无所不知,天意,具有无限的力量和美德”的存在④。可以说,巴克莱哲学中的上帝,与基督教《圣经》中的上

① 《三篇对话》,见艾厄斯编《巴克莱哲学著作》第138页。

②③ 《人类知识原理》§135,27。

④ 巴克莱:《三篇对话》,见艾厄斯编《巴克莱哲学著作》第203页。

帝大致没有实质性的差别。

人心这种实体又被巴克莱称作"灵魂自我",它被定义为"完全区别于观念的"、"能感知的能动的存在"。① 和上帝的无限性、永恒性等性质相比,人的心灵是有限的,有间断性的。作为一种理智功能,它通过人的感官去感知,去认识对象;作为一种意志功能,它可以凭借记忆、想象产生出各种想象的和虚幻的观念。总之,人的心灵是作为认知的主体而存在的。

由于感知者是上帝和人的心灵这两种精神实体,又由于存在即"可感物的实在性",因此,"存在就是被感知"就可以逻辑地引申为以下三个命题:

甲　可感物的实在性在于被上帝感知;

乙　可感物的实在性在于被人心感知;

丙　可感物的实在性在于被上帝和人心两者共同感知。

在这三个命题中,如果我们没有忘记上帝的永恒性、无限性,和他的无所不在和无所不能的特征,那么显而易见,乙命题是不成立的。因为它所肯定的是单独被人心感知的实在物,而上帝的不感知,或人心的单独感知,都是不可能的。

乙命题之所以不成立,还在于人心的感知能力的间断性和有限性。首先,人心是通过感官而发挥其理智的感知作用的,而人的肉体总不会长生不老,所以,如果承认乙命题,那就等于主张在人存在以前,或在人死后事物就不存在了,而这是巴克莱所反对,也是任何人都无法接受的。其次,即便在人存在的时候,

---

① 《人类知识原理》§ 2。

他也不可能永无休止地去感知对象,他需日作夜息,时而感知这一事物,时而感知另一事物。在这样的情况下,如果乙命题成立,那就否认了某事物的持续存在,一切事物都会变为倏忽即逝,不可捉摸了。这也不是巴克莱的本意。还有,人在感知某物时,只是感到他的感官力所能及的那部分,而不可能感知该事物的所有方面。例如,在书桌上有一部辞典,我所看到的是它的三个平面,而对于其他三个平面,我并没有感知到。按照乙命题,实在的即被我的心灵所感到的这三个平面,而余者皆无实在性可言。这显然是不可思议的,巴克莱本人从来也没有做出这样的结论。

甲命题和丙命题都是可以单独成立的。甲命题之成立,在于上帝本身就为事物的实在性提供了既充足又必要的条件。换言之,上帝是无所不在、无所不能的,除他以外,再无任何类似的精神,所以,只要上帝感知,可感事物就有实在性。

丙命题是在包含了甲命题的基础上加上了乙命题。甲命题可以单独成立,乙命题虽不能单独成立,但它至少不妨碍甲命题的成立,因此,它们的合题的成立是毫无疑问的。换句话说,上帝和人心的共同感知可保证可感物的实在性。

应当指出,在丙命题中,人的感知决不是多余的。诚然,上帝的感知无疑可以保证事物的实在性,然而,如果没有人的心灵,人的感官,那么,一切事物都是没有意义的,即不能作为知识的对象而存在。还有,如果是那样,上帝就完全是传统宗教中的上帝,巴克莱的哲学也就成了纯粹的神学。事实上,巴克莱的目的是借助宗教中的上帝而建立他的人类知识的原理,而人类知识的原理是不能没有人参与的。按照巴克莱的理解,上帝这一精神实体用其“意志”创造出一切实在的事物,它们既可以被人感知，也可以不被人感知。当它们被人感知时，准确地说，当它们被上帝和人共同感知时，它们就处于与人和上帝的不可分割的关系中，或者说存在于人心和上帝之中，因而成为人类知识的现实的对象；当它们尚未被人感知时，便仅仅存在于上帝心中，那时还不是现实知识对象。巴克莱指出，由于上帝是精神，因此，被他感知或产生出来的东西也自然是某种观念，而绝不是什么与思想无关的"外物"或"物质"。如果被上帝和人共同感知的事物叫作感官的观念的话，这种尚未被人感知的仅仅存在于上帝心中的观念就是感官观念的原型（archytype）。由于二者都是与精神实体不可分离的观念，所以都不可离开精神或者上帝、或者人心而独立存在。关于这一点，巴克莱在《人类知识原理》的第46、90、99节，《三篇对话》的第204、206、212、214—215、233、240、248页（这里指《巴克莱全集》的页码），以及在回答他的美国友人约翰逊（Johnson）的第二封信中都有明确的论述。

可以看出，甲命题和丙命题分别代表了人未参与感知和有人的感知两种情况。在前一种情况下，事物只被上帝而不被人的心灵现实感知，但这并不等于说它们不可以或不能够被人感知，一旦人类诞生，并开始运用其理智和感官的作用时，它们就会被人现实地感知，即转化为丙命题所表示的那样，这时原来潜在的、可能的知识对象就随之转化为现实的、当下的知识对象了。这里应该强调的是，不论是可能的还是现实的对象都是可感事物（sensible things 或 things perceivable），即可以被人的感官直接感知的东西。现实的对象无疑是可感的，不现实的对象或原型虽未被人的感官感到，但它们是能够在某个时刻被感到的。所以说，甲命题和丙命题肯定的是非现实和现实的感官对象，然而两者都是可感事物或实在物。

值得注意的是，在巴克莱的著作中从未出现过“被上帝和人心共同感知”这样的短语。他经常把他的新原理表述为存在或者被人心感知或者被上帝感知。例如，他写道：“有一些真理对人心是最贴近、最明显的，人只要一张开自己的眼睛，就可以看到它们。我想下边这个重要的真理就是属于这一类的；就是说天上的星辰，地上的山川景物，宇宙中所含的一切物体，在人心以外都无独立的存在；它们的存在就在于其为人心所知觉、所认识，因此，它们如果不真为我所知觉，不真存在于我的心中或其他被造精神的心中，则它们必定或者完全不存在，或者存在于某种永恒精神的心灵中。要说事物的任何部分离开精神有一种存在，那是完全不可理解的，那正是含着抽象作用的一切荒谬之点。”① 但是，如果考虑到巴克莱反复强调的上帝的永恒感知或持续不断的感知，如果注意到上下文的关系，通篇地考察问题，我们就会发现，巴克莱在谈到可感事物被人心感知的时候，上帝的感知早已默默地包含在其中了。在他看来，上帝是一切事物，包括人的心灵存在的先决条件和前提，“在上帝中，我们生存，活动，并具有存在性”②。也许巴克莱这样想：由于这一点是《圣经》教导人的，对基督徒和普通人来说都是不言而喻的，所以只说“被人心感知”，而不同时说“被上帝感知”，就可以表达其思想了。但我们仍应明白，他所谓被人心感知，实际上指的是被人心和上帝两种精神实体感知。

“感知”也是巴克莱哲学中的重要概念，他在不同的场合用不同的词来表述它。当巴克莱说人的心灵通过感官感知自然界

---

① 巴克莱：《人类知识原理》§ 6。

② 参见上书，§ 66。

中的事物即感官的观念或它们的组合时，他多半使用感知(perceive)，偶尔亦使用知道(know)或凝思(contemplate)；当表述人的心灵思维或想象时，多用设想(conceive)，理解(understand)；而当说上帝的感知时，除了用感知(perceive)以外，更多地使用的是理解(comprehand)、了解(aprehand)。事实上巴克莱的措词是较为灵活多变的。总起来看，"感知"在巴克莱那里是一个意义宽广且不严格的词，它不限于人的肉体感官的感知活动，而且包括想象、思想等诸如此类的认识和思维活动，这就像笛卡尔在论述"我思故我在"时那样，"思想"也不是专指概念性的思维，而是包括怀疑、想象、感知等几乎所有的精神性的活动。

上帝的感知与人的感知大不相同，这是巴克莱明确指出的一点。他表示，人心作为一种精神实体，是通过眼、耳、鼻、舌、身这几种感官对事物的感知而发挥其理智功能的，所以他大量地使用"被感官感知"(perceived by sense)这一短语。上帝则不然，他全知全能，但没有或者宁可说毋需人所具有的感官。"上帝作为纯粹的心灵或理智而知道一切事物，但决不靠感官亦不通过感觉知道任何东西。"① "他的观念不是像我们的观念那样通过感官而传递的。"② 如果我们认为上帝也和我们人类一样用感官去感知事物，那就等于把上帝贬低到人的水平了。

有人抓住上帝没有感官这一点，进而认为，巴克莱的上帝是不感知的。例如乔治·H. 托马斯(George H. Thomas)就曾这样说过："巴克莱的观点是，上帝并不受任何外部存在的影响；他的观念不是被传导给他的，他并不接受它们：这是对'感知'一词的最

① 巴克莱：《西里斯》§ 289。

② 艾厄斯编《巴克莱哲学著作》第 191 页。

基本意义的拒绝。……上帝知道事物或者具有观念，但他并不感知它们。”① 如果“感知”的意义仅仅在于用人的感官去感知，那么毫无疑问，上帝是不能感知的。但是我们不要忘记，在巴克莱那里，“感知”的意义是不严格的；当他说上帝感知观念或事物时，他的意思仅仅是说，上帝是通过设想、理解等理智功能而感知观念的。

人的感知与上帝的感知在主动性和自由性方面有程度的区别。譬如说，在学院里，我可以选择或决定去图书馆阅读还是去体育场做某种游戏；在公园里，既可以去观赏活泼可爱的小猴，又可以去观看笨拙的大象。在这个意义上，人的心灵的确可以主动地支配感官的活动，自由地感知事物的。然而，正如蒂波顿(Tipton)所说：“在另一种更为基本的意义上，我却无法选择我看什么，因为我看到什么取决于沿我看的方向上究竟有什么东西让我去看。隐含于这一考察中的真理可以这样表述：我们可以选择看的地点，但在看的时候，我们却不能选择会看到什么。”② 巴克莱认为，所谓人的感知活动，除了可以凭借意志和想象力创造或产生想象的观念或梦幻以外，是不能创造出感官的观念的。他说：“不论我有什么能力来运用我自己的思想，我又看到，凭感官实际感到的感觉，并不依赖于我的意志。……说到听觉和别的感官，则我也知道，印于它们之上的观念也并不是我的意志的产物。”③ 人的感官只能接受上帝印入(imprint)的观念，因此，“我只要一张开自己的眼帘，我便没有能力来自由选择看或不

① 参见《哲学史杂志》(1976年)第163—165页。
② 蒂波顿：《巴克莱：非物质主义哲学》第317—318页。
③ 巴克莱：《人类知识原理》§29。

看，也不能决定要使某些特殊的物像呈现于我的视野”①。就此而论，人心之与感官的观念不存在产生与被产生、原因与结果的关系，人心只是被动地接受上帝创造的观念。因此感知活动是有条件的，不自由的。人心的作用不是产生(produce)可感观念，而是把接受来的观念变成自己心中的观念，即拥有(have or own)感官的观念，从而使本来与人无关的物，即上帝的观念转化为人的认识对象。

与人被动地接受并拥有观念不同，上帝兼有创造和拥有事物或观念两种职能。一方面，上帝作为自由的意志和万能的力量，“无需任何工具”，“单凭自己的意志的命令”就可创造出观念，即世界上的万物。② 也就是说，“他以精神的方式，通过思想的力量，感知所有的事物并使之现实化”③。另一方面，上帝作为理智的功能而知道或了解，也即感知他所创造的万物或观念，使观念存在于他的心中，成为他所拥有的观念。而且，由于上帝的感知是持续不断的，所以，在他心中的作为观念的事物才得以连续地存在下去。可以说，上帝创造观念和拥有观念这两种感知的功能，都是主动的，无条件的，因而亦是绝对自由的。

尽管人与上帝的感知有所不同，但他们的感知都“拥有观念”(have ideas)或使观念在他们心中(in minds)，这一点是共同的。而巴克莱所谓“在心中”，或“拥有观念”，并不是把事物放到心灵中，使之变成纯主观的东西，而是指使观念与心灵处于不可分割的联系(connection)或关系中，换言之，即指观念“依赖于心

① 巴克莱：《人类知识原理》§ 29。

② 巴克莱：《人类知识原理》§ 61。

③ 巴克莱：《作者意见概述》，见《巴克莱通讯》第 8 期，第 197 页。

灵”(depend on mind)。他在《三篇对话》中说：“当我说对象存在于心中或印于感官之上时，不要从简单的字面意义上理解它，就像说物体存在于某个地方，或者印章打印在蜡块上的印记一样。我的意思仅仅在于心灵理解或感知它们；心灵受外部或受某种区别于自身的存在的影响。”① 反过来，当说某物脱离其被感知时，也就是指它“与心灵没有关系”②。

切记，这是理解巴克莱哲学的最关键的话。卢斯在解释巴克莱的“在心中”这一短语时曾举过这样一个例子：当某人的夫人要他去城里配一条丝带时，她叮嘱说：“亲爱的，你一定要把这事放在心里。”她的意思当然不是要她的丈夫把丝带或她的话变成他的心灵的一部分，她只是要丈夫注意、记住这事，即把这事和他的心灵联系在一起。同样，巴克莱所说的可感事物在心中或被心灵感知，无非是告诉人们，自然界中的事物是你感知的对象，而对象是“为心灵而存在的，即作为心灵的对象而存在的，它是与人心相关的存在，即被感知的存在”③。我们认为，卢斯的理解是中肯的。当然，认识对象是仅对人而言的，当说事物或观念在上帝心中时，巴克莱并没有说物是上帝的认识对象，他只是指事物与上帝相关，依赖于上帝，是上帝的观念。

巴克莱一再重申，感知是直接的，它不需要任何中介。对他来说，人的心灵是通过感官来感知对象物的，而感官的功用就是去感知，而且只能直接地感知，它们是不能像理性那样根据过去的经验和知识作出任何判断和推论的。他在《三篇对话》中利用

---

① 见艾厄斯编《巴克莱哲学著作》第197页。

② 同上书，第138页；参见《人类知识原理》§89节。

③ 卢斯：《巴克莱的非物质主义》，伦敦1945年版，第55页。

海拉斯之口这样说过："实际上，感官无法感到不为它们直接感到的东西：因为它们不做任何推论。因此，从仅由感官感知到的结果或现象推知其原因或偶因，完全是理性的事。"① 因此说，所谓"可感物仅仅是那些被感官直接感到的东西"②。巴克莱在《视觉新论》中举出并在《三篇对话》中重述过下面这个事例：我们时常说我听到街上有马车，严格地说这是不对的。实际上，我并不能听到马车，我们所直接听到的只是某种声音，不过由于过去的经验告诉我那声音是马车发出的，所以我才知道有马车在街上。准确说来，马车的存在只是由直接听到的声音暗示(suggest)给人心的，即通过某种经验间接地推论得出来的。至于上帝，他的感知虽然不似人那样通过感官，但由于他是万能的，所以他的感知的直接性也是不言而喻的。

在巴克莱那里，可感物仅仅是感官直接感到的东西，但这并不意味着，只有被人的感官当下感到的东西才存在，而不被当下感知的就不存在。这是必须强调指出的一点。巴克莱经常用"现实地"（actually）来代替"直接地"（immediately），但无论现实地感知还是直接地感知都不等同于人的当下感知或正在感知。巴克莱在论述可感事物的存在就是被直接感知时，从来都是用现在时态，而决不用现在进行时态，这表明，心灵的感知或事物的被感知是一般性的，它包括正在感知，但决不限于正在感知一种情况。他常常这样讲，当一个人在感到某个东西时，它是存在的，当他离开现场，那东西仍然存在，这是因为，假如他在现场，他就会感到它，或者说它正在被其他心灵

① 艾厄斯编《巴克莱哲学著作》第138页。
② 同上。

所感到。①他的基本立场是："可感物仅仅是那些能够被感官直接感知的事物。"(those only which can be perceived immediately by sense)② 或者说，"可感物即可以直接感到的一切。"(sen sible things are all immediately perceivable)③被当下感知的东西无疑是可以直接感知的。有些东西虽未被直接感知，但一旦条件具备，它们就可以成为被直接感知的，因而它们也是可感物。例如，我在书斋里直接感到的只是书桌和纸笔之类，决不是泰晤士河上的伦敦塔桥。但是如果我乘飞机抵达伦敦，并走近河边，就可以直接感到它。不管是我正在直接感知的书桌纸笔，还是虽未直接感到但可以直接感到的伦敦塔桥，都是可感物，因而都属于实在的范围。

综上所述：巴克莱在论述他的新原理时所指的存在即可感事物的实在性，因此，"存在就是被感知"就是"可感事物的实在性在于被感知"；由于被感知就是被上帝和人心这两种精神实体感知，所以，进一步说，"可感事物的实在性在于被上帝或人心感知"(人心与上帝共同感知)；巴克莱哲学的目的是反对怀疑主义原理，肯定人的感官所面临的周围世界的实在性，在这种意义上，上帝的感知虽然是必须的，但却不是最重要的。具有首要意义的是人心的感知；人心的感知就是人的感官的直接感知，这种感知包括正在感知和在一定条件下的可以直接感知；这样，当下仅被上帝感知而不被人心感知的事物却同时又是可以被人心感知的事物。至此可以得出结论：(1)一切可以被人的感官感知到的自然界中的事物，也即一切现实的或潜在的感官对象，都是实

---

① 参见巴克莱：《人类知识原理》§ 3。

②③ 艾厄斯编《巴克莱哲学著作》第137页。

在的;(2)其实在性就在于可以被人的心灵直接地感知。前者表明什么是实在的,后者揭示了实在性的根据。它们还导致,(3)在自然界中,凡是不能被人的感官感知的东西,都是虚妄不实的,形而上的物质实在是没有根据的。这三点相互关连的结论就是巴克莱"存在就是被感知"这一所谓的新原理所要表达和实际包含的意义。

四、关于新原理的几种不同理解

据了解,西方哲学史界在什么是巴克莱的新原理问题上主要有三种意见,简要述评如下:

首先是艾厄斯的意见。他十分强调实体在巴克莱哲学中的重要性。他认为,和亚里士多德、笛卡尔、斯宾诺莎、莱布尼茨等哲学家一样,巴克莱"使他的形而上学和科学哲学取决于实体概念",他关于物质实体的论述,"并不像人们所认为的那样令人满意地存在于'存在就是被感知'这一公式中",他的新原理在于,"心灵是通过感知而支托可感性质的实体"。①

诚然,巴克莱没有一语道破"存在就是被感知"是他的新原理,但是,正如他自己多次表明的那样,他的新原理是怀疑主义原理的"直接反面"。根据这一线索,我们已经证明,巴克莱的新原理是而且只能是存在就是被感知。另一方面,尽管如艾厄斯所言,巴克莱的心灵学说在他的"非物质主义"哲学中占有重要地位,然而,我们看到,在分析"存在就是被感知"时,精神或心灵

① 艾厄斯:《实体、实在与伟大的已故哲学家》,载于《美国哲学季刊》第7号(1970年),第48—49页。

的存在和作用早就包含在这个简单而极为重要的命题中了，因为，“被感知”不是被别的东西感知，而正是被心灵实体所感知。“存在就是被感知”本身就充分体现了精神对于存在、心灵对于观念的主导作用。简言之，只要怀疑主义的原理是“存在就是非被感知”，那么，作为它的反面的巴克莱的新原理也就只能是“存在就是被感知”。艾厄斯的失误，一方面在于他忽视了巴克莱所提示的怀疑主义原理与他的新原理的对立关系，另一方面是由于他没有认识到，他所强调的精神实体的作用已经包含在“存在就是被感知”这一命题之中了。

第二种意见是戈雷令提出来的。他以折衷的态度部分地接受了艾厄斯的意见，同时又不完全否认“存在就是被感知”为巴克莱的新原理。他宣称：“事实上新原理是由两者构成的，对于巴克莱的论述来说，实体问题是为存在问题所直接要求的。……新原理是这样一种洞见：人们一旦把握了存在的本质，立即就会得出精神是惟一实体的结论。”① 因此，“新原理就是，因为可感事物的存在就是被感知，因为被感知的东西只能是观念，所以宇宙所包含的就是心灵和观念”②。对戈雷令来说，新原理就是“存在就是被感知或感知”，或者说，就是巴克莱对“存在的本性、意义和含义的发现”。③

按照这种见解，巴克莱的新原理早在《哲学评论》中就已经正式提出来了，因为“存在就是被感知或感知”(Existence is percipi or percipere)是在《哲学评论》的第429条笔记出现的。然而，这种意见也是不能令人信服的。“存在”这一概念在巴克莱那里

---

①② 戈雷令：《巴克莱：中心证明》第48页。

③ 戈雷令：《巴克莱：中心证明》第48页。

有时确实既包含感知者,又包含被感知者,有时甚至包括梦幻和影像。① 但是,如果考虑到巴克莱的新原理与怀疑主义的原理的相反关系,我们就会正确地认为,他的新原理所肯定的实在的存在必须是怀疑主义原理所否定的实在性,而按照前面的分析,怀疑主义所怀疑和否认的是呈现在我们面前的可感事物的实在性,而巴克莱则针锋相对地肯定和坚持其实在性。怀疑主义原理并没有否认精神实体的存在,因此,巴克莱也毋需着力提出心灵实体的存在。换言之,"存在就是被感知或感知"并不构成怀疑主义原理的反面,因而没有理由作为巴克莱的新原理。

戈雷令之所以认为"存在就是被感知或感知"是巴克莱的新原理,其主要原因在于,他把《哲学评论》第 429 条笔记中的"存在"与第 491 条笔记中的"存在"混为一谈了。前者确实包含"被感知或感知"两者;但后者却大不相同,在这条笔记中,巴克莱写道:"切记:着力澄清何以如此众多的古代哲学家陷于极大的荒谬,以至否认运动以及其他一些为他们的感官现实地感到的东西的存在。由此,他们不懂得什么是存在,这就是他们一切愚行的根源所在,我主要坚持的正是存在的本性、意义和含义。它构成了怀疑主义者和我的巨大差别。我想这一点是全新的,我确信它对我来说是新的。"戈雷令仅仅注意到这里的"存在的本性、意义和含义"几个字,然而却忽视了最重要的一点,即巴克莱在这里用它们所表达的不是被感知和感知两者,而仅仅是被感知自身,或者说仅仅是被人们的"感官现实地感到的东西"。

卢斯持另外一种见解。他并不一般地反对那种认为"存在就是被感知"是巴克莱的新原理的观点。事实上,他在论述新原

① 参见巴克莱:《人类知识原理》§ 33—34。

理问题时倒是经常正面地提及这个命题。但是，他又指出：这个命题只是巴克莱新原理的“否定方面”或“不完全的形式”。因此，必须把它扩而广之，即把它引申为：“存在就是被感知，或感知，或可能的被感知，或可能的感知”（Esse est percipi aut percipere, aut posse percipi, aut posse percipere），这才是巴克莱的“完整的新原理”。[①] 说到底，在卢斯看来，巴克莱的新原理就是他对“存在”意义的发现，而这种存在既包括现实的被感知和感知，又包括可能的被感知和感知。

卢斯的见解也是有问题的。因为第一，他所谓“可能的被感知”和“可能的感知”不能构成与怀疑主义原理相反的命题，它没有把存在限定于可感世界的范围内，而是把它引申到被感知与感知两者。这不符合巴克莱关于新原理的本意。实际上能够作为怀疑主义原理的反命题的，仅仅是“存在就是被感知”。这一点已在前面论述过了。第二，即令卢斯所说的“存在就是被感知，或感知，或可能的被感知，或可能的感知”是言之成理的，它也无权成为巴克莱的新原理。因为新原理应该是一个简单的、基本的命题，而不是由它推论出来的或引申了的命题。卢斯的命题则是“存在就是被感知”的引申形式。卢斯在《巴克莱的完全的新原理》这篇文章中，一方面指出巴克莱的新原理是怀疑主义原理的反面，并且把怀疑主义的原理概括为“存在就是非被感知”，另一方面，又认为新原理是“存在就是被感知”的引申形式。[②] 这样的结果恰如画蛇添足，把本来已经昭然若揭的巴克

---

① 卢斯：《巴克莱的完全的新原理》，载于施坦克劳斯特编《巴克莱哲学新研究》第7页。

② 同上。

莱的新原理弄得模糊不清了。

五、新原理的作用和意义

巴克莱的新原理在其非物质主义体系中占有首要的地位。

首先,"存在就是被感知"是整个非物质主义的出发点,又是贯穿其中并决定其存在的生命线。按照著名巴克莱学者佛朗(Furlong)的解释,"'非物质主义'一词包含肯定和否定两个方面。否定的方面是一个认为没有'物质实体'这种东西的理论,肯定的方面则是一种关于存在的东西(things)是什么,以及我们如何知其存在的学说"。[1] 具体地说,"存在就是被感知","物是观念的集合",精神或心灵是观念所依赖的实体,是非物质主义的主要肯定方面;而驳斥物质实体存在的学说则是其否定方面。它们结合在一起构成了非物质主义的大厦。然而,这两个方面中诸多原理的地位和作用不是半斤八两,平起平坐的。"存在就是被感知"是其他原理的基础和出发点,其余的原理只是对它的引申和发挥。就是说,只要"存在就是被感知"这一新原理成立,那么从中就可以直接推论出"物是观念的集合"来,这是因为,在巴克莱看来,被感知的就是观念,就是可感物或对象,也就是实在的存在物;如果"存在就是被感知",那么,不被感知的就不存在,这样一来,在人的心灵以外的、不能被感知的物质实体就失去了存在的根据;如果存在在于被感知,那么人们自然会问,存在物的感知者是什么?这时,上帝和人心作为实体而存在就是

---

① 佛朗(Furlong):《关于蒂波顿〈巴克莱:非物质主义哲学〉的书评》,载《赫墨西娜》1974年第2期,第100页。

很自然的结论了。随着我们论述的逐渐展开，这几点将变得越来越清楚。可以说，“存在就是被感知”这一巴克莱的新原理是他赖以构成其体系的基础，它的建立决定和制约着其他的原理，没有它，非物质主义哲学就无从谈起。

其次，新原理是西方哲学发展过程中的转折点。如果回忆一下历史，这一点就很容易理解。

在古希腊，爱利亚的巴门尼德第一个明确把统一的世界一分为二，指出作为真理对象的“存在”和作为意见对象的现象的区别，并把实在性归之于前者，把虚幻性归之于后者。此后，这种本体与现象、实在与虚幻的两分法便延续不绝，纷纷为大大小小的哲学家们所效法。例如，柏拉图就主张理念世界和事物世界的差别，认为前者是真实的，是原型；后者是虚幻的，是前者的摹仿或影子。亚里士多德的第一哲学也以研究“存在之为存在”为形而上学的任务，认可和主张“形式或理念作为可见事物的本质或本体而存在”。在中世纪，不论是唯名论还是实在论，都是以一般与个别、本质与现象的区别为前提的，托马斯·阿奎那等实在论者的基本哲学观念就是主张个别事物之外的一般才是真正实在的。到了近代，科学的突飞猛进依然没有消除这种差别，数学——机械论的世界观在很长的一个时期内不仅容忍、甚至更明确了这种本体与现象的差别，笛卡尔虽然在“物理学”中毫不犹豫地接受物体和周围的事物为实在的知识对象，然而在形而上学的范围内，却宣布物体为广延和其他属性所寓于其中的实体。洛克对实体概念显得不那么信心十足，但他仍然坚持它是可感性质的支托，是隐藏于感觉的帷幕背后的实在。在讨论知识或观念的起源时，他认为物体是区别于观念的外物和引起观念的原因。马勒布朗士也从信仰的角度承认物质是“我们能够单独领会为不依赖什么别的东西而独立存在”的实体，它与广延相合，而与色、香、味、声等可感性质相分离而存在。斯宾诺莎哲学则是以实体与样式的分野为基础的，在他看来，实体即神或自然，它是惟一的，不动的，最真实的存在，它与我们周围的世界有根本的不同。我们的感官和认识所接触到的事物都是具体的样式，它们是由背后的实体经过广延和思想这两个属性派生出来的。这几位近代哲学家虽然没有把可感现象归结为纯粹虚幻的东西，但至少在他们看来，实体则是与之不同的更根本、更真实的存在。总之，历史的事实表明，巴克莱以前的大部分哲学家都是在承认这种本体、实在与现象相互分离的基础上建立其哲学体系的。

巴克莱首先发现了这一分离，并且认为它是导致怀疑主义和一切矛盾、错误和谬论的总根源。基于这种分析，他提出“存在就是被感知”这一命题，借以克服本体与现象、实在与对象的分离。这一命题的核心是强调从主体与客体，即感知和被感知的相互联系中规定实在性。一经如此，实在和对象就成了同一的东西，现象背后的本体便归于虚无，二者的分离或对立亦随之烟消云散了。

事实上，他的新原理指示了欧洲哲学发展的新方向。从巴克莱开始，欧美世界，尤其是英国和美国的绝大多数哲学家，就从传统的形而上学中解脱出来了。在他们看来，世界是人的世界，因此，对世界的解释也应该从世界与人的关系着眼，就像巴克莱所指出的，从感知与被感知的关系着眼。于是，再也不存在一个超验的本体领域和自在之物领域，实在的事物就是与人相关的“事实”(facts)、事件(events)或“现象”(appearance)。休谟的怀疑论、孔德的实证主义、詹姆斯等人的实用主义、罗素和早期维特根斯坦的逻辑原子论、马赫主义、以维也纳学派为代表的逻辑实证主义和其他许多流派，无不是这样来看待和解释世界的。他们的共同特征是反对坚持超验本体存在的形而上学，强调人类知识的范围局限于自己的经验之内。这些派别形成了现代西方哲学的主要思潮之一。我们不要忘记，正是巴克莱首先敲响了埋葬形而上学的钟声，指明了新的哲学方向的。

再次，这一新原理的突破性意义在于，它以唯心的方式处理了思维与存在的关系，坚持了二者的同一性，充分体现了主体、精神的能动作用。因为“存在就是被感知”表明，可感的事物是上帝创造的观念，它们与上帝和人的心灵相联系，依赖于和存在于上帝或人的心中。人心作为精神实体之一种，是实在之为可感物和认识对象的先决条件，它“被动地”接受上帝创造的观念，但它“主动地”构成了现实的人的感官对象。因此，没有主体，没有人的心灵，对象及其实在性都是不可理解的。康德曾把自己关于主体对于客体的能动作用，即“对象必须被看作是符合人的思想，而不是人的思想符合于独立存在的实在”的思想，称为“哥白尼式的革命”。如果哲学史上真正有过这样的革命的话，那么，它早在巴克莱那里，即在康德发表《纯粹理性批判》前七十余年，就已经发生过，至少是部分地发生过了。虽然巴克莱本人没有称他的新原理为哥白尼式的革命，但他的确曾向人暗示过，他的哲学原理和哥白尼的真理相似。例如，他在《人类知识原理》第 51 节中就这样说过：从理论上看，对象、客体就是精神的观念，但在实际生活中我们却不说“精神热”，而说“火热”、“水凉”。“我们应该像学者一样思想，而像普遍人一样讲话”，这就如同“人们虽然相信哥白尼体系的真理性，但他们仍然说，太阳升起，太阳落下，太阳到了山顶”。

就“存在就是被感知”这一命题所起的作用和所具有的重大意义而言，它不啻是一条天才的原理。但是从另一种意义上讲，我们认为，它与其说是深刻的，不如说是机智的。因为“深刻”的通常意义主要是指沿着既定的方向继续进行探讨和研究，进而对原有问题的认识达到新的深度和高度。譬如说，柏拉图在继承苏格拉底提出的理念学说的基础上提出了一个博大精深的理念论体系。巴克莱对前人的哲学思想无疑也有继承，但从整体上看，他并没有进一步发挥某个哲学家业已提出的原理。我们说巴克莱的新原理是机智的，意思是说，它不是什么繁琐复杂、晦涩难懂的命题，而是“显而易见”而又令人耳目一新的原理。巴克莱总结了历史的经验和教训，认识到对于超验本体的探讨是无止境的，不确定的，因而是没有意义的。所以他要避免陷入形而上学的深渊；而避免陷入深渊的方法又是极其简便的，这就是放弃对本体问题的追求，从认识的角度来解释世界的实在性。这样，“存在就是被感知”的结论就轻而易举地得出来了。对于巴克莱来说，这真可以说是“山重水复疑无路，柳暗花明又一村”。这是一个既惊人又简易的发现。巴克莱在一则笔记中表示了他的喜出望外的心情。他写道：“我并不惊奇我有才智发现这一惊世骇俗而又显而易见的真理，我惊奇的倒是我的愚蠢和粗枝大叶而没有在以前发现它。”① 和康德、黑格尔等人那样辛勤劳作十几年、几十年而晚成的哲学家相比，巴克莱可算是大器早成的了。从足以反映巴克莱哲学形成过程的 888 条笔记来看，他除了对洛克、笛卡尔、马勒布朗士、霍布斯等少数几位近代哲学家熟悉以外，对西方哲学历史的了解还多半停留在笼统抽

① 巴克莱：《哲学评论》第 279 条。

象的水平上。然而他却以惊人的敏捷和机智捉住了问题的关键所在，并发现了新颖的解决方案。那时他才二十一二岁。即便从新原理在《人类知识原理》一书中正式昭告天下算起，他也只有25岁。

然而，我们必须看到，新原理决非如巴克莱认为的是真实可靠的哲学原理。它强调了人的主观能动性和认识的主体作用，但却因此而成为唯心主义的。更为不当的是，巴克莱仅仅承认这一种思维方式的正确性，而否认其他思维方式的正确性。事实上，人们看待世界的角度和解释世界的方法是多种多样的，因而本体论和认识论的观点在一定意义上都是合理的。巴克莱从认识的角度看问题，从而走出了形而上学的巢臼，有进步的一面，但不能因此而否认本体论、形而上学存在的必要。他更不明白，仅仅从认识论看问题，正如仅仅从本体论看问题一样是不全面的，犹如盲人摸象，各人把握的只是一个局部和片面。只有站在更高的辩证唯物主义的立场上，既从认识的角度看问题，认为一切认识的对象都是和认识主体相关联的客体，同时又在本体论上承认一切客体都具有独立于人的物质实在性，这样才算是认识了事物的多样性，把握了世界的真面目。巴克莱只主张在主体和客体的联系中确定事物的实在性，否认了本体论方式的正确性，因而是片面的和独断的。

第四章

观念论

“存在就是被感知”这一新原理所导致的第一个同时也是最重要的一个命题，就是“物是观念的集合”。就是说，由于实在的事物就是可以被人的心灵用感官感知的东西，由于可以被感知的东西就是人心中的观念，所以自然界中的实在物就是观念或观念的集合物。

“物是观念的集合”这一结论一经在《人类知识原理》中公之于众，海内外知识界顿时舆论哗然。伦敦的名流学者声言，他们讨厌这一学说，认为作者一定是个精神病人；法国哲学家狄德罗讽刺巴克莱为一架发了疯的钢琴，以为“宇宙的全部和谐都发生在它身上”①。更为有趣的是，据说在巴克莱和他的好友、著名作家斯维夫特之间还发生过这样一桩有趣的故事：一天，巴克莱前往圣·帕特里克教堂拜访斯维夫特教长，然而斯维夫特却大门紧闭。他在教堂里面说：如果您的哲学观点是正确的，那么您从这个闭着的门进来，就像从开着的门进来一样轻而易举。② 直到现在，仍然有人认为，巴克莱是主观唯心主义者和唯我论者的

---

① 《狄德罗哲学选集》，三联书店 1956 年版，第 130 页。

② 参见蒂波顿：《巴克莱的非物质主义哲学》第 10 页。

代名词。凡此种种都表明一个事实：在人们看来，巴克莱把事物叫作观念或观念的集合就是否认事物的客观性，而把物变成了人的主观幻像。

那么，巴克莱所说的观念究竟是什么？它们与上帝和人心的关系如何？观念之间有什么联系和区别？等等。只有把这些问题搞清楚了，才能把握巴克莱“物是观念的集合”这一命题的意义，进而准确把握他的哲学的实质。

一、观念对心灵的依赖性

在《人类知识原理》的第一部分中，巴克莱开宗明义地写道：“显而易见，凡是考察过人类知识的对象的人都会认为，这些对象要么是现实地印在感官上的观念，要么是那些通过诉诸激情和心灵的活动而感到的观念，最后是借助于记忆和想象力，依靠组合与分离，或仅仅由以上述方式表象原先感到的观念的一些观念。”① 这里所说的第一种观念即感官的观念，大致相当于洛克、康德等人所说的外感觉；第二种观念即对人体内部活动的感受，与洛克的内省观念或内感觉相对应；第三种观念是对两种观念的表象或反映，可以称为想象的观念。有人认为，把观念当作认识的对象决不像巴克莱所说的是“显而易见”的，相反，这本身就是成问题的，甚至完全错误的。这个驳难针对的如果不是18世纪初的巴克莱，而是现在某个哲学家，那么无疑是合理的，而且真正点到了要害之处。但是如果我们退回到巴克莱生活的年代，我们很可能会撤销这一驳难的。在那时，尤其是在英国哲学

① 巴克莱：《人类知识原理》§1。

家例如培根、霍布斯、洛克那里,“认识的惟一对象就是观念”,这一点确实是“显而易见”,甚至是不言而喻。

无论是感官的观念,内省的观念,还是想象的观念,都是人的知识对象,都属于观念的范围,因此,有人根据巴克莱的阐述总结出,它们之于认识的主体或心灵的关系都遵循以下三条共同的原则:“首先是差别性(Distinction)原则,就是说,心灵和观念是完全不同的东西;其次是内在性(Inherence)原则,指观念只存在于心灵中;第三是同一性(Identity)原则,即观念是不能与对他们的感知相分离的。”①

对于差别性原则,巴克莱写道:“精神和观念是完全差异的两种东西,因此,我们如果要说‘它们存在,它们被人知道’等等的话,则人们不要以为这些话就表示这两种东西有相同的成分。它们完全没有相似之点和共同之点。”② 那么,观念与人心的区别究竟在哪里?巴克莱首先表明,它们的首要的和根本的区别在于,任何观念都是被动的,而人的心灵则是主动的。正如我们在前一章中所表述的,人心是“能感知的自动的主体”③,它的功能主要有两种,即意志和理智。“由于它能感知观念,因此我们就叫它为理智,由于它可以产生观念,或在观念方面有别的作用,因此它们又叫作意志。”④ 第一种观念,即感官的观念是由上帝产生的,人心的意志只有去感知它们的意向,而不成其原因。第三种观念才是地道的人心的产物,是人的意志的结果,就人心只能感受,不能创造感官的观念而言,有其被动的一面,但

① 参见特本尼编《巴克莱:批判与解释性论文集》第295—296页。

② 巴克莱:《人类知识原理》§142。

③ 同上书,§2。

④ 同上书,§27。

这样说仅仅是相对于上帝的主动创造才有意义。然而,如果没有人的理智的感知,感官观念便不成其为现实的或真正的知识对象,换言之,感官的感念要作为人的对象,必须依赖于人的理智。同时,人的感知本身就是人心的自主的活动,就此而论,人心对于感官观念又是主动的。[①] 由于内省观念和想象观念本身就是人本身的产物,所以,它们的被感知完全取决于人的理智,这一点是很容易理解的。

观念的被动性还在于,观念本身没有活动的能力或力量,因此其运动、变化的根源既不在自身内部,也不在相互之间。对此巴克莱有明确的阐述:"我们的一切观念,感觉,或者所感知的事物,不论我们以什么名义来分辨它们,它们显然都是被动的,其中并不含有任何能力或动力。因此,一个观念或思想的对象不能产生或改变别的观念。……不论谁来考察自己的感官的观念或内省观念,都不会发现它们中含有任何能力或动力;它们根本不含那种东西。只要稍一注意,我们就会发现,观念的存在只包含了被动性或迟钝性。因此,任何观念都不能有什么作用,或者严格说来,都不能成为任何事物的原因。"[②] 譬如说,写字无疑是一种活动。然而这种活动的动因既不是我手中的笔,也不是我的手,而是我心灵的意志。"当我们感到某些感官的观念常常伴随着另一些观念,而且我们知道这不是自己所为时,就把能力和动力归之于观念本身,认为其一是另一的原因。其实这是最荒谬、最无意义的。"[③] 还有,观念的被动性不仅适用于感官的

---

① 参见巴克莱:《哲学评论》第791、833、848条以及蒂波顿:《巴克莱:非物质主义哲学》第268页。

② 巴克莱:《人类知识原理》§25。

③ 同上书,§32。

观念,也适用于反省的和想象的观念。

观念与心灵之间的另一重要区别是,观念是人类知识的对象,而心灵或精神则不能作为知识对象。按巴克莱的经验论原则,人们可以拥有和形成观念的观念,并通过这种方式认识对象。但是我们无论如何不能拥有和形成上帝或人心的观念,因而我们不能拥有通常意义上的关于心灵实体的知识。原因在于,在巴克莱看来,如果一个人不能分别感知两个东西,他就无法在它们之间进行比较,因而他不能说一个不是观念的东西与某个观念是相似还是不相似。① 人心可以感知不同的观念并对之进行比较,形成观念的知识。由于精神实体是与观念根本不同的超出人的感官和想象力之外的东西,所以无法形成与之相似的观念和知识。

在巴克莱那里,知识一般指实证的、经验的知识。在这个意义上,他认为我们无法得到上帝和人心的知识。但这并不意味着我们对人心和上帝毫无所知,实际上,我们可以通过"内部的情感或反省"或者"反思活动"而知道"我们自己和上帝的意念(notion)"。② 尽管它不是严格意义上的知识。

关于观念与心灵的内在性原理,巴克莱解释说,观念"存在于心灵之中",或者换句话说,是为心灵所感知的。因为一个观念的存在就在于被感知。在他看来,任何观念,不论是感官观念,还是想象的观念,只要是观念,它们就必然与精神主体相联系,只能存在于感知它们的心灵中。③ 感官的观念存在于上帝

① 参见巴克莱:《哲学评论》第51、378条。
② 参见艾厄斯编《巴克莱哲学著作》第183页。
③ 参见巴克莱:《人类知识原理》§2、33。

或人的心灵中；想象的观念存在于人心之中。其所以如此，乃由于精神的产物只存在于精神的实体中。观念是精神的创造物，同时，如上所述，它又是被动的，不独立的；而人心和上帝则既是精神性的，同时又是能动的独立自在的实体，所以前者可以而且必须存在于后者之中。

第三条原则是同一性原则，它表明观念是不能脱离心灵对它们的感知而存在的。这一原则实际上是上述区别性和内在性原则的展开或发挥。就是说，如果观念只能存在于心灵中，如果观念是纯粹被动的东西，如果上帝和人心都是主动的精神，还有，如果除精神外再不存在任何实体（在巴克莱看来，物质是被动的，不思想的，所以不能作为实体而存在），那么，观念的存在就必须与心灵的感知相联系，必须一刻也不间断地存在于心灵中，即或者是上帝，或者是上帝或人心两者中。巴克莱说："我们即在思想中也不能设想，可感事物或对象是可以脱离对它的感觉或知觉的。"① 如果硬要把在实际中不可能单独存在的东西设想为独立的存在，那就犯了可怕的抽象错误。

巴克莱关于观念与心灵关系的这三条原则是既有差别，又相互联系的。其中第一条原则是主要的，基础性的。而第一条原则中关于观念的被动性和心灵的主动性又是最关键的一点，第一条原则中的其他观点和第二、三条原则主要是以它为依据和前提的。此外，从表面上看来，第一条原则所讲的观念与心灵的差别与第三条原则所讲的二者的同一是矛盾的，但是仔细考察起来却又不然。第一条原则所说的差别是同一之中的差别，即观念和心灵实体都是精神性的东西，二者的差别是主动的实

---

① 巴克莱：《人类知识原理》§5。

体和被动的观念之间的差别，这并不妨碍彼此都是精神范围中的东西。第三条原则坚持的是有差别的同一，具体地说，即在承认观念与心灵有被动与主动、结果与原因等差别的基础上，主张和坚持观念对精神实体的依赖性及其必然性。

这三条原则从表面看来是从不同的角度阐述观念与心灵的关系的，但其中核心的东西却是表明观念对心灵实体的依赖性。第一条原则强调观念的被动性，心灵的主动性，虽然没有直接指出前者依赖于后者，但已为这种依赖性提供了根据。第二、三条原则分别讲观念只存在于心灵中，观念的存在不能脱离心灵对它们的感知，表明的都是观念对心灵实体的依赖性。

一切观念都依赖于心灵，这一思想体现了巴克莱非物质主义的观念论的基本原理。

二、感官的观念与想象的观念

对于《人类知识原理》一开始提出的三种知识对象或观念，巴克莱并没有一视同仁地对待。在他的整个著作中，关于第二种观念即内省的观念的论述寥寥无几。这表明巴克莱对这种观念的轻视态度。这是因为，在他看来，要实现自己哲学的目的，肯定传统哲学中怀疑主义原理所否认的感官对象的实在性，不必过多涉及内省观念及其作用就可以解决问题。事实上，巴克莱最关心的是感官的观念，其次是想象的观念。二者之间的联系和区别是他反复申明，特别强调的，也是我们理解“物是观念的集合”这一命题的意义和性质的关键。

巴克莱在《人类知识原理》的第29、30、33、34、36节以及《三篇对话》的第二篇中详细而集中地讨论了感官的观念和想象的观念之间的区别。其中,《人类知识原理》第33节是这样的:“造物主在我们感官上所印的各种观念就叫作实在的事物(real things),而由想象力引起的观念却是较不规则、不鲜明、不固定的,因此它们被准确地称作观念或事物的影像(images of things),因为它们是摹拟和表象事物的。不过,我们的感觉虽然十分鲜明和清晰,它们仍只是一些观念,那就是说,它们存在于心中或者被心灵所感知,这也如同人心自己构成的观念一样,感官的观念被认为比人心的产物有更多的实在性,即更强烈、更有秩序、更紧密。但这决不证明它们可以离开心灵而存在。它们也较少地依赖于精神或感知它们的思想实体,因为它们是为另一个更强有力的精神的意志所引起的,然而它们仍然是观念,而观念,不论弱强,都必然是不能在感知它的心灵之外而存在的。”

从这段话中看出,在巴克莱心目中,感官的观念与想象的观念有以下几方面的区别:

第一,被产生和改变的根源不同。想象的观念是人的意志的创造物,“我可以任意在自己心中刺激起各种观念来,并且可以随意变换景致。我们只要发动意志,则或此或彼的观念就立刻可以在想象中生起;而且我们可以根据同一能力,消灭那个观念,再生起别的观念来”①。这种观念的生灭变化都是单由人的心灵决定的。在最广泛的意义上,它们也存在于上帝之中,因为上帝是无所不包的存在。但是,就它们的产生和存在而言,却不直接与上帝相关。感官的观念则完全不同。“不论我有什么能力来运用我自己的思想,我又看到,凭感觉实际感到的观念,并

① 巴克莱:《人类知识原理》§28。

不依赖于我的意志。”① 它们“都不是因人的意志所产生,也不是依靠于它的,因此,必须有别的精神才能把它们生起来”②,这个“别的精神”就是上帝,上帝作为造物主,按自己的意愿创造出观念并在一定的时刻把它们印在人的感官上,使之成为知识的对象。从这个意义上看,“我们所见、所闻、所触或任何为感官所感知的东西,都是上帝力量的符号或结果”③。

第二,有序与杂乱的区别。巴克莱宣称:人心在制作和产生想象的观念和幻相时是任意的,因而它的观念也是杂乱无章的。然而,上帝在创造观念时却要按照他自己的规则和方法,这样就使他的作为可感物的观念具有一定的秩序和规律。他说:“这些规则和方法就叫作自然的规律(Laws of Nature)。”④ 它们既是科学家们所研究和力求把握的对象,也是我们在日常生活中必须遵循的法则。

第三,原型或摹仿的区别。想象的观念首先指的是感知某物以后留下的印象或影像,例如我们在白天见到太阳以后,晚上仍有它的印象。⑤ 同时它还包括幻想(chimeras)和梦境(visions of dreams),例如想象中的没有四肢的人体。⑥ 影像和幻相虽有不同,但它们都是由人心的想象力(imagination)所产生的,所以被统称为想象的观念。事物的影像是对感官的观念的摹仿(copy);反过来,感官的观念就是其原型。幻相和影像相比离实际事物更远,它比影像更杂乱,但无论它们多么怪诞,归根到底

① 巴克莱:《人类知识原理》§29。
②③ 同上书,§146,148。
④ 同上书,§30。
⑤ 同上书,§36。
⑥ 参见上书,§5。

是以感官的观念为原型的。

第四，明晰程度不同。感官的观念是可以由感官直接感知的，所以，是人心所得到的最清晰、最真切的观念，也即可感事物本身。与此不同，作为可感观念之复写或摹仿的影像，由于离开了它的原型，因而在清晰和真切程度上自然大为逊色，至于幻想和梦境，其清晰和真切性更不能与感官的观念同日而语了。因此，巴克莱总是说它们是“微弱的”(faint)或“暗淡的”。

第五，稳定程度不同。感官的观念是有秩序、按规则的，因而也是稳定的、相对不变的，作为构成事物的要素，它们彼此牢固地结合在一起，从而保证了可感物的连续存在。与此不同，人的意志在产生想象的观念时是“任意的”，没有一定的规则可循，所以，这种观念具有易变的特点，其产生和消灭均随人的意志活动的作息而定。

第六，对心灵的依赖程度有差别。如前所述，感官的观念是由上帝创造的，当它们未被人心感知时，它们仅仅存在于上帝的心灵中，当被人心感知，即作为现实的对象存在时，它们既在上帝心中又在人的心中。就它们在一定程度上可以脱离人心而存在来说，感官的观念“较少地依赖于感知它们的精神或思想实体”，即人的心灵。① 想象的观念就不同，它们的产生是由人心的意志活动引起的，其存在仅仅在于被人心的理智去感知。如果不考虑在更广的意义上所说的万物都在上帝心中，即包括人在内的一切都最终依赖于上帝这一点，想象的观念与上帝是没有任何关系的。所以它们不依赖上帝，而是依靠人的心灵。如果主观性的大小取决于对人这一主体的依赖程度，那么，显而易

① 巴克莱：《人类知识原理》§33；参考§146。

见的是,感官的观念具有较大的客观性,反之,想象的观念则几乎是纯主观的东西。

第七,实在与虚幻的差别。巴克莱指出:如果把想象的观念与感官的观念相比较,那么"后者比前者有更大的实在性"①。实在与存在不同。存在在其最广泛的意义上既包括客观的事物,也包括纯主观的东西,因此,想象的观念有时也被巴克莱宣布为存在,但是,他却从来没有说它们是实在的(real)。他一贯认为,除了上帝和人心以外,实在的事物就是感官的观念。虽然作为对象,它们也在一定程度上依赖于人的心灵,但和想象的观念相比,却具有较大的客观实在性,因而也可称之为"外部事物"(external things),而想象的观念则是虚妄不实的。

在上述七种区别中,最主要、最能反映这两种观念的本质,同时也最有益于我们准确把握巴克莱哲学的基本精神的,乃是这第七种区别。从本质上看,巴克莱所谓感官的观念与想象的观念之间的区别就是实在与虚幻的区别。其余的区别都是由这一根本区别派生出来的。

巴克莱在强调感官的观念与想象的观念之间的差别的同时,也反复表明其同一性,即是说它们都是观念,因而都存在于人的心中(in mind),然而,由于这两种观念的实在性程度不同,依赖人心的程度不同,所以"在心中"这一短语的含义也不尽相同。说想象的观念在人心中,是说它们为人心所产生,而且成为主体的一部分,因而是纯主观的东西。但是,说感官的观念在人心中,如在前一章所阐明的那样,既不是指它们是人心的产物,也不是说它们是主体的部分,而仅仅是说,作为知识的对象,它

① 巴克莱:《人类知识原理》§36。

们是必然与人的心灵相联系而存在的。因此,虽然巴克莱把感官的观念与想象的观念都称为“在心中”的东西,但他从来没有否认,更没有忽视二者的差别。

三、观念与事物

巴克莱说:人心“如果看到某种颜色、滋味、香气、形相和密度常在一块,则它便会把这些性质当作一个独立的事物,而以苹果一名来称呼它。别的一些观念的集合又可以构成石头、树木、书本和此类的其他可感的东西”①。简言之,“物是观念的集合”。

在这个命题中,“物”就是人们平常所说的事物(things),它包括可以为人们所感到的自然界中的一切具体、个别的物体。“观念”则特指感官的观念,而不包括内省或想象的观念。因此这个命题就是肯定世界上的事物都是感官的观念或其集合体。同时,由于按照巴克莱的解释,感官的观念即是可以为人的感官所感到的事物,所以,这个命题只是一个同义反复罢了。

巴克莱的感官的观念就是实在的事物,但是他为什么一反常识,别出心裁地用“观念”(ideas)一词,而不直截了当地使用“事物”(things)这个大家都接受的词呢?对此,巴克莱回答说:“人们如果要问,我为什么应用观念一词,而不屈从习惯叫它们为事物,则我可以答复说,我所以如此,有两个理由。第一,因为事物一词如果和观念对立起来,则人们通常以为它是指心外存在的一种东西而言的。第二,因为事物一词比观念一词的含义

① 巴克莱:《人类知识原理》§ 1。

较广,它不止包含观念而且亦包含精神和能思想的东西。感官的对象既然只存在于心中,而且又是不自动的,无思想的,因此,我就宁愿以观念一词来标记它们,因为这个名词还包含着那些性质。"① 在巴克莱看来,首先,我们面临的这个世界以及其中的自然事物都是上帝创造的,同时也是与人的心灵相关的作为认识对象的存在。上帝和人心都是精神实体,以它们为原因和条件的事物也必然是精神性的产物。然而通常意义下的"事物"则仅仅表示在人以外和脱离任何心灵的纯物质性的、绝对客观的东西,所以,用它来表示上帝的产物或人心的对象是不适宜的。其次,周围的东西是精神性的,这只是就它们为精神实体所创造并与之相联系而言,实际上它们与精神实体是截然不同的两种存在。如果用包含精神实体在内的"事物"一词来代表周围的存在,就可能混淆主动的存在和被动的存在,实体与其派生物,感知者与被感知者的关系。所以"事物"一词也是不恰当的。"观念"则有"事物"不可比拟的优点:它是精神性的,因而没有人把它理解为绝对的脱离精神而存在的东西;同时,在他看来它又是被动的东西,因而它与精神实体的界限是明确的。

巴克莱明白,他把事物称作观念的集合肯定会受到人们的攻击和嘲笑,为了尽可能地避免这一点,他一再申明了物与观念的关系。例如,他在《人类知识原理》第38节中写道:如果人们接受物是观念的集合,那就等于承认"我们吃观念、喝观念、穿观念,而这听起来是很不入耳的。我承认是这样的,因为人们在通常的谈话中用的观念一词并不表示可感性质的集合,即所谓事物,而且,任何词语如果同习用的说法相异,那一定是难以入耳

① 巴克莱:《人类知识原理》§39。

和可笑的。不过，这无损于我们命题的真实，因为我们如果换一个说法，则这个命题的含义也不过是说，我们所吃所穿的只是我们的感官直接感到的那些东西罢了。组成各种衣食的种种性质，如硬或软，颜色，滋味，温暖，形状，等等，我们已经表明只存于感知它们的心中，这就是我们称之为观念的全部道理。观念这个名词，如果也同事物一词一样通常使用，那就不会使人感到那么难听，那么可笑了。我所争执的不在于词语的恰当与否，而在于它的真实与否。因此，如果您也和我一样承认，我们所吃、所喝、所穿的都是感官的直接对象，而且它们不能离开感知或脱离心灵而存在，我将欣然同意，称它们为事物而不是观念是更为恰当、更为符合习惯的。”

根据巴克莱对“观念”的优越性的解释和分析，用它取代“事物”是有其理由的。但是，问题在于，对于大多数人来说，观念无非是一种主观的想象，事物则是不言而喻的实在，要他们顺着哲学家的思路去理解问题，用观念代替事物，的确不是一件容易的事。由此看来，近300年来，欣然接受巴克莱哲学的人之所以不多，除了其哲学内容本身的问题以外，还在于他在语言上使用了一个难以为人们所接受的名词。不过，也许我们不应当过分地指责巴克莱，因为一个哲学家是有权利选择和使用现有的语词并给予新的规定和解释的。如果一听到“观念即事物”这样的说法就摇头拒绝，并因此不去深究巴克莱哲学的内容和实质，那么，对这种哲学的无知和误解，恐怕主要的责任者就是我们自己了。

尽管巴克莱对感官的观念与想象的观念、观念与物的关系作了详尽的阐述，但他仍然预料到有人会反驳说，“自然中一切实在的，实存的东西，都被放逐于世界以外，代替它们的是一个虚幻的观念系统。一切存在的事物都存在于，而且仅仅存在于心中，即是说，它们是纯粹意念性的东西”①。巴克莱认为，有人之所以作各种反驳，是因为他还不明了，他所说的观念是有实在与虚幻的区别的，构成事物的是实在的感官的观念，而不是虚幻的想象的观念。因此巴克莱的回答是：按照我提出的原则，我们并不曾剥夺自然中的任何事物。我们所见、所触、所听、所想象、所理解的任何东西，都仍如先前一样安全，一样真实，这里还有自然的事物（rerum natura），实在和虚幻的分别仍是完全有效的②。

四、观念与两种性质和感觉

第一性质与第二性质的本质及其相互关系是近代哲学家的热门话题。巴克莱对这个问题的论述旨在证明彼此相关的两点，其一是说两种性质都是在“人心中”的观念或感觉，其二是说，它们都是感官的观念，即物的构成要素。

如本书第二章所说，巴克莱的两种性质学说是综合了洛克、波义耳等人的学说并对其批判继承的结果。粗略地讲，在巴克莱以前的一些哲学家认为（现代亦有人坚持），可感性质“可以分为第一和第二两种。前者是指广延、形相、运动、静止、坚实性或不可入性和数量，而后者指的是所有其他可感性质，例如颜色、声音、滋味等等。他们承认，我们对后一种性质所具有的观念不是任何那脱离心灵或不被知觉而存在的事物的肖像（resem-

① 巴克莱：《人类知识原理》§ 34。
② 同上。

blance),而他们却以为人心对第一性质的观念是脱离心灵而存在的事物的摹本或影像(image),即认为,这些性质存在于他们称之为物质的不思想的实体中"①。同时,在有的哲学家那里,第二性质也经常被叫作"观念"。巴克莱不同意这种见解。他坚持认为,如果可以把可感性质分为第一和第二两种,那么这两种性质在本质上是一样的,即正如第二性质是在心中的,第一性质也是存在于心中的观念。

他对这一观点的证明有以下两种。

首先,不可分离性证明。巴克莱说:"原始的性质如果同那些别的可感性质不可分离,紧连在一块,而且即在思想中也不能分离,那它们分明只是在人心中存在的。不过我希望任何人都思考一下,试试自己是否可以借着思想的抽象作用,来设想一个物体没有其他可感性质而只有广延和运动。就我来说,我清楚地看到,我并没有能力构成一个只有广延和运动的物体,我必须同时给它一种颜色和其他可感的性质,而这些性质又被认为只存在于心中。一句话,抽离其他可感性质的广延、形相和运动是不可思议的。因此说,凡存在其他可感性质的地方,第一性质也一定存在,就是说,它们只在心中而不在别的地方存在。"② 在此,巴克莱是以承认第二性质在心中为前提的,在这个基础上,他认为,如果两种性质的存在是不可分离的,那么它们就都是在心中的观念。他进一步诉诸于经验,认为自己和他人都不能在思想中把它们抽象或分离开来,这就证明它们事实上不可分离,并因此而都是心中的观念。也许从思想中的不可抽象证明了事

① 巴克莱:《人类知识原理》§9。

② 同上书,§10;参见§11。

实上的不可分离性是不令人信服的，但巴克莱断定两种性质的存在是彼此相关的，这却是有其道理的。

其次，相对性证明。就是说，事物的大小，运动的快慢，都是相对人而言的，所以它们只存在于人的心中。巴克莱说："大和小、快和慢由于完全是相对的，并随着感觉器官的组织和位置的改变而变化，所以人们承认它们仅仅存在于心灵之中。因此，脱离心灵而存在的广延，就既不大，也不小，脱离心灵的运动既不快，也不慢，就是说，它们是子虚乌有。"① 例如，一座塔，远看为圆，近看为方，"从这里不是可以充分证明它的广延不存在于物体以内吗"②？按照这种说法，构成自然界事物的一切要素，不论是第一性质还是第二性质，都是相对于人心而存在的，即都与人心相关连，并随人心对之的感知状态的不同而发生变化的，因而也都属于在人心中的观念。

巴克莱进一步认为，既然两种性质不可分离，且必须与人心相联系而存在，那么它们便都属于感觉。例如，在《三篇对话》中，作为普通人而出现的海拉斯就向菲勒诺斯提出，冷与热的感觉、甜与苦的滋味、香与臭的气味，以及不同的声音和颜色或者存在于外界物体之中，或者是由空气或光的运动引起的。菲勒诺斯则不厌其烦地解释说，冷与热是与疼痛一样的感觉，因而不能离开人的感官而存在；甜与苦的滋味和香与臭的气味无非是惬意或不适的感觉，因而也不可能独立自存；声音与空气的运动相关，颜色与光线是有关系，但声音不等于空气运动，颜色亦不同于光线，空气的运动和光线的作用仅仅在于刺激我的感官，即

---

① 巴克莱：《人类知识原理》§ 11。

② 巴克莱：《三篇对话》；见艾厄斯编《巴克莱哲学著作》第 151 页。

震动耳膜或视神经，这并不妨碍任何声音和颜色都是我们心中的感觉。最后，海拉斯心悦诚服地承认："颜色、声音、滋味，一句话，所有被称为第二性质的东西，确实不能离开心灵而存在。"①

至此，巴克莱已经把感官的观念，第一性质与第二性质和感觉同一起来了。因此，"物是观念的集合"也就可以称为"物是两种性质的集合"，或"物是感觉的集合"。

多少年来，许许多多的哲学家都认为这两种命题是主观唯心论的，巴克莱也因此成为主观唯心论者甚至唯我论者的代名词。其主要理由在于认为巴克莱把世界上的事物规定为人的主观的观念或感觉。但是，从上面的论述中，我们可以看出，巴克莱虽然承认感官的观念、两种性质与感觉是一种东西，但说他把它们都归结为人的主观的东西却未免太武断、太简单化了。要弄清这个问题，还需要进一步分析。

在通常的意义上，说某个东西是主观的，或它具有主观性，一般包含两层含义，其中首要的意思是说它是由人这一主体产生的，是人的思想或精神的产物；其次是说它们为人的心灵所具有，或保持精神性的状态。与此相反，如果说某物是客观的，主要是指它是人以外的东西，其产生的根源是外部的，其现存的状态也与人的主体无关。巴克莱虽然主张第一性质与第二性质都是感觉，但是，他所谓的感觉却不是人的意志或理智的产物。正如他一再表明的，它们是上帝"单凭自己的意志"产生的，人心之所以感知它们，或者反过来说，它们之所以存在于人的心中，不过是上帝把它们印入人的感官并使之与人的心灵相联系，因而依赖心灵而存在罢了。上帝是精神，但他是不同于人的主观精

① 艾厄斯编《巴克莱哲学著作》第148页；参见第139—148页。

神的客观精神。因此,就可感的性质或感觉的根源是上帝而不是人心来说,与其说它们是主观的,不如说是客观的。

然而事情又不止这么简单。按照巴克莱的见解,两种性质或感觉尽管不是人心的产物,然而其作为对象的存在又必须以人的主体为前提,或者说它们必须与人的感官相联系而存在。没有人的耳朵,也许有空气的运动,但决没有声音;没有人的眼睛,也许有各种光线,但不会有不同的颜色。被上帝所创造的各种形状、广延、颜色只有打在人的感官上时才是现实的,由它们构成的物才是现实的对象物。就可感性质或感觉的存在与人心相关连而言,它们又具有主观性的一面。正是这种产生根源上的客观性和存在状态上一定程度的主观性,决定了它们对于上帝和人心的依赖性。

可以看出,巴克莱这里所说的作为事物的要素的性质或感觉和我们现在通常所指的感觉有显著的不同。对我们来说,感觉是对外界对象的摹写和反映,它只能存在于人的心中,它不只是**表现为**而且实际上**就是**人心主体的一种主观状态。巴克莱不这样看。他的感觉不是对象的反映或摹写,而恰好是对象本身;它的主观性仅仅**表现为**它与主体相联系或被人心所感知,它不是人心之内的一种纯主观的状态,反之它可以作为现实的对象存在于“人心之外”(按通常对这个短语的理解),在不甚严格的意义上,当人未感知它时,亦可以仅仅存在于上帝之中。因此,巴克莱所说的感觉不是我们所说的感觉,而是我们所说的“感觉状态的内容”或对象。① 卢斯的见解是中肯的。他说:“巴克莱用语中的感觉不是主观的感知(sensing),而是一被感觉到的对

① 参见戈雷令:《巴克莱:中心证明》第70页。

象,即某个观念物。这种感觉构成了自然,它是符合人们已知的自然规律而发生的,并且独立于我的意志。”[1] 如果我们回过头来看一看前面所论述过的巴克莱关于感官的观念与想象的观念之间的区别,可感事物或感觉对象的客观性就更容易明白了。为了强调观念或事物的客观性,巴克莱坚持说:“我没有把物变成观念,反而是把观念变成了物,因为这些直接的知觉对象,……我认定就是实在的事物自身。”[2] 就观念物的起源是人心以外的客观精神来说,它们是可以叫作外部事物(external things)的。[3]

当然,这决不是说巴克莱关于感觉和观念的论述是始终一贯,无可挑剔的。事实上,他在阐述各种性质都是依赖于人的心灵而存在的感觉这一观点的过程中,有时为了强调两种性质的主观方面而把颜色、声音之类的第二性质与某些内省的感觉如疼痛等同起来,抹杀了事物的构成要素和人的心理活动的差别,混淆了作为认识对象的感官观念与主体内部的感觉经验的差别,因而造成了一定的混乱,妨碍了人们对两种性质或感觉的客观性的正确理解。但是,这种不一贯和混乱的情况并不在巴克莱的论述中占主导地位。总起来看,在巴克莱哲学中,感官的观念,第一、第二两种性质或感觉是一种东西的不同名称,它们是由上帝创造,与人的心灵相联系而存在,并且可以由感官感知的对象物。这一点是确定无疑的。

不管巴克莱的观念、性质或感觉在什么意义上是客观的,也

---

① 卢斯:《非物质主义的辩证法》第 191 页。

② 巴克莱:《三篇对话》,见艾厄斯编《巴克莱哲学著作》第 193 页。

③ 巴克莱:《人类知识原理》§ 90。

不管这种客观性的程度在人们的理解中有何不同，“物是观念的集合”这一命题所体现的巴克莱的世界观总是唯心主义的。因为它们并不是独立于精神而自己存在的事物，而是为上帝所产生，并依赖上帝和人心而存在的对象。上帝或人心这两种精神的实体在任何情况下都对观念或其集合物起着决定性的作用。

事实上，巴克莱对于唯物主义和唯心主义哲学派别的划分是自觉的、有意识的。他说：“普罗克鲁斯在对柏拉图神学的评论中考察了两类哲学家。其中之一是把物体放在存在序列的首位，而使思维的功能依赖于它，假定一切事物的原因都是物质性的；物体是最实在的，最主要的存在，其他一切事物都是第二位的，依据它而存在的。另一则使所有物质的东西依赖于灵魂或心灵，认为它是首要的存在，具有第一位的意义，物体的存在完全是从心灵派生出来的，以心灵的存在为前提的。”① 根据这种划分原则，即使巴克莱本人来确定自己的归属，他也会毫不踌躇地站到后一类，即唯心主义哲学家的行列中去的。

但是，唯心主义并不等于主观唯心论，更不等于唯我论。从上述可见，在巴克莱那里，自然界中的事物或作为其组成要素的观念，性质或感觉，不论其产生和存在都离不开上帝这种客观精神，人心不是它们的根源，其作用只是去感知它们，并因此使它们成为知识的对象。因此，根据矛盾的主要方面决定事物的性质的原理，我们认为巴克莱的世界观与其说是主观唯心论，不如说是客观唯心论。至于唯我论的说法就更不着边际了，因为巴克莱从来也没有主张人心是惟一的精神实体。在其成熟的哲学中，从来亦没有直接或间接地认为世界上的事物都是“自我”创

---

① 巴克莱：《西里斯》§ 263。

造出来的，或者说是自我意识的变形，这一点正是与其早期“第一论证”区别开来的标志。还有，在他那里，作为实在物的感官的观念与作为主观状态的想象的观念之间的区别，向来得到强调，而且实际上是泾渭分明的。因此，无论如何我们没有理由称巴克莱为唯我论者。

五、观念的同一性与差别性

照巴克莱的解释，作为对象而存在的观念物是自然界中惟一实在的东西。人们自然会问：人的心灵的状态是彼此不同的，看待事物的角度也总是有差别的，因此，人们在同一时刻对同一事物会产生不同的观念，一个人在不同的时刻对同一物的观念也是有差别的。那么，在这两种情况下，人所得到的是同一个观念，或者面对的是同一个事物吗？这个问题被叫作观念物的同一性(identity)问题。巴克莱的答案是：人们既感到同一的对象，又不感到同一的对象，或者说，在严格的意义上说，不同的心灵或不同时刻的心灵中的观念物是不同的，在较松散的通常的意义上，它们是同一个东西。

每个人都有五种感官，因而也都有五种感官的观念，它们或者它们的集合就是巴克莱所说的观念物。对于同一个事物，我们会有各种不同的观念。例如一个苹果，视觉告诉我们它的颜色和形相，触觉感知它的坚实性，味觉区别它的酸甜，等等。还是这同一个苹果，有人说是红的，有人则说是灰的(如患色盲的人)；在正常的情况下观察是红的，在显微镜下则变成其他的颜色；有人说它是甜的，有人则感到是酸的。还有，我们今天感到它是浅红色的，一个月以后它就可能变成了深红色。总而言之，感官观念是随着人的不同官能,不同的人,和不同的时刻而改变的。按照"存在就是被感知"的基本原理,凡实在的东西就是可以被人的感官直接感到的东西,那么,严格地说,同一个人和不同的人,在相同和不同的情况下所感到的"不同的东西",都是真实的对象。对于某甲来说,一个苹果就是甜的;对某乙来说,它就的确是酸的 。两种感觉观念都是真实可靠的。在这个意义上说,他们感到的不是同一的对象,而是大不一样的东西。由此类推,人的各种感觉感知的,以及同一个人在不同时刻感知的也是不同但又都是可靠实在的对象。对此,巴克莱肯定地说:"我们的感官虽然不能在一切环境下都受同样现象的刺激,但我们不能由此推断说,物体的现象不可靠,说它们自己同自己矛盾,或同别的任何物体矛盾。"① 观念或对象之间的这种差别性是巴克莱坚持的基本方面。由于这种差别是随着人的感官,不同的人和不同的时刻这些对象以外的各种情况的变化而产生的,所以被许多西方学者称为"量的差别性"(numerically distinct)②。

巴克莱的上述观点马上遭到了这样的反驳:量的差别性原理岂不是说两个或更多的人不能看见同一个物体吗?巴克莱解释说:"同一(Same)两字如果按照普通人的说法,那么,不同的人也切实可以感知到同一的事物;或者说,同一个事物或观念存在于不同的人心中。"③ 普通人的说法即常识,它不同于以往哲学上的咬文嚼字。在普通人看来,人们对一个事物的感觉有某种

① 巴克莱:《三篇对话》,见艾厄斯编《巴克莱哲学著作》第194页。
② 参考皮彻(George Pitcher):《巴克莱》,伦敦1977年版,第147页。
③ 巴克莱:《三篇对话》,见艾厄斯编《巴克莱哲学著作》第195页。

齐一性,或者说大家感觉不到不同人的感觉还有什么差别,于是就说“几个人看见同一的东西”,这种说法也是合乎日常语言、合乎常理的[①]。这也适用于同一心灵在不同时间的感知和其他的情况,由于这里所说的同一主要着眼于被感事物自身而言的,所以常被称为质上的同一性(Qualitatively Same)。

巴克莱表示,观念物差别性和同一性在他那里是不矛盾的。这是因为它们是从不同的视角看问题所得的结论。从人的感知这一层,人们只能感知自己的观念,因此,对象在各个心灵中是不同的,但这并不妨碍从通常的和相对的意义上说,它们是同一个东西。例如,对于一个茶杯,我感到的样子与其他人感到的样子确有不同,就此而论,作为对象的杯子在不同人的心目中就是有差别的。但是,就我心目中的茶杯和别人心目中的茶杯都是上帝创造的那个观念物的不同表现形式而言,或者说,如果我们撇开它们的差别性,仅仅顾及到它们相同的一面,它们就可以说是同一个东西。巴克莱没有很深入、细致地讨论这个问题。他认为,过分认真地追究这个问题,仅仅肯定观念物之间的差别性或者同一性,都是没有必要的,就像人们保留一所房子的墙壁和外壳,拆除其余的部分,然后再把它建好,这时说它是新房子还是旧房子都有一定的理由,没有必要去咬文嚼字,非要弄清其绝对的意义不可。

仔细地考察一下巴克莱的这一同一性和差别性的学说,我们可以发现,它是由人心的感知与上帝的感知这两种情况造成的。如果对象仅仅是人心中的观念,它与上帝的感知无关,那么,在各个心灵和不同时刻的心灵中的对象就失去了客观的基

---

① 巴克莱:《三篇对话》,见艾厄斯编《巴克莱哲学著作》第195页。

础,变成了完全依赖于人心的主观幻相,因此也就毫无同一性可言。然而实际上,上帝作为一个永恒存在的精神,其感知是无时不在,无处不在的。因此,尽管不同的人同时,或者同一个人在不同时刻,感到的对象由于人心的不同而有所不同,但无论如何它们改变不了也同时在被上帝感知的那个事物的客观性。换言之,就不同的心灵中的观念都是上帝感知的那一个观念而言,它们是同一的。

西方的某些巴克莱学者,例如皮彻(G.Pitcher)认为,巴克莱在"同一性问题"上是无法与常识调和的,因为他认为,不同的人心同时或同一个人在不同的时刻感知的是不同的对象,这就等于说把一个东西变成了数种不同的对象。皮彻等人的这种指责不是毫无道理的。常识或普通人的确不会认为同一个事物在各个人的心目中还有什么区别。人们只是简单地承认大家都感到同一个东西,在不同的时刻感到的还是那个东西。但是,我们应该注意到:第一,巴克莱不反对这种常识的见解。在他看来,在一种通常的、不严格的意义上是可以说我们都感到同一个事物的;第二,不同的人心中有不同的对象这一见解是有一定道理的。作为对象只是具体地表现在人心中的东西,由于人的视角总是有差别的,所以对象也总是有所不同。这种对象的差别性是绝对的,是从严格意义上讲的。它虽然不为常识所一下子接受,但经过仔细地思考,常识论者是会承认它在一定意义下的合理性的。这两种见解的共存,是巴克莱哲学的一个特征,正如他在原理中所说的那样:我们应该像学者一样地思考,像俗人一样地讲话。

六、现象主义

在巴克莱那里，自然界中的对象与实在是同一种东西，但二者的意义稍有不同。简单地说，对象有可能与现实的区别，单纯的实在物则不存在这种区别。

所谓对象只是人的认识对象，因此总与人的感知与否相关连。当事物被人的感官现实地感知时，它或它们是现实的对象；可以被感知但没有现实地被感知的东西也是对象，但不是现实的，而是潜在的或可能的对象。

与此不同，单纯的实在物则仅仅与上帝相关连。上帝创造了观念物并永恒地感知它们，所以它们永远是实在的，没有可能的实在物。同时，上帝的创造不是无缘无故的，而是为了人类的，所以，至少自从有了人类以来，实在物是作为而且只能作为人的对象而存在的。在这个意义上，实在物与对象在外延上是完全相等的。只是由于上帝自身即可保证前者的实在性，它与人的联系不具有当下的直接性和永恒性，所以才没有对象所有的可能与现实的差别。卢斯在《巴克莱的非物质主义》一书和某些文章中认为，在巴克莱哲学中有可能与现实两种存在，这就是可能的对象和现实的对象。卢斯最明确地区分和强调了这两种不同的对象，这是他对巴克莱研究的重要贡献之一，但是，他却没有认识到对象与实在物在含义上是有差别的。所以有人反驳说：在巴克莱那里，一切都由于上帝的感知而现实地存在着，可能的感知只是对人心而言的，因此，只有可能的对象，而没有纯粹可能的存在物。① 因此，可以概括地说，实在物没有可能与现实的分别，然而一切可能与现实的对象都是实在的。

这样一来，物是观念的集合，世界是观念物的总体这种泛观念的世界观也可以改称物即对象，世界是可能的对象与现实的对象这种说法。这种实在即对象的世界观是从纯认识的角度规定和解释自然界的结果。就是说，认识活动是人所从事的活动，认识是人的认识活动的对象的反映。反过来，对象则是人的认识对象。人与其对象，主体与客体总是相比较、相联系而存在的。有的东西正处于人的认识活动或过程中，因而是现实的认识对象；有的则不处于当下的认识活动和过程中，因而不是现实的认识对象。但这并不妨碍它们是潜在的或可能的认识对象。随着认识的发展和深化，任何可能对象或迟或早都将成为现实的认识对象的。由此看来，巴克莱从认识的角度把世界上的事物区分为正在被人心感知的现实对象和未被感知的可能对象，是有一定可取之处的。

巴克莱以后，西方哲学中出现了一种被称为现象主义(Phenomenalism)的思潮。现象主义“是对于物理对象命题的一种分析。它把所有感到的或可感到的事物的学说归结为关于现实的或可能的感觉经验论述，并以此否认那种认为在现象的帷幕背后永远隐藏着不可达到的客体的想法。J.S. 穆勒就把物质的对象定义为永久的感觉的可能性，据说，当这样的对象被感知时，某些可能性就现实化了。马赫、维也纳学派的许多成员，以及青年时期的A.J. 艾耶尔都维护现象主义的观点”②。英国学

---

① 参见戈雷令：《巴克莱：中心证明》第105页。

② A. Flew：《哲学辞典》，参考书社版，第247页。

者但西(Dancy)在分析巴克莱哲学时说:"对于现象主义者来说,一个对象,即使在此时此刻没有人心感知它,只要它可能为人心所感知,那么它就是存在的。"① 就巴克莱而言,他没有仅仅坚持人的心灵对于对象的现实或正在的感知,在他看来,一个事物有不被人心现实感知的时候,但这并不妨碍它可能会被人心感知。换言之,它不仅指现实感知的,而且还指现实未被感知,但可能被感知的东西,就此而论,说巴克莱是一个现象主义者倒是恰当的。正如阿姆斯特朗(D.M.Armstrong)所言:"巴克莱可以被正确地看作现象主义的开山鼻祖。"②

我们认为,"现象主义"一词比较充分地表现了巴克莱的对象与人心既依赖又不完全依赖这一特征。但是,我们也注意到,在巴克莱和现代其他现象主义者之间有一个显著的区别:马赫与维也纳学派等现代经验论者可以把物理对象归结为人的现实的与可能的经验而不谈或很少谈论上帝;巴克莱则必须借助于上帝,对他来说,上帝是一切可能与现实的对象的根源和基础,因而亦是他的学说的根本支柱,因此,更准确地讲,巴克莱是一位客观唯心主义的或神学的现象论者。

我们可以说,巴克莱哲学所描述的自然界是感官观念的世界,是可感性质或感觉的世界,亦是现象的世界、对象的世界,诸如此类。但归根到底,巴克莱的世界是一个可理解的(inteligible)、可认识的(knowable)世界。在巴克莱的心目中,他以前的哲学家承认本体与现象、实在与观念的差别,其根本错误就在于

---

① 但西(Dancy):《巴克莱引论》牛津1987年版,第65页。

② 阿姆斯特朗与马丁编《洛克与巴克莱论文集》的序言,纽约1968年版,第12页。

把世界二重化，造成了彼岸世界与此岸世界，超验的与经验的，不可感知的和可以感知的，不可理解、不可认识的与可理解、可认识的两大领域。巴克莱从“存在就是被感知”这一新原理出发，认为凡实在的就是可以被感知的，可以理解、可以认识的。这样一来，彼岸的、超验的，不可感的世界就一下子销声匿迹，只剩下此岸的、可经验、可感知的现象或观念的事物了。在巴克莱看来，这才是一个真正的既实在又可理解的世界。由此可见，如果说消除怀疑主义原理主张的本体与现象，实在与观念的差别是巴克莱的出发点，那么以“物是观念的集合”为代表的世界观则是消除这一差别后的具体成果。当然，这一成果的取得是以“新原理”和对物质实体的批判为先决条件的。

七、观念论世界观与常识和实在论

巴克莱在其著作中一再声称，他的哲学不违反常识，他本人是一个朴素的实在论者和常识论的拥护者。那么，他的客观唯心主义的现象论世界观与常识和实在论究竟是什么关系呢？

关于常识，戈雷令在其论著中做过比较全面的概括。他写道：“常识的观点可以描述为对以下命题的赞同：(1)事物就是为人们感到的东西；(2)事物独立于感知它们的特殊活动或状态而存在。”① 换言之，在常识论者看来，我们所感到的事物即是实在的事物，它们是在个别人以外独立存在的。可以轻而易举地发现，巴克莱的哲学不是常识，因为他主张实在物是人心中的观念或必须与人的感知相联系的对象。然而同样很明显的是，他

① 戈雷令：《巴克莱：中心证明》第18页。

的观点也不反对常识。这不仅在于他和常识论者一样，称我们所感到的就是实在，而且还在于他说事物在上帝中，即由上帝制造并与上帝相联系而存在，其产生和存在的根据是上帝而不是哪一个人，这一点为常识所首肯是无疑的。其次，即使他说事物在人心中时，他也没有把物变成了纯主观的观念或幻相，他是说，可感物作为对象必须与人这一主体相联系，必须“被感官所感知”才能存在。这后一点是常识不肯轻易接受，但经过一番论证和思考又是可以接受的。一句话，巴克莱的世界观不是常识，但又不直接违反常识，准确地讲，它是常识与哲学相结合的产物。承认人们感知的是实在是其常识的方面，主张物在心中是其哲学的方面。对此巴克莱有清醒的认识和论述。他说：“我并不自命为新概念的建立者，我的努力仅仅在于联合和清楚地表明原先普通人和哲学家所享有的真理：前者的意见是：他们所直接感到的那些东西就是实在的事物；后者认为，直接感到的东西是只存在于心中的观念。这两种概念结合在一起，就实际上构成了我所提出的本质内容。”①

有的学者把巴克莱看作是实在论者，例如戈雷令就是其中之一。他指出：实在论可以划分为绝对的实在论和有条件的实在论，前者认为事物独立于一切精神，一切感知活动而存在，后者则主张事物的存在仅独立于有限的心灵。在巴克莱那里，事物是独立于有限心灵的感知，而又依赖于上帝的感知而存在的，因此，他的哲学是一种“有条件的或有神论的实在论”（Qualified or Theistic Realism）②。如果巴克莱的事物是完全脱离人的有限

① 巴克莱：《三篇对话》，见艾厄斯编《巴克莱哲学著作》第207页。

② 戈雷令：《巴克莱：中心证明》第130—131页；参考第52页。

心灵而存在的，它们仅仅以上帝为根据，那么，这种见解无疑是正确的。但是，问题的复杂性在于，尽管巴克莱明确宣称，事物的根源是上帝，事物之于人心在很大程度上是独立的，但是，同样明显的是，在巴克莱心目中，实在物即是自然界中的认识对象，而对象总是和人心联系而存在的。在这种意义上，事物的存在又在一定程度上依赖于人的心灵。因此，给巴克莱以有条件的实在论者的头衔是不够准确的。

巴克莱不是唯物主义者，也不是实在论者，而是自觉的唯心主义者，即客观唯心主义的现象论者，这就是我们的结论。

第五章

驳物质论

一个哲学体系,大都有破与立、否定与肯定两个方面。巴克莱的非物质主义哲学的否定方面就是他从"存在就是被感知"这一新原理出发,对传统的物质观进行的非难和驳斥。它构成了整个巴克莱哲学的一个基本方面。没有它,巴克莱就是无的放矢,他的肯定的、正面的论述也因此会失去应有的作用和意义。

巴克莱在《人类知识原理》第 21 节中表明,他反驳物质存在的方式有两种,即所谓的先验的(a priori)证明和后验的(a posteriori)证明。前者是通过指出以往物质学说本身所包含的矛盾和谬误来证明物质实体存在的不可能性,着重从理论、逻辑上否认物质实体学说;后者则是以列举物质实体学说在哲学、宗教和科学等人类知识范围内造成的"恶果"、难题和纷争为手段,或者说是通过对巴克莱心目中的某些经验事实的描述,最后得出没有必要承认、实际上也不存在物质的实体这一结论的。这一章的任务就是介绍这两种证明方式,同时对之做批判性的分析和评论。在巴克莱那里,先验的证明比后验的证明占有更重要的地位,所以,我们的论述重点也将放在前一种证明上。

一、巴克莱所批判的物质

巴克莱一再声称："我用眼睛看到，用手触到的东西确实存在，真正地存在，对此我丝毫也不怀疑。我们否定其存在的惟一的东西是哲学家们称之为物质或物质实体的东西。"① 在这里，巴克莱区别了两种意义的物质，即物理学上的物质和哲学上的物质。前者指可以用人的感官感知的客体，这种东西的实在性是无法否认的事实，不是非物质主义所"非"的对象。后者指一种形而上学意义的物质实体（material substance），或与人心无关的物体，它们是哲学本体论所探讨的内容。巴克莱认为，这种物质被向来的哲学家们当作不容置疑的实在而存在了近两千年，成为唯物论和无神论的基础。他的非物质主义哲学的目的就是力图证明其不存在。

巴克莱在不同的场合，根据不同的需要，使用了不同的术语来表示他深恶痛绝，必欲彻底批臭而后快的物质概念。如"外部客体"（external object），"被动而无感觉的实体"（inert senseless substance），"不动的实体"（motionless substance），"不思想不活动的实体"（unthinking，inactive substance），支托第一性的质和第二性的质的"不思想的基质"（unthinking substratum）；上帝借以在人心中激起观念的"未知的偶因"（unknown occasion），观念的原型（Aychtype）。诸如此类，不一而足。但是，归结起来，物质在巴克莱心目中主要有以下五种意义：第一，离开人心而独立存在的外物。第二，被动的、无活力的物体。第三，不思想无感觉的物体。

---

① 巴克莱：《人类知识原理》§35。

第四,两种性质的基质或支托物。第五,不可知的产生观念的原因。

简要地回顾一下历史,有益于我们理解巴克莱所批判的物质观。早在柏拉图那里,物质或质料(matter)的概念就被提出来了。在他的晚期著作《蒂迈欧》篇中,质料被解释为"德穆革"或上帝根据理念制造自然界事物的原始材料。在这里,质料在具体事物之先存在,即是与理念并行存在的东西;质料是被动的,它必须依靠上帝的力量才能与理念结合,取得事物的形式;在未被上帝按一定的理念给予一定的规定以前,质料只是些混沌不清的未成形的东西;由于它与理念一样在具体事物之先而存在,而且仅仅指未成形的东西,所以质料具有某种超验性特征。亚里士多德在"四因说"中把质料看作是形成事物的最基本的原因之一。他所谓质料与柏拉图的这一概念有许多相似之处,即是说,在他那里,质料被视为抽去了规定性的构成事物的材料,是纯消极被动的东西,事物之形成,完全依赖于形式的主动力量。在中世纪,托马斯·阿奎那等神学家和实在论哲学家秉承亚里士多德的形式与质料学说,继续把质料贬为惰性的、无活动能力的材料。尽管邓斯·司各脱与罗吉尔·培根等英国唯名论者对此有不同乃至相反的见解,然而两者相比较,托马斯主义的影响更大、更深远。这一点是毫无疑义的。文艺复兴以后的自然科学的兴起和蓬勃发展并没有带来物质观的深刻变化。意大利的两位著名自然哲学家德雷西奥和布鲁诺都较多地涉及到物质概念,在他们的著作中,物质依然是不定型的质料或"自然物质",它们本身是无活力的,因而必须或者由形式推动,或者被"宇宙灵魂"推动。物质是纯消极被动的,所以当然不会有灵魂和思想能力。伽利略这位近代科学史上划时代的人物回到了古代原子唯物论的立场。他指出:物质是由看不见摸不着的原子构成的,物体有形状、重量、数目以及运动速度等等,这些是事物的“第一性质”(primary qualities),此外,人在与事物相接触时,就会形成事物的颜色、声音、冷与热之类的感觉,这是事物的“第二性质”(secondary qualities),这两种性质的根本区别在于,前者是物质本身所固有的,客观的,后者则是人的感觉,是存在于人的主体内的主观性的东西。这一学说从此广泛流行起来,并为许多近代哲学家和科学家所接受或发展。在霍布斯那里,哲学研究的对象被规定为物体——国家这一“人造物体”和自然界中的事物这种“自然的物体”。自然界的物体“是不依赖我们思想的东西,与空间的某个部分相合或具有同样的广延”①。他虽然没有一般地否认物质具有思维能力,但是在他那里,物质与思维的根本区别是显而易见的。他也主张两种性质的学说,认为广延和形状为物体所固有,而运动、颜色、硬度、冷热等则是人们约定的性质。笛卡尔从机械力学的原理出发,认为物质是由广延的微粒构成的,因此,其本质属性就是广延。但是物质本身是没有运动能力的,上帝是其最终的动力源泉。他还认为,“凡是为任何特性、性质或属性(对它们我们有实在的观念)作为主体而直接寓于其中的东西,都被称为实体”②,“而作为空间中广延性和依附于广延性的形状、场所、运动等偶性的主体的实体,则被称为物体”③。在这里,物体或物质实体被规定为广延和其他性质寓于其中的东西。形状、场所、运动之类的属性或性质是可感的,作

① 北京大学编译《西方哲学原著选读》上卷,第392页。
② 《笛卡尔哲学著作》英文版,第2卷,第53页;参见第1卷,第223页。
③ 同上书,第53页;参见第64页。

为其主体或基质的物质实体的存在性是毫无疑义的,因为属性或性质若无实体,就无所寄托,无法存在,但是物质实体作为属性或性质之后的东西却是超感官的,超经验的存在。洛克对物质实体的看法与笛卡尔比较接近。他在《人类理智论》中写道:"……我们既然凭着经验和感官的观察,知道某些简单观念的集合体是经常在一起存在的,因此,我们就把这些观念的集合体结合为一实体,并且推断这些观念是由那个实体的特殊的内部结构或不可知的本质中流露出来的。……由于我们无法设想这些性质如何独立存在或在相互依托中存在,所以我们就推断他们存在于某个共有的主体中,并为它所支托。我们称这个支托为实体,尽管我们的确对这个被推出来的支托没有明白的或清晰的观念。"① 在这段话中,简单观念就是指事物的性质,尤其是第一性质。它表明,所谓物质的实体,就是各种简单性质的支托(supporting)或基质(sustratum),是广延、形状、运动之类的性质赖以存在的根本;此外,从认识论上看,我们的感官能够认识到它所表现出来的性质,但无法认识它自身。因此可以说,物质实体是人的理智根据其表现出来的性质而推测出来的必然存在物。

从古希腊到近代笛卡尔、洛克等人的实体学说尽管在某些方面存在着差别,但是概括地说,它们有以下几个特点:第一,物质是心外之物,其存在不以人的意志为转移;第二,物质本身是被动的,其运动得自于外力;第三,物质不能感觉,没有思想。这些特征正是巴克莱的非物质主义所极力攻击的目标。从这些物质实体的特征看,在巴克莱以前的哲学家那里,物质实体是本体论的范畴,它经常代表一种形而上的实在。此外,它还是机械力

---

① 洛克:《人类理智论》第267—268页,译文有改动。

学的产物，它外在于人而存在，又可以被人们所认识；它本身不运动，不思维却引起他物的运动，引起人的感觉和观念。这些传统的物质观在各自的体系中有其存在的理由，但无不具有一定的缺陷，巴克莱就是抓住其缺陷展开其攻势的。因此，从积极的方面看，他的批判有助于克服传统的物质观，尤其是机械论物质观的缺陷，有助于我们全面地理解物质实体学说，确立辩证的、科学的物质观。

二、物质不是心外之物

在《人类知识原理》中，巴克莱的矛头首先指向了朴素唯物论或实在论以及常识中的外部对象概念。他指出："在人们中间奇怪地流行着一种主张，以为房屋、山岳、河流，简言之，一切可感物都有一种自然的、真实的存在，它们不是由于被理智感知而存在的。"① 就是说，一般人都会不假思索地把周围的自然事物看作是心外之物，认为它们虽然是人们观察和研究的对象，但其存在却与认识者毫不相干，它们是完全独立于人心的物质实在。巴克莱用几种不同的词来表达这种物质，如"外部对象"（external object, outward object），"外部物体"（external bodies），外部事物（external things）等等。由于这种物质观不仅为许多朴素唯物主义的哲学家所主张，而且也为众多的科学家和一切没有受到高深的哲学教育的普通人所承认，可以说，它在巴克莱心目中是流行最广，流毒亦最深者，所以，它首先遭到巴克莱的攻击是不足奇怪的。

---

① 巴克莱：《人类知识原理》§4。

在巴克莱看来，这种物质观本身包含着一个不可调和的矛盾。一方面，它主张日、月、山、河以及周围的一切都是可感的实在物，或者说都是认识的对象；另一方面，又认为它们是可以离开人心的感知而独立存在的。照他的分析，实在物即可感物，可感物无非是“那些能够被感官直接感到的东西”①，而能被人心直接感到的东西“不是别的，只是许多可感性质，或者可感性质的集合罢了”②。凭借视觉，我们感到光线、形相、颜色；凭借听觉感到声音；味觉、嗅觉和触觉亦各有其功能。但是，通过人的感官得到的这些性质都可以说是人的各种感觉或者叫观念。既然如此，说可感物或“任何观念或观念的集合体，会离开对它们的感知而存在，不显然是自相矛盾的吗”？③

巴克莱进一步认为，主张感觉对象独立于心灵而作为外物而存在，这不仅在逻辑上、理论上是自相矛盾的，而且在现实中也是不可能的。这是因为人们在现实中，不论是用肉体感官，还是借助于任何科学手段所感到的，都仅仅是感觉，或者叫可感的性质，此外再不会有别的东西。而可感的性质，不论是第二性的还是第一性的，都无法脱离人对它们的感知而存在。关于第二性质，他举例说：如果你的一只手是热的，一只手是冷的，同时用一水缸盛上不冷不热的水，把两手放进去，就会一只手觉着水冷，另一只手觉得水热；同样一种东西，有人吃着是甜的，有人则尝到苦味；至于颜色的相对性更是显而易见的；在黄疸病人眼里一切都是黄色的。诸如此类的事例都表明，各种性质都是相对

---

① 巴克莱：《三篇对话》，见艾厄斯编《巴克莱哲学著作》第137页。

② 巴克莱：《三篇对话》，见艾厄斯编《巴克莱哲学著作》第138页。

③ 巴克莱：《人类知识原理》§4。

的,都是与各个具体的人的感官相联系并由它来决定的。它们不可能存在于"外物"之中。在科学上,声音被说成是空气的运动,颜色是某种光线,并因此说人听到的声音,看到的颜色都存在于心外的空气的运动或光线的反射中。巴克莱反驳说,如果可以说空气的运动就是声音,那么"说运动是一种高的、尖的、悦耳的、沉重的东西,那也不是胡说八道了"①。实际上,空气的运动可以"看到、触到",但决不会听到。声音只是听觉独有的,只存在于人的听觉中;光线可以表现为各种颜色,而且可以在不同的条件下,如用三棱镜分光或用显微镜观察,改变颜色,但无论如何,它们都是视觉所拥有的,不可能存在于视觉之外。

在分析第一性质时,巴克莱指出,如果第二性质是存在于人心之内的,那么,第一性质也一定不是外在的,这是因为,人们不能设想这两种性质可以分开存在。② 他强调,它们是结合在一起的,广延、大小、快慢、坚实性等不可能与颜色、滋味之类的感觉分庭抗礼。许多人认为,第一性质存在于外界物体中,其实不然。例如广延,如果它存在于人心之外的物体中,那就必定是一成不变的,与人毫无关系的。但是事实上,同一物体,在一眼看来是小的、光的、圆的,同时在另一眼看来却是大的、不平整的、带棱角的。这说明广延也如颜色、冷热之类的感觉一样是相对于人心而存在的,不存在于纯粹的外物中。说到运动,人们总把它跟快慢联系起来,而快慢则是由人心来度量的,即相对于人而存在的。坚实性、沉重(gravity)等性质亦是如此。此外,正如人们所公认的,"凡存在的任何东西都是特殊的",广延、形相、运

---

① 巴克莱:《三篇对话》,见艾厄斯编《巴克莱哲学著作》第 144 页。

② 参见巴克莱:《人类知识原理》§ 9、10。

动、坚实性等也是这样,除了与具体的与人相关的大小、长短、快慢、软硬相同一的广延、形相、运动、坚实性以外,实际上不存在什么抽象出来的一般的这些性质①。

总之,在巴克莱看来,人们现实中感觉不到"心外之物",因此,各种可感性质都不可能存在于"外物"之中。

巴克莱还在《人类知识原理》中提出了另一种反驳。他写道:"即便坚实的、有形的、可动的实体可以在心外存在,并符合于我们所有的物体的观念,那我们如何可能知道这一点呢?我们的认识不是借助于感官,就是依靠理性。至于感官,我们只能借以获得对于感觉、观念的知识,也就是那些可以被它们直接感到的事物的知识。你愿意怎样称呼它们都可以。但它们却不会告诉我们说,心外有一些东西存在着,它们虽不被感知,却与被感知到的那些东西相似。对此,就连唯物主义者也是承认的。这样一来,如果我们还拥有外物的知识,那就必定是借助理性了,就是说,用理性从被感官直接感知到的东西中推论出外物的存在。但是,我们看不到有什么理由可以使我们根据所知觉的东西来相信心外有物体存在,因为就是那些主张物质说的人们,也不自命知道在外物和观念之间有任何必然的联系。"② 照巴克莱的说法,如果有外物存在,那它们必然为人们所认识,而人们认识事物的途径无非有两条,即感官或理性。假如感官和理性都没法认识外物,那么其存在就自然是大可怀疑的了。巴克莱的结论是:人的感官只能认识感觉观念,它不可能超出这个范围;人的理性的功能是在感觉观念的基础上进行推论,由于感觉

① 参考巴克莱:《三篇对话》,艾厄斯编《巴克莱哲学著作》第151—152页。

② 巴克莱:《人类知识原理》§18。

不到外物，所以理性无论如何也不可能推知外物的存在。

主张心外有物的人还会进一步争辩说：感觉与对象是截然不同的两种东西，感觉固然不能外在于人心，但不能因此说对象不是外物，非物质主义的错误首先是把二者混为一谈了（实际上这种对巴克莱的批评在20世纪的今天仍然存在，例如美国学者皮彻的《巴克莱》，国内的有关著作和众多的教科书，大都主张这一见解）。巴克莱对此早有反驳。他指出：你说的对象是什么？如果是感官的对象，那么感官所感到的除了感觉以外还有什么？众所周知的是，人们只能感到各种各样的性质、观念，也就是感觉，所以只能说，"对象与感觉原本是一种东西"，二者之间"没有任何差别"。一株郁金香，它有一定的广延、红色或黄色等性质，这说明它是这些性质或感觉的集合。既然是这样，它就不可能离开人的感知而作为与人无关的外物而存在。普通人和朴素唯物主义者的错误就在于武断地把对象和观念分开，没有认真地思考对象与人心的关系，不懂得人不能超出感觉的道理。①

从上述可见，巴克莱肯定了可感对象的实在性，这一点与常识和实在论是一致的，正因如此，他才不止一次地标榜自己是一个朴素实在论者，声称他的哲学与常识没有矛盾。事实上，他们的根本分歧在于是否承认感觉对象为心外之物。其实，朴素实在论与巴克莱的批判是各有一定的道理，同时又都是有问题的。朴素实在论的缺点是仅仅从本体论角度朴素地看待世界，忽视了事物的认识意义；巴克莱的错误是把事物仅仅归结为认识主体的对象，无视其独立实在的本体论的一面。

实际上，巴克莱否认心外之物是由于他继承了经验主义传

---

① 参见巴克莱：《三篇对话》，见艾厄斯编《巴克莱哲学著作》第153—154页。

统的缘故。历史地看，经验主义实质上是一种认识论哲学。如果用它来解决本体论问题就必然会把外部对象看作内部对象，即与主体相关之物。巴克莱以后的休谟、罗素等英国哲学家以及实证主义者和实用主义者都是以上述方法解释世界，得出与巴克莱相似的哲学结论的。当然，这里有一个过程。巴克莱以前的英国哲学家，还有较多的本体论的因素，例如洛克就一方面主张认识的直接对象是观念，另一方面又主张形而上的物质实体的存在。巴克莱哲学是一个转折点。从他以后，否认超验的物质存在，主张科学和知识的对象就是可感的现象界的观点就占上风了。

三、不思想的物质不可能拥有观念

巴克莱指出："有些人把各种性质分为第一性的和第二性的两种。前者指广延、形相、运动、静止、坚实性或不可入性与数目，后者指的是其他的可感性质，例如颜色、声音、滋味等等。我们对后一种性质所有的观念，他们承认不是心外的或不被感知之物的肖像。不过，他们却认为，人心对于第一性的质所拥有的观念是心外存在的事物的摹本(pattens)或肖像(images)，而那些事物是存在于被称为物质的一种不能思想的实体之内的。因此，所谓物质就是一种不自动、无感觉的实体，其中存在着广延、形相、运动。"① 《人类知识原理》中这段话所说的物质与《三篇对话》稍有不同。后者的第一篇对话着重批判了这种不思想而又拥有观念的物质。然而在那里巴克莱没有把它说成仅仅是第

① 巴克莱:《人类知识原理》§9。

一性质存在其中的东西,而是说所有可感性质,即两种性质存在其内。只是随着论述的展开,在揭示了第二性质不可能存在不思想物质中以后,它才被归结为第一性质的拥有者,并由此进一步展开了批判。不过,这一差别并不重要。无论如何,在巴克莱看来,有一种物质观认为,可感的性质或者说仅仅是第一性质存在于某个物质的实体中,而这种实体本身是无感觉、不思想的。对这种物质的批判占据了巴克莱著作的不少篇幅,概括起来,它包括以下两个方面:

首先,第一性质和第二性质同样不可能存在于不思想的实体中。巴克莱接受和利用了当时较为流行的所谓第二性质是存在于人的感官中的观点,进而指出,第一性质与第二性质是不可分离的,他们的性质应该是相同的。“一句话,所谓广延、形相和运动,离开一切别的可感的性质,都是不可想象的。因此,这些别的性质是在什么地方存在,第一性质也就一定在什么地方存在,就是说,它们只在心中而不在别的地方存在。”① 既然第一性质也同第二性质一样仅存在于心中,那么所谓不思想的物质拥有性质的观点也就不成立了。

其次,说不思想的物质实体拥有观念或性质是一个明显的矛盾。诚然,由于观念或可感的性质本身是被动的,无法独立自存,所以必然存在于某种基质或实体中。但是究竟什么样的实体才能拥有或承担这样的观念呢?这个问题对巴克莱来说是简单明了的:既然一切对象“都不过是我们凭感官感知到的东西”也就是我们的感觉或观念,那么,“除了精神或能知觉的东西以

① 巴克莱:《人类知识原理》§ 10。

外,再没有任何别的实体”[1]。实体,只能是精神的心灵。因此,如果我们像唯物主义者那样承认物质实体的存在,即主张“一个被动的、无感觉的实体”,那么,作为观念的广延、形状、运动之类的性质怎么能够存在于这样一个不思想(unthinking)或不能感知(unperceiving)的实体中呢?换言之,怎么可以设想上帝或精神领域中的观念存在于与其在性质上根本不同的完全僵死而无思想的物质中呢?“所以很明显,所谓物质或有形实体的意念本身就包含着一个矛盾。”[2] 就凭这一点,不思想的物质实体就是不容接受的。

认为物质和精神截然两分,物质的东西不能思维,这的确是在当时有些人的唯物主义哲学中流行的观点,也是旧唯物主义的形而上学性和非科学性的重要表现。因此,巴克莱揭露物质概念本身的缺陷是有其积极意义的。但是,巴克莱的这一反驳却不能让人信服,这是因为,第一,他所谓的不思想的物质具有观念这一“矛盾”,其实并不矛盾,科学业已揭示而且日益证明,精神、思想是人脑这一物质的东西活动的产物或机能;用哲学的语言说,人脑即是精神现象的基质或实体。巴克莱由于科学上的局限而不懂得这一点。第二,早在中世纪和近代初期的哲学家那里,就有人提出物质能够思维的问题,例如英国唯名论哲学家邓斯·司各脱在批驳托马斯·阿奎那否认灵魂的物质性时,就曾指出,人的灵魂是形式和质料或物质的统一,物质是基础,思维、意志则是这个统一的灵魂的不同能力。可以说,他已暗示了物质可以思维这一见解。近代经验论的先驱弗兰西斯·培根也

---

① 巴克莱:《人类知识原理》§7。

② 同上书,§9。

提到过，物质本身就有欲求、理智、想象、记忆、嗜好，意志的根源在于物质的观点。巴克莱在批判不思想的物质观点时没有涉及到上述司各脱与培根等人的见解，要么是由于不了解历史，要么是有意回避问题，恐怕后者的可能性更大。

四、作为基质的物质概念是没有意义的

在批判了所谓性质存在于不思想的物质实体以内的观点以后，巴克莱又来回答这样的驳难："不过我要换一副眼光来考察可感的事物，把它们当作那么多样式同性质看，那我就不能不假设一种物质的基质，因为离了这种基质，我就不能设想它们的存在。"① 而且"它本身并非可感觉的，只有它的样式同性质是可以为感官所感知的"②。这就是说，从可感性质的依赖性看，它们必须有个基质的支托才可以存在，尽管它看不见，摸不着，但其存在则是必然的，否则就无法解释可感性质是何以存在的。如前所述，洛克的物质实体学说就是这一主张的典型。

巴克莱首先证明，说性质或偶性为物质的基质所支托会陷入荒谬的境地。他在《三篇对话》的第一篇中以广延为例作了如下分析：如果说基质支托偶性，那么它意味着它是在可感性质底下的东西。也就是说：它本身是"异于广延，外于广延"的东西。然而他进一步写道：我们不禁要问："一种东西如果没有广延，它能展开(extended)吗？"如果不能展开，就没法设想它支托性质，所以它必须能够展开。能展开的东西就是有广延的。但是这种基质所具有的广延"一定同它所支托的事物的广延不同了"。这

①② 巴克莱：《三篇对话》，见艾厄斯编《巴克莱哲学著作》第156页。

样一来，"一切有形的实体，一方面固然为广延的基质，另一方面自身又得有另一种广延，才能来做基质。这样推论下去，不是可以推到无限吗"？显然，这种说法本身充满了矛盾，即与基质是异于广延、外于广延的说法相矛盾，因而是极其荒谬的。假定改换一下名词，把基质换成实体，这也无济于事，因为要使一种东西支托另一种东西，它本身非得有广延不可。而有广延就不能支托自己，必须有另外一种有广延的事物来支托。如此推论的结果只能是永远也无法确定那个"异于广延，外于广延"的基质的存在。[①]

巴克莱进一步指出："显而易见，这里的支托不能用通常的、字面的意义来理解，就像我们说柱子支托着一个建筑物"，或者说一个人的腿支撑着他的身体一样。实际上，对于作为基质的物质实体，任何人都不会对它有确实的(positive)观念，也没有相对的观念。说到底，人们对它一无所知。所以，我们不能设想这样一种东西来作为可感性质的支托。[②] 在他看来，性质或偶性的支托是有的，但它不是物质的基质，而是精神的心灵。

最后，巴克莱对所谓物质的基质学说作了概括的分析和总结性批判。他说："我们如果研究一下最精确的哲学家所谓的物质实体究竟是什么意思，我们便会看到，他们承认在那些声音上并未附有别的意义，它只是一个一般存在的观念，其上附有它支托偶性这一相对的意念(notion)。在我看来，一般的存在观念是最抽象、最不包含别的东西的。至于它支托偶性，如我们刚刚考

---

① 参见艾厄斯编《巴克莱哲学著作》第156—157页。

② 巴克莱：《人类知识原理》§16；参考艾厄斯编《巴克莱哲学著作》第157—158页。

察过的那样，是无法用这些词通常有的意义来理解的，因此，我们必须承认它有别的意义。不过，那种意义究竟是什么，他们没有说明。这样，我在考究'物质的实体'这几个文字的两部分意思以后，我确信它们并没有清晰的意义。既如此，我们又何必再去自找麻烦，来讨论这种形相、运动以及其他可感性质的物质的基质或支托呢？要来讨论，岂不是假定它们可以脱离心灵而存在么？而且这不是明显的矛盾，完全不可想象的吗？"① 照巴克莱的说法，所谓物质的基质实际上是一个抽象的一般存在概念和模糊不清的"支托"概念相加的结果。由于一个抽掉了具体的性质的一般存在是空洞而无意义的概念，支托的含义又不为人们所知，所以，它们加在一起也根本无法说明物质基质的存在。

在巴克莱的不同形式的非物质论证中，也许这种超验的物质基质的批判是最容易被普通人所接受，并为科学所容许的。对于普通人来说，现实中存在的无非是可以为人感到的事物，它们本身就可以独立存在，不可设想也无需什么无广延、无大小、超验的基质来支托它们。普通人所不赞成的是巴克莱在排除了这种物质的基质以后，又为可感的事物去寻到精神的基质。巴克莱的拥护者会说，现代物理科学虽然可以借助先进的手段证明原子、质子、中子、介子等微粒子的存在，但是这些东西无疑是作为人的认识对象而存在的，它们没有超出人的认识能力而变成超验的基质，其广延和大小是可以借助仪器进行测量的；即便今天我们没有得到精确的测量和观察，将来总有一天会实现这一点。一句话，自然界中没有超验的自在之物作为现象的基质存在，也许这正是巴克莱的批判的合理性所在。

---

① 巴克莱：《人类知识原理》§17。

其实，对这种超验的物质基质的困惑在洛克那里已经显露出来了。一方面，洛克从可感性质必有其基质才能存在出发，推断出支托偶性的物质的实体的存在；另一方面，他又认为，不论是靠感觉，还是靠反省，我们都没有这种物质基质的观念。因此，“我们不能设想它们如何独立存在或在相互依托中存在”①。主张这种不知其为何物的基质支托着性质或观念，就像某些印度哲学家主张地球由大象驮着，大象又由乌龟驮着一样可笑。但是，由于洛克没有放弃可感性质必须有物支托才能存在这一前提，所以无论他对这种物质基质的概念怎样不满意，都不可避免地肯定了它的存在。巴克莱接着洛克来研究这一问题。他指出：洛克的不可知的物质基质学说是对物质实体的“嘲弄”②。可感的性质必须存在于某个实体中，但是这种实体不是物质，而是精神或心灵。这样他就以唯心的方式解释了长期困惑洛克和其他哲学家的一个难题。

五、观念只能与观念相似

“观念只能与观念相似”是巴克莱哲学中的一个重要命题，也是他非难物质实体学说的主要方式之一。它在《人类知识原理》的第8、9节和《三篇对话》的第一篇的末尾得到了集中的论述。

人们可能会这样说：“虽然各种观念自身不能离开人心而存在，然而却可能存在着与它们相类似的东西。各种观念是它们

① 洛克：《人类理智论》第267页，译文有改动。

② 巴克莱：《哲学评论》第89条。

的模仿和肖像(copies and resemblances),那些东西离开心灵而存在于一个不能思想的实体中。"① 换句话说,我们的观念并不在心外存在,但是它们所摹拟、所表象的那种原型(archetypes)是在心外存在的。这个原型或者是外部对象,或者存在于不思想的物质实体中。

首先,巴克莱回答说:"一个观念只能和观念相似,并不能与别的相似。"②这里所谓"相似",意思是说当一物与另一物相对照和比较时,其一是另一的反映和摹仿。有反映和摹仿,就有被反映和被摹仿者,或原型存在。但是在巴克莱看来,人的感官能力不可能超出人的感觉观念的范围,因此,被反映者或观念的原型也只能是某种感觉或观念,而决不是心外之物。所以他说:"一种颜色或形相只能与别的颜色或形相相似,不能与任何别的东西相似。"③这里所说的相似关系,不仅存在于作为自然界事物的感官的观念中,而且更重要的是存在于感官的观念与想象的观念中。如在第四章所指出的,想象的观念不是实在的事物,而是实在物或感官的观念的反映,因此它本身是暗淡不清的。但是无论相似性存在于哪种关系中,作为原型的只能是感官的观念。巴克莱说:"只要稍稍考察一下自己的思想,我们就会发现,除了在观念之间以外,我们不可能设想一种相似性。"④

其次,巴克莱认为,假定有外部原型,它也是不能被模仿的。他写道:"我们还可以问,各种观念所摹拟和表象的那些假设的原本(originals)或外部事物,本身是不是可以感知的?如果是,它们就是观念。我们已经赢得了这一点。如果你说它们是不能被感知的,那么请问任何人,肯定颜色和一种不可见的东西相

①②③④ 巴克莱:《人类知识原理》§8。

似，硬或软跟一种不可触的东西相似，那是否是一种有意义的说法。说到其他性质也是一样。"① 简言之，人不能感知他无法感知的东西。凡可以作为被反映者和原型的都是可感的观念，它们只存在于某种精神实体中，而不可能存在于一个不思想的物质实体中。不承认这一点就会陷入自相矛盾。②

还有，巴克莱认为，可变的观念无法模仿不变的原型。如果人心之外存在着物质的原型，那它就"显然有一种固定的实在的本性"。人的身体的变化，如改变姿势和运动，都不可能影响到这种本质。但是，众所周知的是，我们的观念是变化无常的。这样，可变的观念反映或表象不变的物质原型就大成问题了。"换句话说，一切可感性质，如大小、形相或颜色等等，也就是我们的观念，既然常常随着距离、媒介或感觉工具等等的变化而发生变化，那么有定的物质的对象如何可以被各种厘然有别，互不相同的东西所表象、所摹写呢?"对于这一诘难，主张有心外的物质原型的人不知道如何回答是好，只好承认对物质原型究竟是什么"茫然无所知"③。在巴克莱看来，变化的概念是不可能模仿和表象不可见的、不变的事物的。既然不能被表现，原型就是不可知之物。而不可知的事物的存在是不可思议的。

可见，巴克莱上述批判是以"对象与感觉原是一种东西"为前提的。在他看来，"原型"就是对象。既然对象就是人所具有的感官观念，它们不能存在于人心以外，那也就不可能有人心以外的什么原型了。因此可以说，巴克莱对物质原型论的批判只

---

① 巴克莱:《人类知识原理》§8。

② 参考巴克莱:《人类知识原理》§9。

③ 参见巴克莱:《三篇对话》，见艾厄斯编《巴克莱哲学著作》第163页。

是他对“外部对象”的批判的翻版。

六、物质不能成为产生观念的原因、工具或偶因

在巴克莱那里，可感的观念及其集合就是实在的事物。那么，它们是从哪里来的呢？在回答这样的问题时，许多哲学家认为，可感的对象本身是被动的，是被产生者，因此，它们不能成为自己产生的原因。其原因是有的，这就是物质。有的经院哲学家既主张上帝创造万物，同时又承认有形的物质为对象的原因。在他们看来，纵然“上帝是万物最高的、最普遍的原因”，我们也无法否认另有东西是观念的“附属的、有限的原因”。尽管对于这个东西的本身究竟是什么，我们一无所知，但我们“不能不称之为物质。”①

巴克莱信奉的前提是：“自身没有具备的东西，便不能施于外物。”② 如果说物质是观念的原因，那么，它自身必须首先是有活力的、能动的。然而，物质的通常意义是指“一种有广延的、坚实的、被动的、无思想的、不自动的实体”③。既如此，那么首先，这种物质是不可能存在的，这一点早已在前面证明过。其次，即使它存在，也无法成为观念的原因。巴克莱在《三篇对话》中说：“不自动的东西如何成为一个原因呢？不思想的东西，如何可以成为思想的原因呢？您自然可以任意在普通所谓物质一

① 参见巴克莱:《三篇对话》,见艾厄斯编《巴克莱哲学著作》第 171 页。

② 巴克莱:《三篇对话》,见艾厄斯编《巴克莱哲学著作》第 187 页注①。

③ 同上书,第 172 页。

词上加以和通用含义相反的意义并告诉我说,您所谓的无广延、能思想的、能自动的东西,并且可以成为观念的原因。不过这种说法,除了玩弄字义以外,除了陷入您方才以正理所鄙弃的错误而外,还有什么意义呢?"①

在他看来,被动的可感物诚然需要产生它们的原因。但它不是什么被动的、无思想的物质,而是"无形的、自动的实体或精神"②。更具体地讲,这种原因也不是人的精神或心灵,而是全知全能的上帝。和上帝相比,人心是有限的精神,它的功能在于用其理智感知对象,拥有感官的观念;它的意志也可以创造出想象的观念和其他更加飘渺不定的观念,但是它不能创造出感官的观念及其集合物。上帝是它们的惟一的生成因和充足理由。

人们还可能问,虽然上帝是观念的原因,物质不是原因,但是,正如一个钟表匠在生产钟表时需要一定的器械和工具一样,上帝是否也利用物质这一工具,以产生各种观念呢?对此,巴克莱反驳说:如果真有这样的工具的话,那它必定有一定的体积、广延和运动。但是,这些性质,正如业已表明的那样,只能是存在于人心中的观念,而不是不运动、无思想的实体的性质,而一个没有广延、大小和运动的物质,一个不知其为何物的东西,是不能设想为上帝用以产生观念的工具的。持物质工具论的人只是坚持这种工具的存在,而不能说明它之所以存在的理由。因此,巴克莱进一步说:"我如果看不到有可以相信某种事物的理由,那便是我所以不相信它的存在的充分理由。……实在说来,您甚至不让我知道您所要我相信的那东西是什么,因为您分明

---

① 巴克莱:《三篇对话》,见艾厄斯编《巴克莱哲学著作》第172页。

② 巴克莱:《人类知识原理》§26。

说对于那个东西自己并没有任何意念。不过,无论如何,我总得问问您,如果您对于一种事物,既不知其为何,又不知其理由,可是偏要无端地来信仰它,那么您还配得上做一个哲学家吗?还配得上做一个有常识的人吗?”①

物质工具论者最后说,虽然我还不知道物质是哪种具体的工具,“不过我有一种一般的工具概念,我就把它用到物质上”②。巴克莱指出:工具的作用在于帮助那些单凭意志的力量所无法完成的事情,而单凭意志就可以完成的工作是无需工具的。例如我们从来不用工具来指使自己的指头,因为那只凭意志的作用就行,而当移石拔树时,我们就需要工具了。如果把工具概念运用于上帝,显然是违反其神圣品德的。上帝是最高的主宰,他的意志力是人的意志力所远不可比拟的。“神的意志一经发动,便即完成,并无需乎工具。”③说上帝需要物质的工具来创造感官的观念,这实际上是把上帝贬低为有限的、和普通人一样的存在了。在巴克莱看来,这是对神的亵渎,因而是绝对不可容忍的。

即使物质不可能作为上帝产生观念的工具,那它“仍不妨是一个偶因(occasion)”,就是说,它“是不能自动、不能思想的一种存在,它出现时,上帝就在我们的心里刺激起各种观念来。”④同时,这种偶因是我们确认事物的齐一性和规律性的根据。在批判这种偶因论的时候,巴克莱首先像批判其他形式的物质实体一样,指出这种物质的偶因是人们感觉不到的,不知究竟是什么的东西,而一种东西如不为感觉和思考所知觉,人们也不知道它

①② 巴克莱:《三篇对话》,见艾厄斯编《巴克莱哲学著作》第173页。

③④ 巴克莱:《三篇对话》,见艾厄斯编《巴克莱哲学著作》第174页。

究竟在什么地方，以什么方式存在，其真实性就是毫无根据的。其次，物质既然不思想、无感觉，完全被动，又没有一切可感性质，就不能对观念的产生起任何作用。因此，“偶因”一词是毫无意义的[①]。最后，巴克莱说，观念事物产生的齐一性和规则性，根本用不着什么偶因的出现。“一个全知、全善、全能的精神的存在，就可以充分地解释一切自然现象。”[②]“我们如果要假设上帝被一种不能思想的实体所影响、所支配、所提醒以后，才能决定在什么时候应该做什么，那不是贬抑了上帝的品德吗？”[③]

从上述可以看出，巴克莱除了运用了前几节中提到的批判方式以外，这里主要利用了上帝这一在他看来是“战无不胜”的锐利武器。在他看来，只要上帝是最高的主宰和无所不能的创造者，那么，物质的实体，不论是作为产生观念的原因，还是工具或偶因，都是没有必要的。然而，这正是他的哲学的最根本的错误所在。实际上，上帝不过是人的本质的异化，一个虚幻的概念罢了。被巴克莱说成是观念的自然界事物自生自灭，根本用不着超自然的原因；超验的上帝和物质实体一样都不能成为自然现象的产生者。

七、关于“先验证明”的主要手法

以上几节所介绍和评论的巴克莱对几种物质论的批判，就是他的“先验证明”。在阐述巴克莱如何后验地批判物质实体论

① 参见巴克莱：《人类知识原理》§69。

② 同上书，§72。

③ 巴克莱：《三篇对话》，见艾厄斯编《巴克莱哲学著作》第175页。

之前，这里先试图对他的先验证明的主要手法做一简要的剖析。

巴克莱先验地批判物质实体的最主要的手法就是揭露物质实体概念本身的矛盾。他指出："如果在一种东西的定义中，我们已证明其中所含的各种观念的矛盾，那种东西就算是不可能的了。"① 在他看来，"有许多东西虽然我同其他任何人对于它们没有任何观念，它们依然可以存在。不过，这些东西必须是可能的才行；它们的定义中没有含着矛盾才行。"② 这就是说，凡是一个自身没有矛盾的概念，才可能在现实中有相应的存在。反过来，一个矛盾的概念是没有意义的，它本身就表明不可能在现实中有真正的存在。正是从这一点出发，巴克莱才得出了这样的结论：自然中的对象都是我们的感官所能直接感到的观念，它们只能存在于人心之中，因此，说对象作为外物存在是矛盾的；观念是精神性的，精神性的东西只能存在于精神实体中，或者说只能被精神实体所拥有，说不思想的物质实体拥有观念是自相矛盾；同样，物质的基质是心外之物，广延只能是人的一种观念，认为作为支托性质的物质是一种有广延的基质也是不通的；观念只能与观念相似，主张它与观念范围以外的物质的原型相似是矛盾的；本身不动的东西不能成为产生事物的原因，说不动的物质实体产生观念是自相矛盾的；上帝是无所不能的，认为他在产生观念时以物质为工具或偶因是与他的本性相矛盾的。因此，物质的实体，不论被称作外物、不思想的实体、基质、原型、原因、工具和偶因，都是不可能存在的。可见，巴克莱的这一手法贯穿于他的先验证明的各个方面，是他用以反驳物质实体学

---

① 巴克莱：《三篇对话》，见艾厄斯编《巴克莱哲学著作》第 179 页。

② 同上书，第 184—185 页。

说的最普遍、最"有力"的武器。

其实,用指出一个概念或命题的逻辑矛盾来驳斥这个概念和命题的真实性,这是古已有之的通常方法。在近代,笛卡尔、斯宾诺莎和莱布尼茨在论述事物的可能性和现实性的时候,也都是从分析一个概念本身是否具有矛盾入手的。例如,稍早于巴克莱的莱布尼茨就曾这样批判过物质概念:首先,物质的原子必定是有广延的,有广延就意味着无限可分,而原子在希腊文中的本意就是"不可分"的意思,因此,物质的原子这一概念本身就是自相矛盾的。其次,实体的本意是指某种独立存在而不受他物决定的东西,物质既是完全被动的,受他物决定的,那么,说他是实体也是矛盾的。为了克服机械唯物主义的物质观的上述矛盾,莱布尼茨才提出一种精神性的单子来作为实体①。巴克莱的驳难与莱布尼茨的批判在很大程度上是相似的,尽管事实上他并没有受到过后者的启示。

问题是巴克莱的这一手法是不是真正能够达到否认物质存在的目的。我们承认,被动的物质不能产生其他事物,不思想的物质也无法拥有精神性的观念,可感的观念也无法模仿和表象不可感的原型,还有,超验的物质不可能成为认知的对象。这就是说,从一个概念或命题本身的矛盾证明其存在的不可能性的方法是有效的,逻辑的证明在一定的范围内是可行的。这个范围在这里就是机械唯物主义和传统形而上学的物质观,即认为物质是被动的、不思想的,或者存在于可感现象背后的。就此而论,巴克莱的批判对克服旧唯物主义和形而上学是有意义的。他的目的也可以说是达到了。因为他就是以清除这样的物质实

---

① 参考莱布尼茨《人类理智新论》译者序言,商务印书馆1982年版,第xxi页。

体为主要使命的。

巴克莱的另一重要手法就是反对抽象。在他看来，抽象的意义主要有两点，一是在思想上把一个事物和另一事物，或者把一个事物的一种性质和其他性质分离开来(seperate, abstract)；一是说在这种分离的基础上形成一个抽象的一般观念，(abstract general idea)，它是事物的普通概念或共名(general name)，如既不是直角，也不是钝角的"三角形"，既不是彼得，也不是詹姆斯的"人"。巴克莱的抽象学说包含丰富的内容，而且十分复杂，我们将在第八章中详细论述。这里只分析它作为反对物质实体的方法的作用和意义。

在巴克莱看来，抽象学说是物质实体理论之所以产生的根源。首先，外物是对象与人的主体分离的结果。按他的原理，"对象和感觉原是一种东西，因此是不能相互分离的。"① 但是主张物质实体存在的人却无不认为对象与感觉是两回事。他们"把可感对象的存在及其被知觉一事分离，以为它们可以不被知觉而存在"②，这样就把对象物变成了与人的心灵不相干的"外物"或物质的实体。无疑，巴克莱确实揭示了他与唯物主义者的根本分歧。对于他来说，对象必须在心内，或必须与主体相联系而存在，而对唯物主义者来讲，对象必须在心外，必须独立于人心。但是问题在于，事实上，如前所述，后者的物质实体却不是由于把对象从感觉、观念中分离出去并脱离人心而形成的，而是从本体论的角度看待世界的结果。

其次，有形的实体(corporeal substance)是使两性质分离造成的。他认为各种可感性质是紧密结合在一起，因而是不能抽象

①② 巴克莱：《人类知识原理》§5。

的。但唯物主义者却首先把第一性质和第二性质分开,使前者成为抽象的广延、运动、大小等等,而且认为第一性质是物质本身所具有的,这样的结果就是承认在人的心灵以外存在着一个具有广延、大小、运动的物质实体。但是,巴克莱认为,这样的抽象是办不到的。第一性质也如第二性质一样,只存在于人心之中。所谓抽象的第一性质,连同它们寓于其中的不思想的实体,都是不成立的①。

再次,物质的基质作为抽象的一般概念是没有意义的。巴克莱指出,物质的基质是一般的存在观念加上支托偶性的意念构成的。而一般的存在则是完全脱离了各种可感性质的最抽象、最不可思议的东西。同时,"支托"的意义也是不明确的。因此,物质的基质是不成立的。此外,巴克莱所说的作为观念的原型、产生观念的原因,或上帝产生观念的工具和偶因的物质实体,也都是脱离了各种可感性质,独立于人心而存在的,因此,也都属于抽象的物质实体。

巴克莱站在经验论立场上看问题,必然否认抽象的可能性。在他看来,世界上的一切事物都是人们可以感知到的对象,这就是感官的观念及其集合,它们是具体的最实在的自然界事物,对象一旦与性质分开,与性质的拥有者人心分开,那它就会变得不够真实,而且,这种分离或抽象的程度越高,所产生的抽象物就越加远离实在性。在欧洲哲学史上,有一些哲学家,特别是中世纪的英国哲学家,如罗吉尔·培根,邓斯·司各脱,威廉·奥康,主张一种唯名论哲学。在他们看来,个别的、具体的事物是真正实在的,抽象、普遍的一般则不够实在,而且越抽象、越普遍,就越

---

① 参见巴克莱:《人类知识原理》§ 10,11。

不实在。它们或者是代表事物共同本质的共名，或者只是一个空洞的名词和某种声音。显而易见，巴克莱用抽象理论反驳物质实体的方式是属于唯名论的。当然，他的理论与传统的唯名论是有区别的。后者反对一般的实在性，肯定的是在人们之外独立存在着的个体物质的实际存在，因此是一种近乎唯物主义的哲学形式。而巴克莱则反其道而行之，他在否认“外部物质”的同时，肯定的是上帝创造并与人心相关的观念物的存在，因而属于唯心论。

巴克莱所说的实在性，就是具体的活生生的感性对象。由此似可以认为，所谓脱离具体的性质而在人心以外的抽象的物质，尤其是抽象的一般的物质概念，其实在性的确是难以设想的。在这个意义上，他的批判也起到了否认物质实体，维护其哲学原理的作用。从思维方式上讲，这一理论被有的学者称之为“具体的思维”，或当下的感性直观。这实际上是一种狭隘经验论的思维方式。依照这种方式，人的认识永远也超不出直接的经验，一切抽象的概念和知识都是不可能的。

此外，巴克莱认为，凡是不可知的，或者不能被清楚地设想的，就是不可能存在的。这也是他惯用的又一反物质实体学说的手法。照他的见解，我们知觉事物，不是直接凭着感官，就是间接地凭着理性的反思。物质实体是心外之物，而心灵能够达到的只是感觉的范围，这样人心便不会拥有物质实体的观念，无法通过感官对它有任何认识；同时，由于人的理性是在感觉观念的基础上进行推论、进行判断的，感觉观念不曾反映物质实体的面貌，那么理性也就不可能推论出它究竟是什么样子。这样，物质实体就成了一个人们不知其为何物之物，一个纯粹的假设。例如对于哲学上流行的物质的基质或观念的支托物，我们不论从感官,还是从理性,都无从对它有任何认识,此外,“支托”的意思也是含糊不清的,因此,说这样的东西存在是没有意义,不可思议的。

在他看来,一物之所以存在,必有其理由,而这种理由是人们应该认识,可以提供出来的。物质的实体是不可知的,人们无法说明其存在的根据,所以它是没有理由,或者说不可能存在的。巴克莱的这种批判方法是成问题的。因为从逻辑上看,从不可知不能推出不存在,只能推出不知其存在,而不知其存在不等于不存在。两者的意义迥然不同。从认识论上讲,人的心灵不可能在某一时刻认识一切事物。在认识上或理论上不能提供其存在的理由是正常的事,但这丝毫不意味着危及事物本身的存在。事物的存在是一回事,人是否具有它的认识是另一回事,这是最基本的常识,巴克莱的这一手法不能不说是拙劣的。稍后的休谟很欣赏他的非物质主义哲学,但他显然比巴克莱来得巧妙。在他那里,我们只知道自己的感觉印象,在它们之外是否有物质存在我们是不知道的。仅此而已。在康德哲学中,人们所能够认识的现象和巴克莱的观念世界并没有本质的区别,但他一再宣称现象之后有“自在之物”存在着,它虽然不可知,然而其存在却是必然无疑的。尽管人们对这种自在之物的概念也有许多怀疑,它的存在也不足以令人信服,但它至少从理论上克服了巴克莱的弱点。

与此相联系,巴克莱还使用这样的手法:一个否定性的概念是毫无意义的。唯物主义者可能这样说,“物质既不是实体,也不是偶性,既不是有思想的东西,也不是有广延的东西,既非原因,也非工具,也非偶因,只是与这些东西差异,而为我们完全不能知道的一种东西。”① 一句话，我们只知道它不是什么，而不知道它是什么。巴克莱认为，这种纯粹否定性的物质“抽离了感觉和被感知，抽掉了精神同观念”，因此，假如它不是根本不存在，那也是“毫无意义的”。实际上这种物质纯系子虚乌有。“如果您觉得合适，您就可以照别人用虚无(nothing)一词的意义来应用物质一词，并把物质和虚无两个名词互相调换。”② 诚然，否定的物质概念无法告诉人们是什么，无法代表一种实在的东西，因此，硬坚持它的实在性是不妥当的。但是，相反的做法，即断定否定的物质概念与虚无同义，也是不妥当的。这是因为，正如前面所分析的，不可知的物质实体，否定性的物质概念，本身并不必然意味着不可能不在实际中存在。

八、否认物质实体的“后验证明”

在巴克莱看来，关于物质或物质实体存在的理论，在人类知识即哲学、科学以及宗教领域中，造成了严重的错误和混乱，带来了极大的危害。揭露物质实体论的种种恶果，以论证其不可能存在，这便是巴克莱“后验的证明”的任务③。

第一，巴克莱指出：承认物质的存在，就会导致把世界二重化，在哲学上陷入否认人类知识的确实性的怀疑论。他说：“由于假定感觉对象的双重存在，即一重为可理解的(intelligible)，或在心中的，一重为实在(real)而脱离心灵的，我们已陷入了很危

① 巴克莱：《三篇对话》，见艾厄斯编《巴克莱哲学著作》第175页。

② 巴克莱：《人类知识原理》§80。

③ 巴克莱：《人类知识原理》§85，21。

险的错误。因为这种假设,我们便以为不能思想的事物,就独自有一种不被精神所感知的自然的存在。这个意见,我已指出是最无根据,而且是最荒谬的,它正是怀疑主义的根源。因为如果人们相信实在的事物存在于心外,并且以为自己的知识,只有在符合实在的事物时才是真实的,那它们就自然丝毫不能确信自己具有真知识了。"① 在巴克莱的心目中,知识的对象就是感官的观念,而且自然中再没有其他对象存在。如果在承认心内的感官对象时,再主张一个心外的世界,这就是把统一的世界二重化了。这样一来,人们对于此岸世界即观念对象的知识,由于不可能跟心外的或彼岸世界的实在相契合,其真实性就完全失去了基础,因而变成虚幻的观念了。巴克莱的实际目的,在于证明人类对于感官观念的知识是确定无疑的,关于心外世界的存在的假设是没有必要,毫无意义的。巴克莱这一指责的合理性,在于表明了对象与主体的相互依赖,相辅相成的关系。如果仅从认识论的角度看问题,主张纯粹的心外之物的存在是有缺陷的,也可以用他的语言来说,是把世界二重化了。但是如我们前面所分析的那样,唯物主义承认心外之物的存在,是从本体论的角度得出的结论。因此不存在一个把世界二重化的问题。

第二,巴克莱认为,如果承认物质实体的存在,就会在哲学中造成种种难题。这些难题有:"有形的实体能否思维?物质是不是无限可分的?物质怎样作用于精神?"② 按照巴克莱的推论,哲学家们所主张的物质是纯粹被动的,无感觉、不思想的。因此人们会问,这样的物体如何能产生思想呢?有广延的物质

---

① 巴克莱:《人类知识原理》§ 86。

② 同上书, § 85。

是可分的，但并不意味着它可以无限分割下去。照巴克莱的意见，“一尺之棰，日取其半”，可以持续一段时间，但决不可能“万世不竭”。一旦超出了人的感知能力，它就变成了超验之物，而超验之物的可分性是不可思议的。至于物质能否作用于思想的问题，巴克莱认为，这个提法也是荒唐的。因为按他心目中的唯物主义者的基本见解，物质和心灵分属于两个完全不同的世界，而且物质是完全没有活动能力的，既如此，怎么可以设想它能作用于心灵，进而产生观念和认识呢？然而，就是这样一些晦涩难懂，不可思议的问题，却为古往今来的哲学家们所钟爱，使他们在研究中“得到了无限的乐趣”①。他认为，其实它只能使人们陷入永无休止的、毫无意义的论争。由于这些问题的提出是以物质的存在为前提的，所以只要取消物质实体，它们也就没有存在的余地，哲学界的斗士们就自然会偃旗息鼓，休战议和了。

巴克莱提出的上述三个难题的确在哲学史上出现过。邓斯·司各脱，弗兰西斯·培根，约翰·洛克等人都作出过物质是否有思维能力的猜测，其中洛克就曾指出，对于“纯粹的‘物质的东西’是否也在思想”的问题是难以作出明确判断的，他本人既不能对由“物质”和“思想”组成的句子作出肯定的判断，而断言“物质能思想”，也不能得出否定的判断，从而断言“物质不能思想”②。但是，在我们看来，对问题能否作明确的、肯定的答复，与问题本身是否应该提出和存在是不同的事情。回答问题，尤其是回答难题需要具备必要的条件，在条件不具备时，问题就不易回答或者回答得不令人满意，但是问题依然有存在的必要，它

---

① 巴克莱：《人类知识原理》§86。

② 洛克：《人类理智论》第4卷，第3章，第6节。

可能会在以后的过程中继续得到解答。取消问题和问题本身所依赖的基础是不讲道理的表现。“物质能否思维”之类的问题在18世纪及以前的许多哲学家那里是难以获得明确、科学的答案的，但不能因此而取消这些问题和物质实体的存在。在我们看来，巴克莱的做法名义上是“经济”省力的思维，实质上则是一种逃避主义、取消主义的态度。这种态度是由他的狭隘的经验主义的哲学原理所决定的。

第三，物质实体说是无神论和异端邪说的亲朋密友，正统宗教的仇敌。照巴克莱的解释，世界及其一切事物都是上帝按照自己的意志创造出来的，因此，都无一例外地包容于神内。神是精神性的实体，因此他所创造的一切也都属于精神的派生物。但是，假如物质实体存在，它就会由于其物质性而存在于精神实体和上帝之外，造成与上帝并驾齐驱的局面，使得有些人就根本不相信上帝而只相信物质的存在，从而主张无神论；也有人尽管承认上帝的真实性，但同时亦强调物质实体的重要性，这实际上是一种“反宗教”(irreligion)的异端邪说。因此，巴克莱这样写道：“物质的实体从来就是无神论者的莫逆之交，这一层是无须申论的。他们所有的一切妖妄的系统，都分明地、必然地依靠于物质的实体。因此，一旦把这块基石除掉，整个的大厦就只有倾覆了。”①

第四，与上述相联系，巴克莱还认为，主张物质的存在还是命定论(fatalism)和偶像崇拜(idolatry)的根源。由于唯物主义者和无神论者否认神意，否认神对于自然界一切事物的监督作用，这就“排除了一切自由，智慧和计划”，使那“自存在、无知的、无

① 巴克莱：《人类知识原理》§92。

思的实体成为一切存在物的根源。"这些人在解释事物的序列时,或者把它们归之于盲目的偶然性,或者归之于命运的必然性,二者都是由于物体的碰撞而引起的。如果把物质清除掉,伊壁鸠鲁派和霍布斯的信徒们的主张就无地自容了。还有,在巴克莱看来,许多人之所以崇拜太阳、月亮、星辰,甚至其他感官对象,这是因为他们视它们为独立存在的物质实体的缘故。他们一旦明白这些东西不过是观念而已,那就不会跪倒在它们脚下,转而去全心全意地崇拜上帝了①。

第五,物质实体还是索西尼主义(Socinianism)的基础。在16世纪,意大利的宗教家F·索西尼(Faustus Socinus)提出了一种关于基督的新见解。它认为,耶稣不是圣子,而是一个神圣的预言家,所以圣体也没有超自然的性质。这一学说的主旨在于否认基督的神性,以理性来解释人的原罪和救赎。这在当时自然被正统的教派视为异端邪说。在巴克莱看来,否认圣体的超自然本性,也就是否认宗教上的复活论。而"他们那些最堂皇的驳难不是建立在物质实体的假设上吗?他们不是假设,物体的同一性(Same)不在于形式,不在于被感官所感知的东西,而在于形变而实不变的物质的实体吗?"② 而物质的实体一旦去掉,这种异端也就"根本不能成立了"。

应该说,物质实体的存在确是与宗教教义相矛盾、相抵触的。巴克莱算是看清了问题的实质。但是,他以此反驳物质的存在却不但是不足取的,而且是完全错误的。实际上,宗教本身就是虚幻的产物。因此,与它相违背、相对立的见解不一定是错

① 巴克莱:《人类知识原理》§ 93—94。

② 巴克莱:《人类知识原理》§ 95。

误的。从本体论上说，唯物主义、无神论主张物质的实体，否认超验的、虚幻的上帝的作用，是无可非议、完全正确的；异端教派由于倾向于物质的存在而对正统神学表示的怀疑，也是具有进步意义的。在这个意义上，巴克莱的论证就显得软弱无力，甚至荒谬了。

第六，巴克莱指出，物质实体学说也在“自然哲学和数学”中引起了种种混乱。在他看来，怀疑主义者在自然哲学这个领域中一向占居上风。他们极力鼓吹不为人知的事物的真正实在的(true and real)本性，“实在的本质”(real essence)之类，从而不相信我们的感官的认识能力，否认知识的可靠性。有些人还使用“内在的本质”(inward essence)解释事物各种性质的源泉，用“隐蔽的质”(Occult qualities)来说明各种现象的原因。这些都是由承认超感官的物质引起的玄思和假设。它们非但没有正确解释自然界的现象和事物的本质，反而造成了种种的麻烦[1]。正如我们多次表明的那样，巴克莱对于超验的实体和本质的批驳是值得肯定的，是他的哲学的重要功绩。

在谈到力学中的万有引力时，巴克莱指出：现时盛行的一条伟大的力学原理就是吸引作用，就是说，“任何物体都吸引别的物体，也被别的物体所吸引。”石头的降落是由于地球的吸引，海水的涨潮是由于月亮的吸引。凡此种种自然现象都可以用吸引力来说明。这样的解释无法为人的感觉经验来证实，因此“对于大多数人来说是莫名其妙的。”实际上，根本不存在物体间的这种相互吸引作用，一切现象“都完全依赖于主宰的精神(governing spirit)的意志，它根据不同的规则促使某些物体结合在一起，

---

① 巴克莱：《人类知识原理》§ 101—102。

或相互吸引,而使另一些物体拉开距离”①。在这里,巴克莱又一次企图回避和取消难以用感官经验解释的现象和问题,并代之以宗教神学的答案,从而走向了科学的反面。

此外,巴克莱还认为,由于物质实体学说,也由于当时流行的抽象理论,还使牛顿等人错误地在自然哲学中提出绝对的时间和空间观念,在数学中错误地认为无限可分性是微积分的基础,这些都是不可思议的②。这些内容我们将在另外的章节中详细介绍。

巴克莱在逐次列举和批评了物质实体学说给哲学、宗教和科学带来的严重恶果以后,提出了下面的总结,从而归纳了“物质”的毒害,重申了消除物质的必要和他本人的学说的合理性。他说:“我们已经指出,物质或有形对象的绝对存在,是一切知识,包括世俗的和神学的知识,当然而有害的大敌所盘踞的堡垒和营寨。的确,如果把不能思想的东西的实在存在和其被感知分开,并且承认它们是在精神的心灵以外的一种实体,那么,(1)自然中的任何事物都不能得到说明,相反,许多无法解决的难题便因此而生;(2)物质的假设纯粹是任意的,它从没有任何理由为基础;(3)它的各种后果也经不起检验的光线和自由的审查,不过是用不可思议的无限这样一些模糊不清和一般的妄语来掩饰自己罢了;(4)如果我们把物质去掉,丝毫也不会产生坏的后果,世上并不需要它,而且离了它,一切都将照旧并更易于设想;(5)如果我们假设只有精神和观念,怀疑主义者和无神论者都会永远闭口无言,事物的系统就会完全符合于理性和宗

① 巴克莱:《人类知识原理》§ 103—104。
② 同上书,§ 110—132。

教。”①

综观巴克莱的非物质论的后验证明，可以明确看出，巴克莱的基本思路是，凡引起难题的，都是应该除掉的，物质这一概念在哲学、科学和宗教方面招致了不少的困难和麻烦，所以理应被清除。这一推论的前提显然是错误的。在任何时候，任何知识的分支内都会有难题存在，都有未知的领域。但是，未知的、难知的并不一定是不应该知的，不能知的。正确的态度是正视困难，研究和解决问题，而不是回避和取消问题。就这个意义上说，后验的证明比先验的证明更加缺乏力量，也更加错误。从事实上看，巴克莱的论证也有不少的错误，因为他所面对的“物质能否思维”之类的难题已大都随着科学的发展而得到了解决，原本神秘莫测的东西正在日益明确或者已经明确了。当然，巴克莱对于机械唯物主义和经院学者所主张的不动的实体和隐蔽的质的揭露，还是合理的，有历史意义的。

① 巴克莱：《人类知识原理》§133。

第六章

精神实体论

巴克莱否认物质实体的存在,但不否认所有实体的存在。反之,他的哲学是包含实体学说,并以实体的存在为前提的。在他看来,“存在就是被感知”这一新原理本身就暗示了某种实体的存在,即观念的感知者的存在。照他的分析,观念是此岸的,经验性的,因此,它们的感知者必定是精神性的实体。巴克莱把精神实体统称为心灵(minds)或精神(spirits),具体指上帝和人的灵魂。这一章的任务就是介绍和分析巴克莱的精神实体学说。巴克莱对于精神实体的论述是与宗教结合在一起的,而且其中的观点与传统的基督教相类似,在这个意义上,他的精神实体学说也就构成了其宗教哲学的基本内容。

一、精神实体的一般特征

巴克莱在否认了物质实体论的同时,暗中接受了笛卡尔、斯宾诺莎、洛克等人对于一般实体的看法。这就是:我们直接感到的对象或观念都是不能独立自存的。所以,它们必须存在于某个主体中,或者说依赖某种基质而存在。这样的主体或基质就是实体。在他看来,所谓的被动、不思想的、超感官的物质是不能担当起主体或基质的使命的,因此,真正的实体是精神,即上帝和人心。

上帝和人心,作为精神的实体,具有以下几个共同的特征:

第一,它们是真实的存在。"存在就是被感知"所直接肯定的是可感物的实在性。但他也包含了精神实体的存在,因为有被感知,就必定有感知和感知者。早在《哲学评论》中,巴克莱就提出过这样的命题:"存在在于被感知或感知。"① 在巴克莱的著作中,"实在"(reality)除了指可感的事物或感官的观念以外,有时也表示精神实体的实在性。根据他的见解,如果感官的观念是实在的事物,那么,它们所依赖的主体,也一定是实在的。

第二,精神实体是独立不依的存在者。精神与以依赖性为主要特征的观念相反,是完全不依赖它物而存在的,或者说它们是以自身为原因的、本来就存在着的东西。按照《圣经》的说法,上帝的独立自在是没有疑问的,它是其他一切事物存在的前提条件。在巴克莱看来,人的灵魂虽然比上帝低一层次,但其存在仍然是独立自主的。按理说,既然上帝是除他自己以外的一切事物的创造者,那么人的灵魂也理应是上帝的造物,其存在不能说是完全独立的。但是,巴克莱认为,它跟观念物相比却是独立不依的存在。

第三,精神实体是一切观念的原因。精神之所以是独立不依的存在,就在于他们本身是主动的,有创造力的。一切观念,不论是感官的、反省的还是想象的,都是精神实体的产物。上帝产生并印入人的感官的观念,它们及其集合就是自然界中实在的事物;人的意志力的发动产生想象的观念,它们或者是感官观

① 巴克莱:《哲学评论》第429条。

念的模仿,或者是虚无飘渺的梦幻。正因如此,一切观念都是精神性的,或者粗略地讲,都存在于精神实体中。

第四,精神是能思想的实体。在巴克莱那里,如果说传统哲学中的物质,其本性就是没有感觉,不能思想的话,那么与此恰好相反,精神实体的本质就在于它们能够感觉和思维。各种观念作为"思想的对象都是完全被动的,而且它们的存在只在于被感知"。与此恰好相反,由于"灵魂或精神"是自动的东西,所以,"其存在不在于被感知,而在于能够感知观念和能思想。"① 当然,上帝与人的感知和思想在意义上是有所区别的。上帝不具有和人一样的感官、理智和意志,因而不像人那样去感知、去思想。但他是全知、全能、最完满的存在和最高的智慧。因此,他是能感知、能思维的,而且其感知和思想的方式比我们人类更加完善,尽管我们对于他究竟如何感知,如何思想没有一种明确清晰的认识。

第五,精神实体是永生不灭的。巴克莱从基督教教义和神学出发,认为上帝的存在和时间没有关系,它是无始无终,永远存在的。上帝创造出世界上的事物,并且打在人的心灵上,即为人心所感知,从此才有了时间。人的灵魂也是不灭的。它是精神,它没有广延、形状、大小之类的观念,因而它不像自然界事物那样有一个分化瓦解的过程,不随物体的消灭而消灭。②

第六,精神实体是超验的存在。在巴克莱那里,时间、空间也如第一性质与第二性质一样是与人的心灵相关联的,因此,它们只存在于可以被人心感知的对象即自然界中的个别事物上。

---

① 巴克莱:《人类知识原理》§ 139。

② 同上书,§ 141。

对于上帝和人心这样的可感对象的创造者和依托物、神圣的能思想的实体,时间和空间是不适用的。它们不占据一定的处所,不在一定的时间序列中,因而是人所无法感知的、超验的存在者。

第七,精神实体不是知识的直接对象。和其他经验主义哲学家一样,巴克莱也主张一切知识都是从经验发源的。在他那里,经验和经验的对象是同一的,它包括人的感官直接感知到的事物即感官的观念,人的心理活动产生的反省观念以及心灵的想象力产生的想象的观念。由于上帝和人心是不在时间和空间以内的超验物,所以,人的心灵无法形成其观念。就此而论,精神实体不属于认识的对象。在巴克莱看来,严格意义上的知识就是经验知识或科学意义上的知识。上帝与人心不能成为经验的对象,人心无法拥有其观念,所以,人们也不会拥有关于他们的知识。

第八,人们只拥有精神实体的意念。不承认精神实体是知识的对象,否认拥有关于它的知识,实际上就是把上帝和人心排除到认识领域之外,宣布他们为完全不可知的"自在之物"。但是,巴克莱没有得出这样的结论。反之,他解释说,我们无法拥有上帝和人心的观念,并不等于说我们对这两种精神实体毫无所知。实际上,我们可以通过直觉反思或者推论而形成关于上帝和人心的意念(notion)。在巴克莱哲学中,"意念"这个词是专用来表示对于精神实体的认识的,它的意义与观念(idea)大不相同。形成某个事物的观念是指人的心灵拥有它的影像(image),也就是对那个事物有当下的、直接的把握。这种影像对应物可以在现实中找到,或者说可以还原为现实的对象。但是,当我们说拥有某物的意念时,心目中并没有它的影像,也不能在现实中找到其原型。实际上，它是由反思或者推论而来的模糊不清的概念，由此，我们只知道某物确实存在着，但对其存在的方式和面貌没有清楚明白的认识。①

巴克莱对于精神实体的上述八个特征的论述，构成了他的一般实体论，是他的形而上学的重要组成部分。我们还清楚地记得，巴克莱在他的驳物质论中主要是把矛头对准超验的自在之物，企图从形而上学的深渊里走出来的。然而他同时又承认永恒、超验不可认识的精神实体的存在，这就建立了自己的本体论，重新肯定了形而上学的价值和意义。由此看出，巴克莱反对的只是物质本体的形而上学，而不是精神本体的形而上学。对于后者，他不仅不反对，而且是竭力加强和使之完善的。为此，他往往被指责为没有在逻辑上坚持一贯性。他的批评者认为，如果“存在就是被感知”，那么，不能被感知的精神实体，以及物质的实体，都没有存在的理由。因此，承认任何实体的存在都是在逻辑上不允许的。巴克莱只否认物质实体，而主张精神实体的实在性是不讲道理的。稍后的休谟(David Hume)看到了这一点，正是为了克服这种矛盾，使自己的哲学保持逻辑上的一贯性，他才彻底放弃了对实体的探讨，而对上帝、人心和物质实体存在与否的问题保持缄默，不做任何肯定或否定的判断。这是一种彻底的回避形而上学的态度。

巴克莱的这种不一贯性是有其根源的，主要的是他从来也不想做一名彻底的经验主义者。一方面，他宣称可感物的存在就是被感知，即可以被人的心灵直接感知。这时，他是一个地道的经验主义者和反形而上学论者。另一方面，他又逻辑地从其

① 参见艾厄斯编《巴克莱哲学著作》第183页。

原理中引申出感知者，即精神实体的存在，而且认为它们的存在在于主动地“感知和思想”(perceive and think)，尽管它们是人的感官所看不见、摸不着的超验物。这时，巴克莱就站到理性主义的立场上去了。然而我们认为，在巴克莱那里，经验主义的方面占据主导地位，这是因为他的哲学起点，即“存在就是被感知”这一新原理，和由它而推论出来的许多命题和理论，例如，“物是观念的集合”，“观念只能和观念相似”以及他的自然哲学等等，都具有典型的经验主义的特征。理性主义在他那里明显地属于次要的成分。

用经验主义反驳物质实体的存在，即认为只有被人的感官感知到的才是实在，否则就不实在，是巴克莱“非物质主义”的一个重要方面。但是，这并不是他的惟一方式。实际上他也用理性的标准衡量过物质是否存在的问题。如上一章所述，在他看来，说被动的物质引起观念，不思想的物质产生或支托观念本身是矛盾的；人的理性无论怎样推论也得不出物质的存在等等，这都是他从理性方面反驳物质存在的表现。在衡量精神实体时，他使用的也是经验和理性这双重标准。用经验的标准衡量，精神也如物质一样属于超验的彼岸的世界，因而是不实在的；但如果用理性的推论则可以而且必定证明精神的存在。例如：如果说被动的、不思想的物质产生和支托观念是矛盾的，那么，能动的、能思想的精神产生和支托观念则是合乎逻辑、合乎理性的，就像笛卡尔从“我思”推出“我在”一样，巴克莱也一样认为，有被感知就一定有感知和感知者。他说：“我直接地或直观地知道我自己。”[①] 在巴克莱时代普遍流行的观点就是物质被动、精神主

① 巴克莱：《三篇对话》，见艾厄斯编《巴克莱哲学著作》第183页。

动；物质不思想，精神能思想，所以巴克莱从理性的方面否认物质的存在而证明精神的存在是有针对性、有实际理由的。就此而论，过多地指责巴克莱不是彻底的经验主义者就不必要了。真正值得指责的，真正不讲道理、荒唐可笑的倒是休谟，因为他主张没有精神的知觉和印象，没有主体的客体，从而使他的哲学变成了"无头脑的哲学"。由此看来，彻底的经验论并不比不彻底的经验论更正确。有时候，一个理论越彻底，越以一贯之，就越片面，越走向一个极端，因而越远离实际或真理。

当然，这里丝毫不意味着，巴克莱没有坚持彻底的经验主义，而从理性、逻辑的推论中得出上帝和人心这两种精神实体的结论比休谟不谈论一切实体的做法更好，更正确。其实，他们两人都是错误的。巴克莱的错误在于坚持了唯心主义的实体论，休谟的失足在于实际上否认了实体的存在，使认识失去了基础和主体，成了无源之水，无本之木。

二、关于上帝存在的证明

巴克莱作为一个虔诚的宗教徒兼哲学家，终生不渝地坚信上帝的存在，但他并不像教堂里的牧师那样直截了当地宣布上帝的存在，也没有像一般的基督徒那样简单地信奉他作为伟大的造物主的实在性。反之，他从理论上提供了上帝存在的理由和根据，从而构成了他关于上帝存在的几种证明。

巴克莱在《人类知识原理》第29节有这样一段话："不论怎样运用我的思想能力，我都发现，借感官现实地感到的观念并不依赖我的意志。在白天的时候，我只要一张开眼帘，便无力选择看或者不看，也不能决定哪些具体的对象要展现在我的面前。

至于听觉和其他的感官也是如此，印入其上的观念都不是我的意志的产物。因此，一定有别的意志或精神来产生它们。"这个别的精神就是上帝。照巴克莱的分析，世间事物的产生必有一定的原因。作为人的感官对象的观念物也不能例外。其可能的原因有四：第一，自己产生自己；第二，由物质实体产生；第三，由人的心灵产生；第四，由上帝产生。然而，由于"我们所感到的一切观念，感觉或事物，无论冠之以什么名称，都显然是被动的(inactive)，其中不包含任何力量或主动力(agency)。因此，每一观念或思想的对象都不能产生自己，或者说不能引起相互间的任何改变"①。这样，第一种可能性就被排除了。物质的实体的可能性更是不成立的，因为"我们已经表明，根本不存在有形的或物质的实体"②。至于第三种可能性，巴克莱反复强调，人的心灵虽然是主动的实体，但它的主动性主要表现在产生想象的观念方面，它没有能力成为感官对象的原因。现在就只剩下第四种可能性了。在巴克莱看来，"有一种心灵存在，他每时每刻都在以我所感到的可感印象影响我。……我所感到的事物是被无限的精神的理智(understanding)所知道，被他的意志所产生的"③。以上论述可以归结为这样一个推理：观念的产生一定是有原因的，观念、物质和人心都不可能成其为原因，所以只有主动的上帝是其原因。这种由果推因，即从观念的被动性出发，证明上帝存在的方式被许多西方巴克莱学者称为上帝的"被动性

① 巴克莱：《人类知识原理》§25，26。

② 同上书，§26。

③ 巴克莱：《三篇对话》，见艾厄斯编《巴克莱哲学著作》第171页；参见《哲学评论》第838条。

证明"(passivity argument)①。

其实,这种证明并不是巴克莱的发明创造,他显然受到亚里士多德和托马斯·阿奎那等人的影响。在亚里士多德那里,质料是被动的,只有主动的形式才是产生事物的动因,而真正的、最终的动力因就是神。神是自己不动但又产生运动的实体或"第一推动者"。托马斯·阿奎那提出了上帝存在的多种证明,其中之一与巴克莱的被动式证明肖似。他指出:现实世界中的各个事物都处于因果关系的链索之中,但其中的每一事物都不能产生自身,而必须以他物作为产生自己的原因。"因此,有一种最初的动力因,乃是必然的,这个最初的动力因,大家都称为上帝。"②

有的学者认为,巴克莱关于上帝存在的第二个证明是所谓"连续性证明"(continuity argument)。巴克莱说过:"天上的星辰,地上的山川景物,一句话,构成这个世界整体的一切物体,都不能脱离心灵而存在,它们的存在就是被感知或被知道,因此,只要它们没有被我现实地感知,或者说,只要不存在于我的心灵和其他被创造的精神中,那么,它们要么根本不存在,要么存在于某个永恒的精神中。"③ 早在《哲学评论》中,巴克莱就暗示或明确表述过当人不感知对象时上帝感知的思想。据此,贝内特(J. Bennet)作了如下的分析和推论:"(1)没有任何观念的集合物可以不被某种精神感知而存在;(2)对象是观念的集合;(3)当对象不被人的精神感知时,它们有时存在;(4)所以,有一个非人的精

① 有的学者如英国的但西(Dancy)亦称之为独立性证明(independent argument)。

② 北京大学编译《西方哲学原著选读》上卷,第262页。

③ 巴克莱:《人类知识原理》§6。

神，他有时感知对象。”[①] 简言之，所谓连续性证明是指，当人没有感知时，对象的连续性存在是由上帝来保证的。实际上，贝内特的阐述是不够准确的。上帝是永恒的，他持续不断地而不是“有时”感知世界上的事物，这样才保证了它们的连续存在，并非只是在人心不感知的时候才起作用(详见本书第三章)。

以上两种关于上帝的证明是由贝内特明确表述出来的。其中被动性的证明被多数巴克莱学者所接受。然而，连续性证明却遭到非议甚至否认。例如蒂波顿就这样认为。巴克莱在《人类知识原理》的1—5节中表明，凡未被人的心灵感知的东西就根本不存在，因而就产生了一个事物在未被人感知时的“中断”(discontinuity)问题。他意识到这样的“中断”有些不对劲，但“没有接受对象的连续性”(object - continuity)[②]。因此，所谓连续性证明不过是巴克莱的“暂时失常现象”(momentary aberration)。[③]就是说，他接触到对象的连续性问题，但并没有有意识地以此证明上帝的存在。沃那克、但西等人对这种证明的存在亦持保留或否定态度。贝内特虽然主张这种证明的存在，但他同时指出，它只存在于《人类知识原理》中，巴克莱在后来的《三篇对话》中就把它放弃了[④]。

我们认为，从一定意义上讲，在巴克莱那里是有一个对象的连续性问题，因此，关于上帝存在的连续性证明也是可以成立的。正如我们在第三章中分析的那样，严格地说，存在的被感知有两种情况，即被上帝感知，和被上帝和人心两者感知。由于上

---

① 贝内特：《洛克、巴克莱、休谟：核心问题》第169页。

②③ 蒂波顿：《巴克莱：非物质主义哲学》第326—327页；333页。

④ 参见贝内特：《洛克、巴克莱、休谟：核心问题》第176—177页。

帝感知的永恒性，所以后一种情况可以粗略地说是仅被人的心灵感知。就上帝永恒地感知，因而事物永远实在而言，不存在对象物的连续或中断的问题。问题在于，严格意义上的对象只能是与人相关联的现实和对象。当某个事物被人心感知时，它是现实的对象；一旦脱离开人心的当下的感知，它就由现实对象变成潜在的对象了。潜在的对象之所以还能够被人心在一定的条件下再度感知，即之所以可以作为潜在的对象而存在，除了人心这个条件以外，还在于上帝每时每刻的感知。正是他的感知保证了一切观念物的实在性，因而一旦人心感知到它们，这些事物就立时变成了现实的对象。换言之，正是由于上帝的连续不断的感知保持了潜在对象的实在性，才保持了对象的连续性和统一性。在这个意义上，连续性证明是成立的。但是，应该指出，和被动性证明相比，连续性证明是微弱的、不充分的。因为上帝只不过是为潜在或可能对象的存在提供了一个条件，另一个条件，即人的心灵的存在也是必不可少的。与此不同，被动性的证明则表明，实在事物完全是由上帝创造出来的，其来源是惟一的。

蒂波顿认为巴克莱的"连续性证明"只是"暂时的失常现象"是没有充分根据的。在巴克莱的所有著作中，他都承认未被人感知时的事物的实在性，而且无时不主张这种实在性是由上帝的感知来保证的。蒂波顿的错误主要在于误解了"存在就是被感知"这一命题，即把它仅仅理解为被人的心灵感知了。蒂波顿还引用巴克莱在《西里斯》(Siris)和《三篇对话》中的两段话来为自己辩护，因为巴克莱在那里说，上帝没有像人的感官那样的器官，因此，"他决不像我们那样感知事物，……上帝知道并且具有观念，但是，他的观念并非像我们那样是通过感官传递给自己的"①。然而蒂波顿似乎忘记了，巴克莱心目中的上帝是万能的，上帝虽没有感官，这并不妨碍他作为最高的智慧的感知能力。而且，在事实上，巴克莱在谈及上帝与观念的关系时，"感知"(perceive)一词是常常被使用的。

蒂波顿、戈雷令和其他许多人的另一个不当之处在于没有分清对象与事物在意义上的差别。在巴克莱那里，对象与实在事物是一种东西，但意义却有不同，对象是相对于人心而言的，由上帝和人心两者的感知来保证；实在物则可以仅仅相对上帝而言，仅由上帝的感知来保障。因此，对象有可能与现实两种形式；实在物则不然。② 蒂波顿等人没有正确区分可能的对象与现实的对象，所以没有充分地理解和正确评论巴克莱那里的对象的连续性问题。

贝内特所谓巴克莱在《三篇对话》中放弃了连续性证明的说法也是不符合事实的。因为和在《人类知识原理》中一样，巴克莱在《三篇对话》中多次证明，可感物必然存在于精神中，否则它们就不存在，"它们不是依赖于我的思想，而是具有不同于被我感知的存在，……有一个无限的、无时不在的上帝存在着，它包含和支托着可感的世界"③。贝内特借以证明巴克莱放弃了连续性证明的主要根据是《三篇对话》中的下面这段话："在上帝按照他所建立的秩序同方法，即按照我们现在所谓的自然法则，使一些事物可以为有智慧的生物所知觉时，我们能不说这些事物

---

① 巴克莱：《三篇对话》，见艾厄斯编《巴克莱哲学著作》第190—191页；参见《西里斯》§289。

② 详见本书第三章。

③ 巴克莱：《三篇对话》，见艾厄斯编《巴克莱哲学著作》第168页。

对于我们就算开始存在，或者被创造吗？如果你愿意的话，你可以称之为相对的，或者假设的存在。”① 这段话的意思是，上帝创造的本来意义就是产生观念并把它们赋予人的心灵，但是也可以承认圣经上所说的那种人类未诞生以前的创造。那种不与人相关的存在可以称之为相对的、假定的存在。在贝内特看来，巴克莱的这段话与《人类知识原理》中所坚持的未被人感知的事物由上帝感知并保持其实在性的话相矛盾，因此表明他取消了连续性证明。其实，巴克莱在这里把与人无关的事物说成是相对的或假设的存在，并没有把它们归结为非存在。所谓相对的、假设的存在即仅仅存在于上帝心中的事物，即人的潜在的或可能的对象。和既存在于上帝心中，又存在于人心中的事物相比，即和现实的对象相比，它的实在性还没有向人表现出来。由此可见，这段话并没有否认现实对象与可能对象之间的连续性，所以亦不能因此说他取消了连续性的证明。

除上述两种证明以外，洛伊朴(L. E. Loeb)、蒂波顿以及胡肯(Hooken)等人提出，在巴克莱那里还有一种上帝的“视觉语言证明”(The visual-language argument)。关于这种证明，洛伊朴是这样概括和推论的：“(1)视觉观念暗示或指称(signify)其他的观念；(2)符号(signs)与其指称物的关系或者是因果关系，或者是必然关系，或者是类似关系(similitude)，或者是任意关系(arbitrarliy)；(3)视觉观念与其指称物既不是因果关系，又不是必然关系，也不是类似关系；(4)所以，它们是任意关系；(5)语言是任意的符号系统；(6)所以，视觉观念构成了造物主的一种普遍的

① 巴克莱：《三篇对话》，见艾厄斯编《巴克莱哲学著作》第200页。

语言。”① 简而言之，在巴克莱看来，视觉观念是指称或表示其他感官观念的符号，有如字母符号构成了我们平素交际使用的语言，视觉符号也构成了自然界的普遍语言。这种视觉语言的作者就是上帝。巴克莱的确说过，“视觉语言表明神的直接的存在和神意”②。这是因为在他那里，视觉的观念即颜色比其他感官的观念更为重要。它不仅是观念物所赖以构成的要素之一，而且担负着暗示和表示其他观念的作用。照他的解释，各种观念都分属于不同的感官，因此在本质上完全不同，也没有相似关系。譬如说，人的眼睛只具有视觉观念即颜色，至于事物的长宽高和大小则是完全不同的触觉观念。声音、滋味、气味等则分属于耳朵、舌头和鼻子。但是，实际上，人们借助眼睛则可以知道一个事物的大小、或多或少地了解声音、滋味或气味。这并不是说视觉可以看到大小、声音之类的观念，而是说它有一种揭示其他观念的功能。当一个人看到一张桌子的颜色时，它马上向他揭示出桌子的大小和形状，以及实在性等等。这种功能就像语词表示其对应物一样。上帝创造了各种观念，并凭借视觉观念向人们昭示形形色色的观念物，人也主要是靠视觉来了解和认识各种事物的。我们认为，就巴克莱认为视觉语言的作者是上帝而且只能是上帝来说，这算得上是一个上帝存在的证明。但是应该指出，这种“证明”是有些勉强的，因为第一，说视觉是自然界中的语言只是一种比喻，并非实际如此；第二，各种观念都有其特殊的功用，又都是上帝创造的，何以单单以视觉语言证明

---

① 洛伊朴(Loeb)：《从笛卡尔到休谟》，康耐尔大学 1981 年版，第 249 页。

② 巴克莱：《维护与解释的视觉论》的副标题，见艾厄斯编《巴克莱哲学著作》第 229 页。

上帝存在？因此，与其说视觉语言证明上帝存在，不如说所有感官的观念一起证明其存在。

在我们看来，如果说视觉语言证明可以成立的话，那么还可以说有另一种证明，即上帝存在的“自然法则和秩序证明”（argument from natural law and order）。巴克莱在《人类知识原理》第62节中指出：“在一系列的自然事物中贯穿着一些普遍的法则”，各种事物作为自然的结果在产生时有一种“齐一性”（uniformity）。这些都是人们学习、研究的对象。这些法则或规律就是上帝在创造事物时所遵循的规则，就像一个钟表匠按规则来设计和调整钟表一样。因此，“我们如果仔细考察自然事物的恒常的秩序、规则和连锁，考察宇宙中较大物体的宏伟、美妙和完善，考察较小物体的精巧的构造，考察全部结构的精确和相互协调一致，考察那些妙不可言的苦痛和快乐的法则，考察各种动物的本能（或自然倾向），嗜欲和情感——我们如果考察这些，并且注意惟一的，永恒的，全知的，全善的，完善的诸种品德的含义，我们就会清楚地看到，这些品德只能归属于前面所说的精神，因为他是权力最大，一切事物都依赖他而存在的”①。简言之，自然界中大大小小、形色各异的事物，如此有规则、有秩序、和谐美妙的存在，表明其规划和设计者上帝是存在的。当然，这一种上帝存在的证明也属于微弱、勉强的一类。

上述四种证明虽然各不相同，但仔细考察起来，实际上遵循着相似的思路。这就是，从观念物的存在推出作为其原因或创造者的存在。在这个意义上说，巴克莱关于上帝的证明可以归结为一个，即由果溯因的“后验的证明”。

---

① 巴克莱：《人类知识原理》§ 146。

巴克莱关于上帝存在的证明,从逻辑上看是一些循环论证,因而是没有力量,无法令人信服的。巴克莱在论述观念事物的实在性时是以上帝的存在为前提的,就是说,“存在就是被感知”本身就暗含着上帝和人心的存在,没有上帝,观念就不能被感知,无法存在;但他同时又是借观念的存在证明上帝存在的,即观念不论是现实对象还是潜在对象,还是视觉符号和语言,其存在是无疑的,它们之所以存在必有一定的原因,这就是上帝。在这里,观念或对象的存在又成了前提,上帝的存在变成了结论。这种观念和上帝互为前提和结论的证明,不但没有充分证明上帝的存在,实际上还削弱了观念物的实在性和可靠性。正如戈雷令所总结的那样,“巴克莱的证明所得出的只是一个软弱的结论,它无法告诉我们精神的实体在于一个还是更多的心灵;也没有告诉我们精神或那些精神,是否无限的,以及宇宙是否被有目的地引起的……”① 其实,上帝不过是人心虚构的产物,是人的本质异化的结果,因而任何形式的证明都是不可能令人信服的。巴克莱的证明的软弱性是一切上帝存在证明的软弱性的具体表现。

三、上帝的本质、作用和意义

上帝不仅具有一般实体的共同特征,还独有其本性。

首先,上帝至大无外(greatness or immensity)。巴克莱在几部著作中都重复了由圣保罗提出并流行于洛克等其他哲学家那里

① 戈雷令:《巴克莱:中心证明》第200—201页。

的一段话："我们在上帝中生活、运动和存在。"① 意思是说，上帝至大，包容万有，人类、自然界和其中的一切事物都是他的创造物，并且存在于他的范围之内。我们举手投足，意欲、思想，所及之物无不在上帝的领域。这恰如孙悟空无论如何跳不出如来佛的手掌一样。因此，与其说我们生活在世界上，不如说生活于上帝中。对此，但西中肯地解释说："作为实在事物的观念，不只是被上帝在我们心中引起的，而且就存在于上帝心中。这样看来，我们生活于其中的世界，即我们的世界，不过是上帝心中的（部分）内容罢了。上帝不只是引起我们去拥有和他的观念相似的观念，实际上，每当我们睁开双眼并看到什么东西时，我们正是在拥有上帝心中的观念。"②

其次，上帝无所不在（Omnipresent）。上帝在创造出观念物的世界以后，并没有对其造物弃之不顾。反之，他无时无处不在以其超凡的理智来感知它们，并因此而保持其存在并且决定着它们的命运。在任何地方，任何情况下，没有什么事物能够摆脱和离开上帝的眷顾和看视，上帝无所不在。这就是说，上帝不在世界之外，而在世界之中。用巴克莱的话说，"他在一切事物中影响一切"（Who works all in all）③。上帝产生并拥有一切事物，因此可以说世界是"上帝的世界"；上帝又不在世界之外而在其中影响事物，在这个意义上，上帝又是"世界的上帝"。这也就是何以巴克莱用上帝保证事物的实在性，又用事物的实在性来证明上帝存在的根源。当然，在他那里"上帝的世界"和"世界的上

① 巴克莱：《人类知识原理》§149。

② 但西：《巴克莱引论》第50页。

③ 巴克莱：《人类知识原理》§146。

帝”两者的地位是不同的。首先是前者,然后才有后者。因为上帝只有产生并拥有世界,然后才可能存在于世界中,为世界所拥有。

再次,上帝是无限的(infinite)。上帝的无限性不仅包括他的至大无外,更为重要的是,相对于人心而言,他具有无限的力量(power)、智慧(wise)、慈善(good)和完美性(perfect)。一句话,上帝是“一,永恒的”[①],或者说,他是“精神性、无所不在,神意、无所不知,无限的力量和慈善”[②]。这实际上是上帝的一切属性的综合,是传统宗教中人格神在巴克莱哲学中的表现。

那么,从哲学上看,巴克莱中的上帝究竟属于什么性质呢?

巴克莱主张上帝是产生万物的原因,是自然界事物的规定者和设计者,同时,他又是无所不知、无所不能、无所不在的神,是永恒的、无限的、最高的、超验的精神实体,这是他所说的上帝的基本特征。因此,从实质上看,巴克莱的形而上学,就是某种形式的理性神学,是为传统宗教服务的工具。

巴克莱否认上帝在世界之外,主张上帝在世界之中,这一点与泛神论或多或少地相近。但是,我们不能因此说他主张泛神论。因为第一,泛神论的神内在于每一个事物中,每一个事物也因此而分有神性。而在巴克莱那里,观念物虽然被上帝创造并无时不在地被感知着,但它们本身并不具有任何神性。上帝并不内在于事物之中,而是作为世界中外在于事物的实体而支配事物的。第二,在泛神论那里,神即自然。例如在斯宾诺莎那里,尽管神是主动的,能生的自然,因而与作为万物之总体的被

① 巴克莱:《人类知识原理》§ 146。

② 巴克莱:《三篇对话》,艾厄斯编《巴克莱哲学著作》第 203 页。

动的、派生的自然不同。但是，这种不同只是意义上的，就其实际论，二者是一个东西。巴克莱的神与自然，上帝与观念物则是完全不同、不容混淆的两回事。第三，泛神论的神是可以有广延的。斯宾诺莎就既说上帝是思想的实体，又说他是广延的实体。而在巴克莱看来，广延是有限的可感事物的属性，上帝则是纯粹的精神，因而毫无广延性可言。总而言之，巴克莱的神虽与泛神论的神在说法上有相似之处，但从总体上看，他们有本质的差别，决不可混为一谈。

巴克莱与自然神论者都承认上帝是万物的原因，但是他们之间的区别也是根本性的。在自然神论者看来，上帝创造事物只意味着他对物质作第一次推动，而此后就不再操纵和干预自然事物了。巴克莱的上帝则不然。他不是创造出物质的事物，而是创造出感性经验范围内的观念物；他不是给事物以动力，而是直接凭自己的力量把它们产生出来，并永远地感知、监视和制约着它们。观念或事物本身永远是被动的、缺乏活力的。

有人对巴克莱的上帝提出这样的疑问：上帝在巴克莱那里是不是一种盲目的动因（blind agency）？换个说法，按照当时流行的见解，理智的感知和意志的活动有一种先后关系，即意志的指向必须以理智的理解为先导，否则，意志的活动就成了一种盲目的力量。在巴克莱的《人类知识原理》和《三篇对话》中，他没有明确表明上帝的理智与意志的先后关系，这是不是意味着巴克莱的上帝是一种盲目的动者呢？

如果结合巴克莱早期和后期著作，这个问题的答案是显而易见的。早在《哲学评论》中，巴克莱就这样写道："离开或没有感知,就没有意志活动(volition)。"[①] 又说:"在我看来,意志、理智、意志活动和观念是不可分割的,其一不能离开他者而存在。"[②]巴克莱解释说,人们尽管可以从不同的角度来看待精神或心灵,因而称之为理智、意志等等,但它们并不是一个心灵的不同部分,它们的活动也不存时间上的先后关系。"一切事物的性质都存在于上帝中,就是说,都存在于神的理智和意志中。上帝不是一个盲目的动者,而且实际上,盲目的动者是一个矛盾。"[③] 上帝的意志与其理智不是两回事,所以上帝的意志活动与理智活动都是同时发生的,彼此间没有先后关系可言。但是,只要理智活动存在,意志活动就不是盲目的。温克勒(Kenneth P. Winkler)中肯地总结了巴克莱的这一思想。他说:"照巴克莱的见解,意志活动包含着知觉,或者以知觉为前提。每一意志活动都有一个对象,内容或者具体性,而且正是这种对象或具体性才造成了我意愿这事或那事的差别。但是,否认盲目的动者并不是确认意志活动必须在时间上尾随于感知或判断之后。这只是坚持意志活动,正如感知或判断自身一样,是有意向性的(intentional)。"[④]

在巴克莱的最后一部著作《西里斯》中,他仍然明确地坚持这种看法。他指出:哲学家可以根据心灵的不同活动而把它区分为不同的意志和理智,"但是,切不可因此说在自然的进程中活动的意志不受理智的指导或利用"[⑤]。我们不能说"精神盲目

---

①② 巴克莱:《哲学评论》第674、814条。

③ 巴克莱:《哲学评论》第812条。

④ 温克勒:《未被感知的对象与巴克莱对盲目动者的否定》,见《赫墨西娜》第89期(1985)第85—86页。

⑤ 巴克莱:《西里斯》§254。

地或离开心灵而活动，不能说不与理智密切地联系在一起"①。总之，上帝不是盲目的动者。

上帝在巴克莱的整个哲学体系中起着举足轻重的作用。

从非物质主义的肯定方面来看，"存在就是被感知"，"物是观念的集合"这两个基本的命题都与上帝相关。正如第三、四章所分析的那样，上帝的感知是事物存在的充分条件，也是人的感知的前提。可以说，如果没有上帝这个先决条件，巴克莱的新原理就无从谈起。还有，实在事物或观念及其集合，乃是由上帝产生并保持其存在的，人心的作用只是感知它们，使之成为人的对象。没有上帝，就没有感官的观念，也就没有自然界中的一切。可以说，巴克莱哲学的重要原理都是以上帝为前提和保障的。

从非物质主义的否定方面来看，上帝的作用也是至关重要的。在巴克莱看来，物质的存在是无神论、异教、唯物论和人类知识中无数错误的根源，因此，必欲清除而后快，而清除物质实体必须借助上帝。巴克莱认为，许多哲学家之所以承认物质的实体，就是因为他们认为观念或各种性质必须以它为基质，必须依赖它而存在。然而，一旦观念的事物都是精神性的，那么不感知、不思想的物质实体就失去了存在的意义。上帝这一精神实体的感知创造了观念并保持其存在。这就为取消物质实体创造了条件，提供了理由。传统的物质观还认为，物质是产生观念的原因，而由于有了上帝实体，巴克莱才得以宣称，一切事物都是上帝创造的，物质不能作为观念的原因而存在。可见，巴克莱主要是以上帝学说来消除和取代传统哲学中的物质实体论的。没有上帝，巴克莱就失去了驳斥物质实体的最强有力的武器和最

① 巴克莱：《西里斯》§ 332。

后的根据。

由上述可见,上帝学说是巴克莱哲学的重要组成部分,它不论对于非物质主义的肯定方面,还是否定方面,都是必不可少的。正是在这个意义上,威斯德(J.O.Wisdom)才直截了当地说:巴克莱的哲学“就是以神为中心的现象主义”(theocentric phenomenalism)①。

但是,我们不能过分夸大上帝在巴克莱哲学中的作用。巴克莱的哲学既有本体论方面的意义,又有认识论方面的意义。上帝的主要功能是创造并保持自然界事物的存在。因此,上帝学说在巴克莱的本体论哲学中占有任何其他概念不可比拟的重要地位。但是如果从认识论方面看问题,上帝的作用就不再是第一位的,而是相对次要的,辅助性的了。这一点也在前面的论述中谈到过。

四、关于人的心灵

在巴克莱那里,人是肉体和灵魂的统一。其中,肉体的方面主要指人的感觉器官,这是他的哲学本身所要求的。“存在就是被感知”的重要方面是被人心感知,而人心的感知则是通过眼、耳、鼻、舌、身这样的感官完成的。假定人没有肉体的方面,巴克莱的哲学就不可理解了。但是,人的本质方面却不是他的肉体感官,而是他的灵魂或精神。巴克莱用以表示人的精神方面的术语有:心灵(mind),人心(human mind),我(I),自我(self),灵魂(soul)有限的心灵或精神(finite mind or spirit),精神的实体(spiri-

① 威斯德:《未意识到的巴克莱哲学的起源》第21页。

tual substance)。其中最常用的是前两个。在他看来,人心包含理智和意志两个方面(不是两个部分)的功能。前者主感知或认识,后者主产生或创造活动①。而这两方面的功能都可用一个松散的"思想"(thinking)来概括。人的感知需要感官,然而更需要理智。心灵的理智是决定的、主导的方面,感官不过是为它服务,帮助它实现其感知的认识功能罢了。肉体感官之所以只起辅助作用,不起主导作用,重要的原因在于它们是由被动的观念组成的,因而本身即是无活力的东西。

人心亦如上帝一样不能为人的感官所感知,就是说,它是超验的实体。巴克莱指出:一个人的精神或人格,不是为感官所看到的,因为他不是一个观念。人所能够看到的只是由观念组成的有形的肉体方面。他说:"如果人是指能生活、能运动、能感知、能思想的一种东西而言,则我们是看不到人的。"②

和上帝相比,人心是有限的精神实体。它的有限性首先指它不具有上帝那样的产生一切的力量。它可以感知上帝创造的感官的观念,但不能创造它们,它能够创造的只是想象的观念和梦幻。就是其感知能力也是有限制的。上帝可以无处不在,无时无刻地感知,而个别的心灵对特定对象的感知总是有间断性的。和上帝至大无外,包容万有不同,人的心灵本身就包含在上帝之内,它所包含或具有的只是人正在感知和思想的东西,凡是没有被当下感知或思想的东西,都不能包含于人心的范围,尽管在一定条件下可以被人心所包含。

上帝和人心都是永生不灭的实体,但二者的不灭性是有差

---

① 参见巴克莱:《人类知识原理》§ 2,139。

② 同上书, § 148。

别的。巴克莱在表达上帝的永远存在时常使用“永恒”(eternal)一词,而这个词没有使用于人的心灵上面。他只说人的心灵或灵魂是“不朽的”(immortal)。“永恒”意味着不受时间的限制,其无限存在是双向的,就是说,既无开始又无终结。“不朽”则意味着有开端,它只表明单向的永存,即有开始而无终点。在巴克莱看来,上帝创造万物,因此,灵魂的存在也是上帝给予的。但由于灵魂是精神实体,它没有广延、形状和大小,所以不像自然界事物那样地消灭。在这个意义上,灵魂是不朽的。假如上帝愿意的话,他是可以使灵魂不复存在的。《人类知识原理》的第141节最明确地阐述了灵魂不朽的含义:“人们不要以为,那些主张灵魂有自然不灭性的人,同时也主张灵魂是绝对不能消灭的,甚至以为不能为原先给它们存在的造物主的无限力量所消灭。他们只是说,灵魂不能为普通的自然法则或运动所打破或分解。……我们已经指出,灵魂是不可分的、无形体的、无广延的,因此,也是不能毁灭的。我们分明看到,自然物体时时所发生的运动、变化、败坏和解体(这就是我们所说的自然过程),都丝毫不影响自动、单纯、非组合而成的实体。因此,这种实体是不能由自然的力量来分解的,这也就是说,人的灵魂在自然方面是不朽的。”一句话,上帝的永恒是绝对的、无条件的;灵魂的不朽则是相对于可生可灭的自然界的事物而言的。

灵魂不灭的另一层含义是说人的心灵可以在时间中永存下去。这里涉及巴克莱的时间概念。简单地说,巴克莱的时间是指观念在人的心灵中的相继或持续性。人的心灵既可以感知上帝创造的观念,亦可思考自己产生出的各种想象的观念和内省的观念。一方面,观念由于被人心感知或思想而处于时间之中。另一方面,灵魂由于感知或思考观念而拥有了时间。巴克莱说:

"灵魂是永远在思想的。"① 它或者在感知,或者在反省,或者在做推论,或者在做梦,等等,总之,总是在与某种观念打交道。因此,它就占有了无限的时间,或者说在时间中永存。

巴克莱的人心是从洛克所主张的人格(person)演变而来的。洛克在《人类理智论》中写道:"在我看来,所谓人格就是有思想、有智慧的存在,它有理性,能反省,并且能在异时异地思考自身,即思考同一个思想的东西。它在思考自己时只是借助于同思想不可分离的意识来完成的。"② 从这段话看出,洛克的人格就是某种具有意识和自我意识的存在。在酝酿自己的哲学时,巴克莱曾经一度接受过洛克的人格观念。这一点可以从《哲学评论》的前300条笔记中看出。在那里,他大量地使用了人格一词。此后,随着思想的逐渐成熟,人格也逐渐被弃之不用,最后就被心灵(mind)所取代了。③ 心灵之所以可以取代人格,这是因为心灵的意义更加适合巴克莱的需要。按照卢斯的分析,人格或意识的东西(Concious things)是一个纯心理学上的概念,它只表明一种人的心理活动,例如意识到自己的目标、愤怒、疼痛等。它仅仅是一种自我意识,无法超出自己而达到外在的事物。心灵则不同。它有自我意识的功能,但更为重要的是,它可以认识或感知区别于自己的对象。"心灵是以对象为目标的,就像枪口以靶子为目标。在感知、在认识的心灵就好像是一个良好的射手。不过,心灵与其对象不论如何接近,也都是有差别的。心目中的对象在心中(in the mind),但不属于心灵,它是为心灵的,但

---

① 巴克莱:《人类知识原理》§98。

② 洛克:《人类理智论》第2卷,第9节。

③ 卢斯:《非物质主义的辩证法》第162—163页。

不是心理上的。”①如果说人格的意识同时亦属于人格的一部分的话，那么心灵的观念或对象则是与心灵不同的、不属于心灵的“外物”。这一点是极为重要的。由于它，巴克莱才既分清了主体和客体、心灵和观念，又把它们放置到不可分离的关系中，使之成为既相互区别又相互关连的存在。从而心灵的主动性，对象的被动性，被动的存在在于被感知，主动的存在在于感知等一系列的思想就开始形成了。

巴克莱的人心或灵魂学说远没有他的上帝学说那样系统和明确，其中有些问题是他没有讲清楚的。例如，灵魂是否由上帝创造？如果灵魂是由上帝创造的，那么，上帝创造灵魂与创造观念的方式有何不同？等等。但是，这些疑难问题并不妨碍我们把握巴克莱的心灵学说的主要方面，而这些主要方面就足以向我们表明人心的作用及其意义了。

根据本书的第三章和上面刚刚阐述的内容，我们可以看出，人心的作用主要有以下三个方面。第一，提供认识对象，即把上帝创造的观念变成自己心中的观念，或者说使作为“实在”的事物变成作为对象的事物。这一点是人心的理智通过感官的感知来实现的。第二，产生出反省的与想象的观念，其中也包括虚幻的梦境。这是人心的意志功能；第三，人心利用感觉、想象、推论、判断来得到关于感官对象的直接知识和由此而来的科学知识，例如物理和数学知识。不仅如此，它还通过对自身的反思和推论获得人心和上帝的意念，告诉人们上帝和人心的存在及其功用。

在心灵的这三项作用中，第一项最为重要，它充分体现了巴

① 卢斯：《非物质主义的辩证法》第165页。

克莱哲学的认识论意义和方法论意义。具体地讲，提供对象也就是提供认识和客体方面的条件，这是一切知识赖以产生的基础和前提条件。而提供对象的方法就是造成一种主体和客体的必然联系，即使对象和人心相互联系，互相依赖，也就是使本体论上的实在物变成了认识论上的对象物。

上帝在巴克莱那里也有一定的认识意义，这主要是指他创造并保持事物的存在，因而为使实在转化为对象物，从而为本体论转化为认识论提供了基础。但是和人心相比，上帝的这种认识作用毕竟是次要的。因为认识是人的认识，不是上帝的认识。人的认识只能通过人心来实现。假如没有人心的感知，上帝创造的事物就转化不成对象，也就没有认识可言，它们的存在也就失去了认识的意义。至于认识的过程，各种知识，包括对于上帝和人心的意念的产生，人心的必要性和关键性就更是显而易见的了。我们有理由这样说，上帝在巴克莱哲学的本体论方面起着第一位的作用，而人的心灵则在认识论方面起着主导的、决定性的作用。

在巴克莱那里，本体论和认识论不是他的哲学的两个部分，而是一个事物的两个方面。因此，人的心灵具有认识意义的同时，又具有本体论意义。这就是说，在巴克莱那里，对象既是认识的客体，又是实在的存在物。实在物只要可以被感知，那它就不是单纯的与人不相干的实在，而是与人相关联的实在。尽管对象物与人心没有产生与被产生的关系，因而人心不在本体论上起决定作用，但它们与人心的关连也无可否认地是对象物存在的条件之一，尽管和上帝相比，这个条件是相对次要的。

人的心灵学说对于驳物质论也是至关重要的。巴克莱反驳物质实体的重要论据之一，就是指责物质实体是超验的、不可知的东西。在他看来,自然界中的一切都是作为对象的存在,即都是在人心中的观念,因此没有心外之物,超验之物。实际上,巴克莱反驳物质的先验证明,多半是从对象物与心灵的不可分割的联系为出发点的,因此都或多或少地与他的心灵学说相联系。

五、精神实体论与“非物质主义”

至此,我们已经介绍和分析了巴克莱非物质主义的主要原理,即新原理,观念论,驳物论和精神实体论。“存在就是被感知”这一所谓的新原理可以说是非物质主义的关键,因为它是一种思维方式和其他原理的出发点。观念论,尤其是物是观念的集合这一命题是新原理的首要的肯定性结果,驳物论则是其否定性后果,因此二者加起来构成了非物质主义的主要内容。然而,这一切又都是以精神实体论为基础的。

与休谟的“无头脑”哲学不同,巴克莱从来都没有否认精神实体的存在,宁可说,他是以精神实体的存在为逻辑前提的。“存在就是被感知”这一新原理没有直接提到精神实体,但它实际上暗示了精神实体的存在,并以此为这一命题本身的前提条件。如果我们把它具体化,如我们在第三章中所见到的那样,它就成了存在就是被上帝感知,被人的心灵感知,或者被两种精神实体共同感知。没有感知者,就没有感知,也就没有作为知识对象的实在物。一言以蔽之,没有精神实体论,就没有巴克莱的新原理。

精神实体论既然是新原理的前提,那么很自然,它也一定是新原理的直接后果的先决条件。“物是观念的集合”作为新原理的肯定性后果,直接肯定的是自然界事物的性质,即物的观念性或精神性。物之所以是观念的,一是因为它是上帝的产物,即上帝是精神,其产物自然是“精神性”的;二是因为它是人心的对象。对象不能离开人心而存在,人的感官不能感知心外之物,所以,对象只能是“精神性”的。在驳物质论中,否认心外之物的存在,是与心灵与其对象的必然联系为根据的;否认不感知、不思想的物质实体,是以可感知、可思想,因而可以拥有观念的精神实体为前提的;否认物质是产生观念的原因、工具、偶因都是以万能的上帝为前提条件的。如此等等。首先从逻辑上看有了上帝和人心,然后才有了新原理及其派生的其他诸原理。因此,说巴克莱的精神实体论是他的非物质主义的逻辑和理论基础是恰如其分的。

巴克莱反复宣称,他的新原理是怀疑主义的直接反面,其目的就是要消除观念与事物,现象与本体间的差别。从这个意义上看,非物质主义具有明显的反形而上学性。然而,他的反形而上学性又是不全面、不彻底的,即是说,他所反对的仅仅是传统哲学中关于物质世界的形而上学,至于那种肯定上帝和人心的精神世界的形而上学,非但不是他攻击的目标,反而是他的非物质主义赖以存在的先决条件和重要组成部分。事实上,巴克莱是以精神实体的形而上学反对物质实体的形而上学的。在巴克莱看来,这两种形而上学是势不两立、水火不相容的。承认物质的形而上学就导致无神论、唯物论、怀疑论等一切荒谬的学说;承认精神的形而上学则可以排除谬误,建立真理。

巴克莱的精神实体论体现了非物质主义调和宗教与哲学、信仰与理性的特点。这种调和性首先表现在他把上帝和人心这两种不同的东西都看作是精神实体这一点上。认为上帝也有意志和理智,因此可以创造和感知,这本身就是人心的虚构,因此,以此和人的心灵相类比，并统称之为精神，这显然是在调和上帝与人心，信仰和理性的关系。还有，从被感知和感知的关系性中，从人的观念、反思、情感中推论出人的存在，尽管不是无可挑剔，但毕竟是合乎理性的。然而，从事物的存在推出上帝，从被动的观念推出造物主的存在则只是貌似合理，因为如我们已经指出的那样，这样的论证是不合逻辑规则的循环论证。实际上，巴克莱的上帝也如一般的基督徒的上帝一样，不过是信仰的产物。最后，心灵的主要功能是认识事物，因此其主要意义是哲学上的认识论；上帝的功能是创造和保持事物，他有本体论意义，但同时也具有神学意义。由此看来，巴克莱的精神实体论是理性与信仰、哲学与宗教的混合物。

精神实体论本身的调和性，决定了整个非物质主义的调和性。巴克莱的新原理是调和宗教与哲学、信仰与理性的典范。它一方面要保证对象与人的关系，要求从主体与客观的必然联系中观察世界，建立一种全新的哲学；另一方面又需要一个信仰、相信上帝的感知作为事物的产生和连续存在的后盾，从而为他的新的思维方式提供神学上的保障。此外，关于对象的产生或存在的论述，以及对物质实体的驳斥也都表现了上帝与人心、神学与哲学的联合作用。

第七章

自然哲学

巴克莱在《人类知识原理》第150节中写道："所谓自然，如果是指一系列可见的结果，或者指依照某些确定的一般的法则而印入我们心中的一些感觉，那么，显而易见，这种意义的自然是不能产生任何东西的。如果自然一词指异于上帝、异于自然法则，以及那些被感官感知的事物而言，我们必须承认，这个词对我来说只是一个空洞的声音，它不带有任何可理解的意义。"但他进一步指出，后一种意义的自然只不过是异教徒们的无谓的幻想，其根源在于不了解上帝的普遍存在和无限的完善性。只有前一种意义的自然才是真实的自然定义。它告诉人们，自然是被动的，无产生能力的东西，决不能像一些经院学者那样把它们划分为主动与被动两种形式，而称上帝是能动的自然；①实际上，自然是上帝的产物，是上帝产生并印入人的感官的观念及其集合物的全体，因而也就是作为人的认识对象的世界；这些对象物是有规则和秩序的，上帝就是依照它们创造出我们周围这个观念世界的。

但是在巴克莱看来，向来的哲学家、自然科学家和数学家却

---

① 参见巴克莱：《论运动》§32和给约翰逊的第一封信，第3节。

没有这样看待自然界，因此，在他们的自然哲学中充满着例如绝对的空间和时间、力或引力是运动的根源、事物的无限可分性等一系列的偏见和谬误。巴克莱在他的著作中广泛地讨论了时间、空间、力、运动、原因与结果、有限和无限等概念，批判了牛顿等科学家和哲学家的见解，阐明了自己的立场和观点。这部分内容构成了他的自然哲学思想。

一、论时间

巴克莱在许多地方提到过他的时间概念，然而再没有比《人类知识原理》第98节更清楚、更完整地规定和概括了时间的内容和意义。他在那里指出："时间之成立是由于我心中有连续不断的观念，它们均匀地流失着，并为一切事物所分有。每当我试图抽离我心中的观念的相继性而构成一个简单的时间观念时，我总会陷入迷惑和不可自拔的困境。我对它毫无意念。我只是听别人说它是无限可分的。而且他们的说法不由地使我对自己的存在发一番奇特的感想。由于那个学说使人绝对必然地认为，要么他度过了无数的年代，而没有任何思想；要么他的一生的每时每刻都在被消灭。两者似乎都是荒谬的。因此，离开我们心中的观念的相继性（succesion），时间就无法存在。由此可知，任何有限精神的持续期限（duration）都是由在那一个精神或心灵中彼此相继的观念和动作的数目来推算的。"

这段话包括以下几层含义：

（一）时间是人心中观念的相继性。按照巴克莱哲学，自然界中的事物不是与人心无关的自在之物，而是心灵的观念或认识的对象，因此，所谓时间也就是这样一些观念物的前后相继和均匀流失。因此，没有可感的观念和感知它们的人心，也就没有时间。当然，在巴克莱那里，构成时间的不仅限于感官的观念。

(二)时间只与人的心灵相关连。在巴克莱那里有上帝和人心两种不同的心灵。但是，作为时间的观念的相继性却与上帝没有直接的联系，决定它们的只是人的心灵。也就是说，观念的流失和持续仅仅是与人心相关连，时间的存在只是相对于有限的人心而言的。上帝是永恒的超越于时间以外的实体。如果我们认为上帝心中的观念也有相继性，即时间也存在于上帝心中，那么对于上帝来说，他的一天又相当于我们的多少年呢[①]？这样的问题是没法回答的。所以，时间只是人心中的观念的持续性。

(三)时间只适用于现实的对象。从人心与对象的感知关系看，对象可分为现实的与潜在的两种。现实的对象就是正在被人心感知的，或者说正在人心中的观念，它们的相继和持续就是时间，这一点是毫无疑义的。但是，潜在的对象就不同了，潜在的对象是可以被人心感知但暂时尚未被感知的观念，尽管这种未被人心感知的情况只是目前的，但因观念不在人心中相继，所以没有时间性。换言之，上帝可以用其感知保持潜在对象的实在性，但并不赋予它时间性。

(四)时间是私人的，不存在人们共有的时间。这一点是从上一点引申而来的。如果只有现实的对象才有时间，而现实的对象是正在存在于某一个人心灵中的具体的观念，同时由于各个心灵中的观念不是绝对相同的，那么，时间就只是指某一个人心灵中的观念的相继性，这也就是说，我心目中的观念或对象的相继性构成我心中的时间，你心目中的观念的相继性构成你的

---

① 参见巴克莱：《哲学评论》第92条。

时间。各人有各人的时间,但没有公共的、客观的时间。

(五)人心中的时间没有间隔。从时间即人心中观念的相继性推出,时间只存在于人的心中,因此,假如人心不在感知,也就没有时间可言。但是,人的心灵或灵魂却是“永远在思想的”①。它要么感知对象物,要么反思或意欲心中的意念,要么想象出什么观念,即使在做梦过程中,思维活动也不会停止。总之,只要有灵魂,就有思想活动,就和某种观念相联系,因而就有时间。灵魂永远在思想,那么时间亦永远在灵魂中存在。因此,巴克莱说,“不存在死亡的中断和消灭的间隔。这些间隔是空无。对每一个人来说,他的时间是由他自己拥有的观念来测量的。”② 简言之,时间与人心的存在和思想是密不可分的。也正是在这个意义上,巴克莱认为所谓过去了许多年代而没有思想,以及人生每时每刻都在消失的说法是不正确的。

巴克莱的时间有一个最明显的特点就是主观性,以上五点都表明了时间的主观性,其中尤以“时间与人心中的观念相关”,“时间只是私人的”这两条最为突出。根据这一特点,如果没有人类存在,就没有时间,任何事物就不可能在时间中存在。那么,试问人类出现以前的事物是否在时间中存在呢?如果不在时间中存在,又以什么方式存在呢?此外,巴克莱认为灵魂永远在思维,因此时间没有间断性,这完全是以神秘的灵魂不朽论为前提的,而灵魂不朽本身就是站不住脚的。

由主观性而产生的是时间的相对性,时间只是现实对象的持续,只是私人的,不是公共的。这样,它就失去了任何客观性,

---

① 巴克莱:《人类知识原理》§ 98。

② 巴克莱:《哲学评论》第 590 条。

成了因人而异的纯粹相对的东西。蒂波顿曾引用纽曼(Newman)《格老秀斯的梦》(The Dream of Gerontius)中的几句诗来比喻巴克莱的时间。诗的大意如下:

> 时间不是公共的财产,
> 长就是短,快也是慢,
> 在你为近,在我为远,
> 心之所接,心之所获,
> 此心与彼心有不同的体验,
> 人人都以自己的心灵为准,
> 给定自己的纪年。

假使常识尚可容忍巴克莱所谓上帝创造事物并把它们印入人心,因而对象的存在在于被精神所感知这样的观点,那么常识却丝毫不会承认时间的主观性和相对性。对于巴克莱式的哲学家以外的任何人来讲,时间都是客观的事物本身的持续性,其存在与否与人的心灵没有必然的联系。因此,巴克莱的时间观遭到了几乎所有学者的批评,这是不足奇怪的。

其实,巴克莱本人也意识到自己的时间学说是有问题的。他承认:"对于时间,我们是混乱而迷惑的。"① 但是他对以下四点却持明确的否定态度:"(1)假设上帝中有观念的接续。(2)设想我们有抽象的时间观念。(3)假定某一心灵中的时间可以被另一心灵中观念的接续来衡量。(4)不考虑语词的真实用法和目的……即认为它们是被用来激起、影响和指导行动的,而不是

---

① 巴克莱给约翰逊的第二封信§2。

产生清楚明晰的观念的。”①

如果说巴克莱的时间观还有什么积极可取的方面的话，那就是他对于抽象的、绝对的时间概念的否定。在巴克莱看来，时间既然是观念在人心中的前后相继，那么我们绝不能脱离观念，脱离具体的对象来理解时间，实际上离开人心的观念是没有时间性的，我们不能对它形成一个抽象的观念。他宣称：“你如果取消了能划分一日的那些特殊的动作或观念，以为时间只是抽象的存在的继续和持续性，那么，即使是一个哲学家也或许是难以了解的。”② 他认为，牛顿之类的科学家的错误之一就是主张有脱离了具体事物的时间。

二、论空间

和时间概念一样，空间(space)也是当时的自然科学即力学中的一个重要范畴，它也引起了巴克莱的重视。

巴克莱明确表示：“至于空间，除了相对的空间以外，我没有任何别的空间意念。”③ 可是，巴克莱没有为他的相对空间下一个明确的定义。从他对于绝对空间、纯粹空间的批判中，我们可以看出，他所谓的相对空间，就是“那种被物体所包含或限定，也因而成为感觉对象的空间”④。这里的相对性有两方面的意义。一是指相对于人心而言。就是说，空间是作为感觉对象的物体或心中的观念所拥有的，在这个意义上，它也是一个可感的观

① 巴克莱给约翰逊的第二封信 § 2。

② 巴克莱：《人类知识原理》§ 97。

③ 巴克莱给约翰逊的第二封信 § 2。

④ 巴克莱：《论运动》§ 52；参见《人类知识原理》§ 11。

念。因此，它不能离开人心而存在。巴克莱断然说道："如果我的身体也消灭了，则无所谓运动，也就无所谓空间。"① 二是相对于事物自身和运动而言，即没有脱离事物和运动的抽象的空间。他说："不要以为空间一词表示一个异于物体和运动并离开它们还能想象的观念。"②这意味着，在巴克莱看来，空间不过是作为观念的物体的广延和占有部分的运动场所（place）罢了。

巴克莱激烈地抨击了牛顿的绝对空间概念，他写道：牛顿"这位著名的作者主张一种绝对的空间，这种空间是不可被感官所感知的，自身相同的和不运动的"③。它"在各方面都是无限的、不动的、不可感的、渗透于万物之中，并包含着万物"④。这种空间中充满着万物，但与万物没有必然的联系，它犹如一个空框子一样可以离开其中的物体而存在。巴克莱认为，它是没有关系，没有差别的一种无限的、不动的、不可分的、不可感的东西。也就是说，这种空间的一切属性都是缺乏的，或否定的。因而"只是一种虚无"⑤，人的理智对它"也不会有什么认识"⑥。另外，这种空间观还认为绝对空间是有广延的，这也是不可思议的。因为广延只是一种感觉或观念，它不能离开对象物，也不能离开人心而存在。绝对的空间是脱离人心和事物的，因而不可能有广延。真正说来，"并没有离开感官知觉而和各种物体绝缘的所谓绝对空间。在人心以外，并无所谓绝对空间"⑦。

人们还时常争论什么纯粹空间（pure space）的本质。纯粹

①② 巴克莱：《人类知识原理》§116。

③ 巴克莱：《人类知识原理》§111。

④ 巴克莱：《论运动》§52。

⑤⑥ 同上书，§53。

⑦ 巴克莱：《人类知识原理》§116。

的空间与绝对的空间的差别在于，绝对空间其中有物体存在，后者则是没有物体的纯粹的虚空，即平常所说的真空。在巴克莱看来，纯粹的空间和绝对的空间一样是错误的，因为它代表一种离开一切物体和运动的“最抽象的观念”。事实上，空间之纯粹与否以及空无的程度都是相对的，即是相对于物体运动所遇阻力的大小而言的。例如，“在我使身体的任何部分发生运动时，如果那种运动是自由的没有遇到阻力的，则我说那里是空间，但是我如果遇到阻力，则我说那里有物体。按照运动所遇的阻力之或大或小，我们可以说空间是较为纯粹的或较不纯粹的”①。这也就是说，只有相对纯粹的空间，没有绝对的纯粹空间或真空。事实上，无论怎样努力，我们也无法构成一个纯粹空间的观念。

巴克莱进一步指出，纯粹的空间的概念会使人们的思想陷入进退两难的境地。就是说，这种空间要么被看作是上帝，要么是上帝以外的永恒、自存、不变、无限的东西。这都是有害的、荒谬的。有的神学家还因此而认为上帝正与这种空间相契合，或者认为空间是神的属性。这种种的说法都是把内在的东西客观化，相对的东西绝对化，有限的东西无限化，都是有污于神的本性的。而照他的意思，要清除这样一些见解，惟一的办法就是要接受他的相对空间的概念。②

巴克莱的空间学说有其唯心主义的一面，因为他认为空间只是感官对象或观念物所具有的大小或处所，因而不能离开人的心灵而存在。但是，这种空间概念也具有重大的意义。它以

① 巴克莱：《人类知识原理》§ 116。
② 同上书，§ 117。

唯心的方式坚持了空间与物体不可分的正确见解，坚持了空间与运动的联系，即坚持了空间的相对性，从而有力地批驳了牛顿力学所主张的绝对空间以及纯粹空间的假说。无疑，这种相对的空间观具有符合辩证法的一面，它更接近于对事物空间的科学描述。当然，值得指出的是，巴克莱的空间学说除了唯心的错误以外，还有不全面的缺陷，他没有提及或展开论述空间的其他特性，例如三维性等。

三、运动观

巴克莱在《人类知识原理》中提出和阐述了运动、运动的原因等范畴，以后又在《论运动》这一小册子中作了详尽的发挥，从而构成了比较系统的运动观。

巴克莱在阐述运动的本性时指出：运动是一种可感性质，它是指作为观念的物体在时间和空间中的活动，是与人的感官相联系，为感官所察觉到的运动。这就是说，首先，运动与人的心灵相联系，离开人心对它的感知，也就无所谓运动了。其次，运动是物体的运动，没有物体，尽管我们可以使用“运动”这个词，却不能形成运动的观念。最后，空间和时间是运动的必要条件，“离开有形体的东西、空间和时间，我们就不会知觉到运动”①。与此相反的运动是抽象的运动，抽象的运动是不可思议的、不实在的。②

① 巴克莱：《论运动》§ 43。

② 参见上书 § 43；以及《三篇对话》，见艾厄斯编《巴克莱哲学著作》第 151—152 页。

牛顿力学把运动划分为绝对与相对两种。“所谓绝对的运动,是指某一物体从绝对场所到绝对场所间的转移,而相对运动则是物体在相对处所间的转移。”① 这里所说的绝对处所,就是物体在绝对空间中占有的部分。在牛顿看来,运动的绝对性表现在,第一,在真正或绝对的运动中,即使各部分在整体中的位置保持不变,它们也是随全体的运动而运动的。第二,如果场所移动了,那么,场所中的物体也要移动,这样,在运动的场所中运动的物体,必定参与它那个场所的运动。第三,只有物体本身受了压力时,真正的运动才会产生或改变。第四,真正的运动总是伴随着运动的物体受的压力而变化的。第五,在单纯相对的圆周运动中,没有离心力,而在真正的、绝对的运动中,离心力与动量成正比。② 这里的第一点突出地代表了牛顿对运动本性的看法,即运动是物体在绝对空间中的场所的变更。牛顿也讲相对的运动,但他认为,相对的运动只是呈现给人的感官的外表,因而是不真实的。

与牛顿相反,巴克莱反对任何形式的绝对运动。他宣称:“在我看来,除了相对的运动以外,再没有什么别的运动。”③ 运动只能设想为两个或两个以上物体间的距离和位置发生了变化,就是说,运动总是发生在两个以上物体的关系中。他说:“离开某种限定或方向,运动便无法得到理解。同样,如果不设定我们自己的身体或某种其他物体与运动中的物体同时存在,那么这种限定或方向也是无法理解的。因为上、下、左、右和所有的位置及部位都是确立于某种关系之中的。这也就必然包含和假

①② 巴克莱:《人类知识原理》§111。

③ 同上书,§112。

定一种不同于被运动的物体的另一物体的存在。”① “如果只有一个物体存在，则它就干脆不能运动。”② 牛顿的运动观没有在物体间的关系中考察和规定运动，因此他所谓的绝对运动只是一种不可理解的抽象。实际上，正如“我们不应该把物体的真实的空间规定为物体所占有的绝对空间的构成部分，也不应该把真实的或绝对的运动规定为真实的或绝对的空间的变化”③。

巴克莱进一步认为，运动是可以度量和计算的，而这只有通过可感的事物才能进行。绝对的运动是在绝对的空间中发生的，由于“绝对的空间不能作用于感官，也因此而无助于区分运动”④。在这个意义上，如果严格按照牛顿的定义，绝对运动就成了不可测度的运动。这显然是荒谬的。

巴克莱主张运动仅仅发生在此物与彼物的关系中，但他同时指出：“关系中的每一项却不必因此都是运动的。”⑤ 因此，有必要区分关系中的哪一物体是运动的，哪一是不动的。事实上，只有那个受到能引起距离变化的力量的物体，才是运动的，准确地说，是“被运动”的。与其相对的其他物体，尽管距离也相应地改变了，但它们本身却是不动的。例如，一个人在街道上行走，周围的石头跟他的距离发生了变化，但谁都知道，运动的一项是这个人，而不是街上的石头。据此，他批评了一种相对运动的定义：一个物体只要改变了同别的物体的距离，它可以说是被动的，不论能引起那种变化的力量或动作是否施加于它。他指出：这种说法不符合人们对运动的感觉，是违反常识的。

---

①③ 巴克莱：《论运动》§ 58。

② 巴克莱：《人类知识原理》§ 112。

④ 巴克莱：《论运动》§ 63。

⑤ 巴克莱：《人类知识原理》§ 113。

巴克莱还利用参照系的变化来进一步反驳绝对运动的说法,论证运动的相对性。他解释说,运动与静止都与场所有关,例如,一个人在船中,对于船边来说是静止的,而相对于陆地来讲则是运动的,事实上,人们平素在规定事物之是否运动都是以地球上的处所为参照物的,"一个物体,如果它相对于地球来说是静止的,就被认为是绝对静止的"①。他接着说:哲学家有超出平常人的地方,这就是,他们发现地球本身也是被动的,并因此把参照系扩大到地球以外,"为确定他们的意念,他们似乎以为有形的世界是有限的,并且以为世界最靠边的围墙或壳套就是他们计算真正运动时所依据的标准处所"②。但是他指出:只要稍加考察,我们就会发现,不论是普通人还是哲学家所赖以确定物体运动或静止的场所都未超出人的观念的范围,即是说,都是相对于此一物体和另一物体的关系而言的。因此,"我们所能观念到的任何运动,归根到底还是我们上面所规定的那种相对运动。正如我们已经考察过的那样,排除了一切外在关系的绝对运动是不可思议的"③。

物质的运动是绝对的,这是因为运动的形式是多种多样的,事物或者处于物理的运动,或者化学的,或者生物的运动,诸如此类,不运动的事物是不存在的,这是科学的运动观。由于唯心主义的立场和科学在那个时代的局限性,巴克莱还不可能达到这样的高度。他把运动视为观念物的运动,因而依赖人的心灵,这是违反科学的。但是就他所涉及的只是牛顿力学中的运动,即由于外力的作用而使物体产生的场所的变更来说,他认为这

① 巴克莱:《人类知识原理》§ 114。

②③ 同上。

样的运动是相对的,即只是此一处所相对于另一处所,此一物体相对于另一物体而言的。这一解释虽然不是无可指责,但至少可以说比牛顿所谓物体在绝对空间中的运动更正确、更具有说服力。

巴克莱还以经验论分析和批评了牛顿力学和莱布尼茨等哲学家对于运动原因的解释,进一步阐述了自己的上帝动因论。

巴克莱明确反对逍遥派和经院哲学家所主张的隐蔽的质(occult qualities)的见解。他说:"我们所以说自己不能知道事物的本性,最大的一个原因,就是现在人们都以为,每个事物都自身包含着它的一切性质的原因,或者说,每一对象中都有一内在的本质,它的一切可感性质无不由此流出并依赖于此的。"① 这种内在的性质被称为隐蔽的质。在巴克莱看来,事物的一切性质,不论是第一性的,还是第二性的,都是可感的性质,此外再没有什么内在的不可感的本质。所谓隐蔽的质,只不过是"很难设想——实际上也无法设想的"抽象的术语。心灵的沉思应该倾注于具体的、特殊的事物之上,抛弃这种抽象无益的术语。② 巴克莱的这一批评是很中肯有力的。隐蔽的质在中世纪是一个被用滥了的术语,它实际上变成了帮助人们躲避无知的遁词。它貌似可以解释一切,如铁之所以可以压延是因为它的隐蔽的质——可压延的本性;水之所以可以流动乃由于它本身的隐蔽的质——可流动的本性。如此等等。而这只不过是在玩弄一些毫无意义的、丝毫不能告诉人们确定知识的概念游戏罢了。

在古典力学中,引力(gravity)或吸引作用(attraction)是一个

---

① 巴克莱:《人类知识原理》§ 102。
② 巴克莱:《论运动》§ 4。

重要的概念,它被用来解释某种机械运动如重物朝地心下坠的加速运动以及潮汐现象等等。巴克莱指出:"因为重物下坠的原因是看不见的和未知的,因此,上面所说的引力就不可能被恰当地称为可感的性质。因此,它便是一种隐蔽的质。"① 而隐蔽的质不过是一个抽象的、无意义的术语。所以,把物体下降运动的原因归结为地球的引力是不恰当的。除引力外,"力"(force)也是人的感觉观念所不可企及的,因此,也是一种隐蔽的质,巴克莱写道:"十分清楚,把引力或力看成是运动的原因,是没有根据。因为原因怎么会通过一种被称为隐蔽的质的东西而认识呢?自身隐蔽的东西不可能说明什么。"②

不仅力学上的力不能看作是物体运动的原因,而且有些哲学家所说的力也无法成为其原因。他介绍了两个对力进行过"更精细的研究的人"的看法:"托里拆利说,力和动力是深奥而难以捉摸的东西和本质。这些东西包含在物质的实体中,就如同包含在女巫赛西(circe)的那个具有魔力的花瓶中一样。"莱布尼茨在说明力的本性时,也同样说过这样的话:"能动的、原始的力是在先产生的力,它是同灵魂或实体的形式相一致的。"③ 巴克莱批评说,不论是托里拆利的神秘难懂的力,还是莱布尼茨的与实体形式相一致的力,都是抽象的产物,它们"并没有确定的意义,充其量不过是故弄玄虚之物的幻影的术语。"这样的术语表明形而上学的抽象的力在力学的实验中全然没有地盘,只能为哲学家制造麻烦。

---

① 巴克莱:《论运动》§4。

② 同上书,§6。

③ 同上书,§8。

巴克莱还认为，力学上所谓的“死力”(dead forces)也是不存在的。他的分析是，任何形式的力都不能直接被感到，而只能通过其结果来认识和测度。既然“存在于静止状态中的物体的死力或单纯的引力作用，没有变化发生，也没有什么结果”，那么，“我们就可以得出这样的结论：不存在死力”①。在他看来，一个处于静止状态的物体，既然没有任何活动，那么也就证明它本身内没有力或“死力”。他进一步指出：“借助形而上学的抽象而产生的死力和引力作用这些术语，被认为是与运动的东西、被运动的东西、运动和静止不同的东西。但实际上，这种假定的意义上的区别简直等于虚无。”②

在关于动力(impetus)的问题上，也存在着各种各样的矛盾的说法。莱布尼茨把动力同运动混为一谈。在牛顿看来，动力在实际上与惯性力是一个东西。博雷利认为，动力只不过是速度的度数。有的人把动力和作用区别开来，其他人则把它们看成是同一的东西。大多数人把动力看成是与运动成比例的，但也有少数人还喜欢在动力以外主张其他的力。这种力可以通过速度的平方乘质量来加以度量。巴克莱认为，这种种不同的说法在运动的理论上造成了令人惊奇的混乱。其错误归根到底还是形而上学的抽象③。

在巴克莱那里，力学中所讲的力、引力、死力、动力等各种运动的原因都被当为隐蔽的质，或者形而上学的无意义的抽象而被排除了。但是，巴克莱一再强调，他并没有一概否认这些概念的作用。这些术语虽不能说明物体运动的原因，但它们却“对于

①② 巴克莱：《论运动》§ 10、11。

③ 同上书，§ 16。

论证、计算运动和运动中的物体是有用的。”牛顿在述说引力的时候，并没有把它看作是一种真实的物理上的性质，而只是把它看成一种数学上的假设。总而言之，这类的假设是具有利于人们对运动进行计算的实用价值的。

在力学和某些自然哲学家的心目中，各种形式的力都是物体自身具有的，因此，承认这样的力是动因，就等于主张物体本身是能动的。巴克莱否认这类动因，实际上也正是旨在否认物体自身的运动，以论证上帝是惟一的真正动因这一理论。他指出："我们所认识的那些被称之为物体的东西，在自身中并不包含能够成为运动的本原或运动的动力因的东西。因为不可入性、广延和形状既不包含，也不意味着任何产生运动的能力。而且完全相反，如果我们逐个地观察一下物体的这些性质，以及其他可能存在的性质，那么，我们便会看到，事实上，它们全都是消极被动的。”① 在巴克莱看来，“物是观念的集合”，观念是被动的，它们所组成的一切物体也不可能是自己运动的。

巴克莱断言，物体运动的原因不在物体以内，而在物体以外；不在物质的东西之中，而在精神的实体之中。确切地讲，这个创造世界并成为自然界中一切物体运动的原因的精神实体不是别的，正是上帝。上帝是惟一的，真正的致动因。他引起物体的运动全凭自己的意志所具有的无比的力量，不需要任何的中介、工具和偶因。因此，“当哲学家离开心灵或精神来探讨自然的致动因时，这显然是徒劳无益的自我开心”②。巴克莱还盛赞阿那克萨戈拉这位最有智慧的哲学家，是他第一次使用了奴斯

① 巴克莱：《论运动》§ 22；参见 § 23、28、29。
② 巴克莱：《人类知识原理》§ 107。

(nous)这一术语，并把它看作是引起惰性的物质运动的根源。此后，亚里士多德、柏拉图、笛卡尔派以及牛顿等人也都以不同的形式主张精神实体或上帝是自然界中一切事物运动的最终源泉。

科学的运动观表明，运动是物质的事物存在的根本形式，事物运动的原因在于事物内部具有的矛盾性。在机械力学中，正是吸引与排斥、引力与斥力、作用力与反作用力等对立面的相互作用构成了机械运动的原因。巴克莱根本否认引力、力等动因的存在，更不懂得对立面的对立和统一，因此，他对于动力因的探讨无疑具有反科学、反辩证法的一面。但是，就巴克莱的本意而言，他并不是要反对科学的。他的目的在于划清科学与哲学的职责，调和科学与哲学以及与形而上学和神学的关系。

在论述自然科学，即力学与形而上学或神学的关系时，巴克莱首先充分肯定了力学的作用。他指出："力学原理和运动的普遍规律或自然界的普遍规律，是上一世纪可喜的发现物。它们在几何学的帮助下，被加以探讨和运用，十分有助于理解哲学。"① 但是，每一学科都有其有限的范围，科学家"所涉及的就只是实验运动的规律、力学的原理和由之而演绎出的推论"②。而对于"运动以及物体存在或物质性的属性存在的真正的动力因，却绝不属于力学或实验的范围"③。如果力学硬要讨论这样的问题，那就势必造成各种困难和混乱。巴克莱认为，对动力因之类的问题的探究属于更高的学科，即属于形而上学或神学。用他的话说："对万物的创造主和保持者，慈善而又伟大的上帝

①③ 巴克莱：《论运动》§41。

② 同上书，§34。

的论述,对万物如何依赖于最高的真实的存在所作的说明,乃是人类知识中最卓越的部分。这方面的知识属于第一哲学或形而上的神学。"① 一言以蔽之,科学跟哲学和神学都有存在的理由,都属于真正的知识,但是,两者相比,哲学和神学优于科学、高于科学。这显然是双重真理论的变种。

四、因果观

因果关系是自然界事物中普遍联系的一种,也是自然哲学所关心的重要内容之一。在巴克莱时代,许多科学家和哲学家都主张因果关系的普遍必然性和实在性。在他们看来,世界上的每一物体或事件,作为结果,总是由另一种物体或事件引起或产生的。因此,一切自然的事物莫不处于一条永无休止的因果关系的链条之中。巴克莱对这样一种因果观提出了挑战。他根据自已的基本原理,坚决否认对象物之间有任何实际的因果联系。他的理由是,如果有原因和结果存在的话,那么前者必须是主动的,有活动能力的事物。而所谓对象或物理的东西,无非是观念或感觉的集合,本身都是被动的、被产生的东西。既然如此,它们就不可能引起和产生其他的事物或事件,即是说,自然中任何事物都不能作为原因而存在。所以,所谓普遍必然的、实在的因果联系学说是站不住脚的。②

在巴克莱那里,真实的因果联系仅仅存在于精神实体与其产物之间。正如我们在前几章中所阐述的那样,上帝是巴克莱

① 巴克莱:《论运动》§ 34。
② 巴克莱:《人类知识原理》§ 62—64。

所主张的最高的精神实体和一切事物的根源。他是能动的，其力量是无限的。包括人类在内的世间一切事物都是他的造物，或者反过来说，上帝是自然界一切事物的真正的原因。在自然界中存在的一切物体、事件或观念的集合，除了与上帝之间有这样一种结果与原因的关系以外，再没有类似的关系。

上帝以外的精神实体是人的心灵。人心作为实体，也有产生和引起事物的能力。巴克莱解释说，虽然人心与作为自然对象的观念物没有因果联系，即人心只以其理智通过感官来感知它们这些上帝的直接产物，但人心却可以凭其意志产生其他的主观的观念，例如内省的观念和想象的观念。它们是人心的直接产物，因而与人心具有原因和结果的关系。主观的观念之间，正如上帝创造的观念之间一样，由于其本身是被动的，也不存在什么因果关系，它们只以人心为其原因。但是，无可否认的事实是，人们随时都会发现，在自然界中，一个物体或事件总是伴随着另一物体或事件而发生的，例如我们坐在火堆旁，如果把身体靠近火堆，随之而来的结果就是疼痛。事物之间的这类关系，如果不是因果关系，那究竟是什么关系呢？巴克莱明确指出："观念间的联系并不表示原因与结果的关系，它只表示一个标记或符号(mark or sign)与它所表示的那个事物间的关系。我所看到的火并非当我接近它时所遭受的痛苦的原因，只是以痛苦警告我的一个标记。同样，我所听到的声音也不是周围物体的某种运动或撞击所产生的结果，而是代表它们的符号。"① 照这种解释，事物之间只有相随关系，而无因果关系，而且实际上，这种相随关系中的各项也都是符号与符号、观念与观念之间的关系。

---

① 巴克莱：《人类知识原理》§65。

疼痛、声音等一切被我们看作是结果的事物或事件都是上帝造成的。应当注意的是，巴克莱这里所说的符号，是以视觉观念为主的感官的观念，它们是上帝的产物或实在的事物，与人造的数学、几何学中的符号即数码和图形这种纯粹主观的东西是大不相同的。

巴克莱虽然否认自然界事物本身具有因果关系，主张观念的事物之间所发生的只是符号之间的关系，但是，他并不因此而认为观念与符号间的关系是任意、杂乱和无章可循的。他表明，要使某些观念表示许多人们所说的原因和结果关系，就必须使观念的集合遵守某种普遍的规则。换言之，观念之结合为物，正如字母结合成文字一样，不是任意拼凑，而是有规则的。这种规则也不是人造的，而是上帝把它们设计出来，并依照它们创造出观念物的。因此，这种观念之间、符号之间的关系是普遍有效的，恒久不变的。懂了这一点，我们在考察事物时，就会“知道某些动作会预示某些结果，并且可以知道，应该采取什么样的方法以引起某种观念来”①。

巴克莱进一步认为，由此看来，“人们平常所说的那些作为原因的事物，或者能产生结果的事物，尽管都不可解释，并使我们陷入极大的荒谬，但一旦它们被看作是知识的标记或符号，它们就可以自然地解释出来，并被赋予恰当而明显的用途”②。简言之，人们平时所谓的因果关系虽然在哲学上是错误的，但在实践上却起到了解释自然现象的作用。因此，只要人们记住，事物间真实的关系是符号关系这一点，就可以自由运用他们习熟的

---

① 巴克莱：《人类知识原理》§65。

② 同上书，§66；参见§108。

因果观念来解释事物了。

巴克莱又一次确定了自然科学的任务，以及它与哲学和神学的界限。在他看来，既然原因是某种看不见、摸不着的东西，人们的感官力所能及的仅仅是某种结果，那么，对于原因的探讨就超出了自然哲学或科学的研究领域，而成了形而上学或神学的特权。因此，"自然哲学家的正当任务，就应该是探讨并尽可能地理解自然的造物主所造出的那些符号，而不要自命不凡地用物质的原因来解释各种事物"①。反之，科学家若不安分守己，超出自己的范围而进入形而上学领域，那就会陷入荒谬。

在巴克莱的原因与结果学说中，我们再次发现了他对于科学和神学、常识与哲学的调和态度。他毫无踌躇地宣称：自然界中根本不存在实在的因果关系，只有符号间的关系；这是他本人的哲学见地。与此同时，他又承认科学和常识中的因果观念的实际效用。一方面，他并不否认科学的有效性，另一方面，他又指出科学的局限性，即它只适用于研究上帝创造出来的观念物或符号，对事物的原因，和对精神实体的研究则是形而上学和神学的事情。从总体上看，巴克莱承认上帝创造世界，否认自然界事物本身的因果关系，是错误的。但是，他对于因果观的解释也有合乎逻辑的一面。这就是，他在哲学上否认，而在实际生活中承认人们平素所谓的因果观念。这种调和不是无原则的，而是以要求人们考虑到事物的真实的关系只是符号关系为前提，然后再以因果观解释自然界的。他调和自然科学和神学，其中的合理因素在于为科学划定了界限，在一定程度内肯定了科学的价值和作用。同时，这后一种调和还表明，科学和神学，由于其

① 巴克莱：《人类知识原理》§ 108。

对象和研究领域的不同，并不像许多人所认为的那样，是完全对立，水火不相容，甚至你死我活的。科学的对象是经验的世界，神学研究的是超验的实体，两者各有所司。如果互不侵犯，就可以并行不悖。尽管随着科学的日益发展，其研究的范围也随之越来越广泛，但无论如何超不出感觉经验所及的世界，总有一个未知的领域存在着，所以神学总可能有其"用武"之地的。从这个角度来看，科学的发展能否根除与何时根除宗教与神学，似乎还是一个有待进一步探讨，不宜过早下结论的问题。

对照休谟的因果观，我们可以清楚地发现巴克莱的痕迹。休谟不像巴克莱那样明确肯定上帝是一切事物的原因，反之，他宣称这样的原因是不可知的。然而，他却紧随巴克莱否认自然界事物本身的因果必然性。他指出："在全部自然中，并没有任何一个联系是我们可以设想的。一切事件似乎都是完全散漫而分离的。一个事件随着另一个事件之后而产生，但是我们却根本不能观察到其间有任何纽带。它们似乎是'集合'在一起，而不是'联系'在一起。"① 在休谟那里，事物是知觉的集合，它们之间的联系不是真实的，必然的。科学和常识中所说的因果观，实际上只是习惯性联想的产物，即当人们经常看到一个事件总是伴随另一事件而发生时，就在心理上习惯地认为其一是原因，另一则是结果。很显然，不论是巴克莱的"符号论"，还是休谟的"习惯联想说"，都有一个共同的特征，即否认事物中因果联系的实在性。康德在谈到休谟因果观的影响时指出，正是它使他从独断论的睡梦中惊醒，从而真正开始考察必然性的知识究竟是

① 北大哲学系编《十六——十八世纪西欧各国哲学》，商务印书馆 1975 年版，第 652 页。

从哪里来的这一重大问题。鉴于休谟与巴克莱的因果观的相似和一致性，所以我们或许更应该说，是他们两人共同给康德以关键影响的。

五、关于数学中的几个问题

巴克莱不仅批驳了物理科学方面在时空、运动、因果范畴等问题上的不同意见，阐述了自己的时空观、运动观和因果学说，而且仔细地分析了数学即算术、几何学和微积分中存在的问题，提出了自己对于数目、广延的可分性，以及无限性等数学概念的本性的看法。

首先，巴克莱客观地分析了数学中的错误。他指出：数学各学科都具有其他思辨知识所无可比拟的优点，即在解证（demonstration）方面的明白与确定性。但是，这并不能说明数学知识是完全无误的。数学知识是一种演绎知识，其前提是一些假设的、超验的公理。和任何演绎知识一样，如果前提错了，那么其结论亦必错无疑。他说："在数学的全部进程中，人们只默默地假定了"一些公理，而没有对其本身进行考察。这样，"那些秘密地、未经考察的错误，实在是满布了各门数学的"①。具体地说，这些错误的假设主要有：主张抽象的一般的数目；认为有限的广延可以无限地被分割以及微积分中所谓的无穷小等。

其次，巴克莱批驳了抽象的数目论，认为算术学研究的是事物的标记。他写道："人们一向以为算术学的对象是一些抽象数（number）的观念，而理解这种观念的性质和相互关系，正是思辨

① 巴克莱：《人类知识原理》§118。

知识中的重要部分。那些思想极尽精微高明的哲学家,以为抽象的数目有一种纯粹的、智慧的本性,并因此而敬重它们。有了这种看法,那些最无足轻重的数字上的思辨也被赋予了价值,而在实践上,这种思辨是毫无益处的,只不过使人开心罢了。"[①]古代的毕太戈拉派是数的崇拜者,他们用数目来解释一切事物。近代的牛顿、莱布尼茨也都有把数看作是抽象观念的倾向,而在巴克莱看来,数目只是一种感官的观念,"它是伴随一切其他观念而来的,而且被一切感觉或反省的途径所感知,因此,不用说,它不是什么抽象的观念"[②]。

巴克莱进一步解释,数学研究是通过对于数目的名称和标记即1,2,3,4,5,6,7,8,9,0来实现的。而这样的标记的产生有一个历史的过程。"起初,人们为了便于记忆和有助于计算,就使用了一些筹码,或者写下了一些单一的画、点之类的东西,使它们各各表示一个单位,即表示它们自己所要计算的任何东西。后来,他们又找到了一些更为简便的方法,用一个字来代替几画和几个点。最后,阿拉伯和印度人的记数方法被采用了。他们只重复少数的字和数字,而且根据其所占的位置而改变它的意义,所有的数目就可以最恰当地表示出来。这种做法似乎是模仿语言来完成的。"以后又逐渐有了加法和乘法、减法和除法等形式的数字运算形式。[③] 不管是最初的点画,还是后来的数字,都只是表示要计算的事物的标记或符号(signs)。有了这样的符号系统,人们就不再考虑它们所代表的事物,而在实践中,"只计

① 巴克莱:《人类知识原理》§ 119。

② 同上书, § 13。

③ 同上书, § 121。

算数目,就可以正确地总结、分割、分配我们所要计算的各种事物自身"①。在这里,巴克莱所讲的数目标记或符号,与视觉和其他感官观念符号是有明显区别的。前者是在长期的历史过程中为了方便计算而人为地制造出来的主观的符号;后果则是上帝亲自创造的作为事物的符号;两者在客观性的程度上是有差别的。

巴克莱的论证表明了两点,第一,数目不是什么抽象的观念,而是"一些不能离开特殊事物的名词和标记";第二,研究数目的算术学也因此而与具体的事物相关。所以,算术学也是一种与实际的事物,与人的生活相关联的有用的学科。反之,如果把数目了解为抽象的观念,算术学就变成一种空洞的思辨,一种无意义的玩意②。

巴克莱的数目论的重要性在于,他反对把数目与事物抽象地分离开来、强调算术学的意义在于通过对于数目符号的研究把握具体的事物。同时,他还从人的实际需要出发,历史地描述了算术学产生和发展的大致过程。但是,巴克莱在主张数目的具体性时,却走向了极端,因而忽视了数目实际具有的抽象的一面。科学的历史告诉我们,数和形的概念是劳动群众长期实践的结果,是适应于生产和生活实践的需要产生的。从本质上看,数目是事物量的方面在观念上的表现。没有事物,就没有关于事物的数。因此,数目有具体的一面。但是数目又不是以物的形式存在,即它没有物理特性,而是某种观念性的东西。此外,每一数目所代表、所指向的都不是固定的哪个对象,而是适用于

① 巴克莱:《人类知识原理》§ 121。

② 同上书,§ 120、122。

一切对象。从这个意义上说,数目又是抽象的。巴克莱反对抽象的一般观念,因而错误地否认了数的抽象性。

在讨论了算术之后,巴克莱接着分析了几何学。他指出了这样一个事实:几何学以有限的广延为对象,而人们都普遍地假定,有限的广延是可以无限分割的。他认为,由于人们对这样的假定的可靠性从来都不曾怀疑过,“所以几何学方面发生了一些开心的怪论,而且这些怪论是同人类的明白常识显然相反的。”同时,这种假定还使数学变得倍加困难和可厌。巴克莱所要做的就是要驳倒有限广延的无限可分性这一假设,使几何学免除许多违反理性的困难,让学习几何学的人省却许多时间和辛苦。①

巴克莱否认有限广延无限可分的主要论证是这样的:“可以作为思想对象的每个特殊的有限的广延,都是一个仅仅在心灵中存在的观念,既如此,它的每一部分都一定是被感知到的。因此,如果我在所思考的有限广延中感知不到无数的部分,那么,它们就确实没有包含在这个有限的广延中。很显然,不管是用感官感知到的,还是在心灵中形成的任何特殊的线段、平面和立体,我都无法区分出无数的部分来。由此可以得出结论,它们并不包含无限的部分。再明显不过的是,我心目中的广延只是我自己的观念,而且同样明显,我不能把任何观念分化成无数别的观念,这就是说,它们不是无限可分的。”② 归纳起来说,在巴克莱看来,凡是可以直接感到的才是真实的,我们不可能感知有限广延中的无限部分,所以,有限广延中不存在无限部分。明眼人

① 巴克莱:《人类知识原理》§ 123。

② 同上书, § 124。

一看便知，巴克莱在这里是旧调重弹，使用的还是那套狭隘的存在就是被感知，不被感知者就不存在的经验论的伎俩。对于它的局限性，我们早已指出过几次了。

当然，巴克莱的论证不仅仅是根据经验主义的这一原理，他也从逻辑上指出："说有限的量和广延包含着无数多的部分，是一个极其明显的矛盾，任何人只要一看便知道它是矛盾的。"① 正如由于不思想的物质实体支托精神的观念，不动的物质引起观念是矛盾的，因而物质是不成立的一样，有限广延包含无数部分的说法也是虚假的，没有道理的。在这里，巴克莱又一次试图用逻辑上的矛盾性证明事实上的不可能性。但是事实上，他的证明是经不住推敲的。乍一看来，"有限的广延包含无数部分"这样的说法似乎是矛盾的，因为其中包含了有限和无限的对立。但是，如果我们较为深入具体地分析一下命题中"有限的广延"和"无数的部分"的含义，情况就不同了。我们可以说，前者指的是一个确定的量，譬如 10 米长的线段；后者则是指一种可变的量，它可以包含无限个单位数。10 米长的线可以由 10 个 1 米的部分组成，也可以由 100 个分米、1000 个毫米来组成。而且还可以照此分割下去。但无论如何，10 个 1 米，或 100 分米，或 1000 毫米……都等于原先那个定量即 10 米。说得直接一点，一个无限的可变的量组成一个有限的定量是合乎逻辑的。中国有句古话："一尺之棰，日取其半，万世不竭。"这件事情也许在事实上做不到，但作为一个命题，从理论上、逻辑上看，却是不矛盾的，合理的。巴克莱的错误或者在于只注意了"有限"和"无限"这两个概念在表面上的对立，或者是把无限的部分所指的不确定的量，

① 巴克莱：《人类知识原理》§ 124。

看作是确定的了。

巴克莱进一步指出，有限的广延之所以被看作是无限可分的，其根源一是在于人们把几何学所研究的广延看作是抽象的观念，二是由于人们把广延视为心外之物。关于广延不是心外之物，只是观念，巴克莱在驳斥物质实体时已经详细阐述过了。在这里，巴克莱极力反驳了几何学上的广延是抽象观念的观点。他分析说，人们在研究几何学时总离不开或三角形，或长方形、正方形，或直线、曲线之类的示意图。示意图中的一尺，可以代表实际上的一千尺或一万尺等等。这就是说，图形在意义上有普遍性。巴克莱接着说："不过它只在意义上是普遍的，它只是在意义方面能表象比自身大得无数的线。"我们不能因此而把它看作是一抽象的观念。在图形中一尺长的线本身只是一尺长，即只是一个有限的广延，它本身的长度不会超过一尺，也不可能是许多不同的线。换句话来说，几何图形与实际事物实际上是标记与被标记的关系；一种设定的具体的观念与另外的具体观念物之间的关系。人们之所以认为几何图形的广延是可以分成许多的部分或具有其他性质，事实上是人为地"被标记的各条线的性质借一个很平常的图形，转移到标记上，因此就误以为标记本身也具有那种性质了。"① 巴克莱的目的在于说明几何学图形本身并没有一般性，它们不是抽象而来的一般观念。

几何图形与事物的关系无疑可以被看成是标记与被标记的关系。同时，人们也许不会否认巴克莱的另一说法，即图形的可分性和其他性质是由于人们把事物本身的性质转移到图形本身上来了。问题的关键是，这样的一种转移是否合理。照巴克莱

---

① 巴克莱：《人类知识原理》§ 126。

的说法，作为有限的广延的几何图形也如它所代表的具体事物一样是某种具体的观念。具体的事物尽管可以比它的几何图形大得多，但是毕竟是一个有限的物体。有限物体的广延总是可以分割的。几何图形虽比它代表的事物要小，然而它亦是有限的广延，因而也是可以分成许许多多的部分的。譬如说，如果在几何上可以用10厘米的线段代表1000公里的铁路线，那么，正如1000公里的铁路线可以分成1000份或更多，它的标记，即10厘米的线段也应可以分成相同的份数。两者的差别只是程度上的，即前者分割后的部分长度较大，后者则较小。由此可见，巴克莱否认有限广延的无限可分性是错误的，其论证也是不能令人信服的。

不过，巴克莱的反驳也许可以给人这样一种有益的启示，这就是，理论上合理的不一定是实践中现实的。根据我们以上的分析，10厘米的线段从理论上看无疑可以分割成无数的部分，但这仅仅是一种合理的推算或逻辑上的可能性。如果让我们亲自动手去分，那么它在分到一定的份数以后，便由于实在太微小而无法再分下去了。所谓"一尺之棰，日取其半，万世不竭"，也不过只是一种理论上的可能性罢了。巴克莱强调的是现实性，是可以实实在在地感到的东西。从实际的结果看，巴克莱对于无限可分的论述是有一定道理的。其主要缺陷在于，他在否认实在的无限可分时，也把理论上的无限可分排除了，而这归根到底还是他的狭隘的经验主义作祟的缘故。

最后，巴克莱还对牛顿和莱布尼茨发明的微积分提出了不同意见。他并不直接否认微积分的实际效用，但他断然否认它的理论基础，即无穷小概念。他在《人类知识原理》中指出：有一些人不仅热衷于有限广延的第一等级的无限分割，而且进一步发展到第二等级的无限分割，即对分割的无限小部分再进行无限的分割，这样下去，以至无穷。这样，“按他们说来，一寸中不只包含着无数部分，而且包含着无数部分的无数部分。”① 但是实际上，正如我们已经表明的那样，“并没有无限小的部分，而且任何有限的数量都不能包括无数的部分”。牛顿把无限小概念为基础的科学提高到惊人的程度，实际上只是建立了一个空中楼阁。因此，如果我们把它从思辨的数学中减掉，也丝毫无损于真理，无损于人类。②

巴克莱对数学上的无穷小概念的批判究竟有无道理，是一个不易判断的问题。因为这牵扯到对数学的本质的理解。许多人认为：“数学所研究的是关系，而不是物理上的存在，它的真理标准则是内在的一致性，而不是凭感官或真理的可信性。”③ 如果按照这种对数学本质的见解，巴克莱的驳难就是无效的，毫无意义的。

从上述可以看出，巴克莱的自然哲学中虽然也存在一些有益的启示，但从总体上看，却是唯心主义的，不符合科学理论的。之所以如此，是由于他的非物质主义的基本原理所致。不过，我们不能因此而笼统地说巴克莱的目的就是反对科学。从动机上看，他的自然哲学也如其整个哲学体系一样，旨在清除科学中的错误、矛盾和混乱，如物质概念，隐蔽的质，神秘的力等等，以便使科学的研究“更简明”，更正确，更省力。换句话说，其目的不是反对科学，而是简化科学，纠正现行科学中的弊端。实际上，

---

① 巴克莱：《人类知识原理》§ 130。

② 参见巴克莱：《人类知识原理》§ 131、132。

③ 〔美〕卡尔·B.波耶著《微积分概念史》，上海人民出版社 1977 年版，第 241 页。

巴克莱所涉及的只是自然科学、包括数学的基础理论问题，例如动力因问题、因果关系、微积分的理论基础问题。对此，向来哲学家和科学家从来都没有统一的见解，巴克莱在从哲学上唯心地解答这些问题时，一再宣称物理学、数学、几何学的具体原理仍然是有效的，人们在日常生活中应该依照它们行事。总之，不论从动机还是实际结果看，巴克莱决不是科学的敌人。在他看来，科学尽管在知识分类上低于哲学和神学，因此应以后者为基础，但科学是自有其价值和用途的。巴克莱仍然是一位双重真理论者。

第八章

反抽象论

我们在第五章剖析巴克莱否认物质实体学说的手法时曾经揭示了他的反抽象论的部分内容。然而,在巴克莱的哲学中,对抽象论的反驳不仅仅局限于否认物质实体存在这一种用途上。事实上,巴克莱的反抽象论包含了丰富的认识论和语言哲学的内容,它体现了巴克莱哲学的方法论原理,与他的非物质主义的基本原理有着直接的、密切的关系。因此,要全面、正确地理解巴克莱哲学,就不能不认真对待其反抽象论。

巴克莱在写作《哲学评论》的过程中形成了他对抽象问题的系统观点。这些观点零散地反映在《哲学评论》的一些条目中。同时,巴克莱还专就抽象问题写过一篇长达 65 节的文章,其中概括了人们习惯上理解的抽象的意义,指出抽象的不可能性,以及抽象论的危害及其语言学上的错误根源。此文没有公开发表。后来,巴克莱对它进行过两次修改,并使之作为《人类知识原理》的绪论与该书一同问世。绪论由 25 节组成,在篇幅上远远少于原文,而且在内容和观点上也有与原文不尽统一的地方。

但从总体上看，绪论仍坚持和体现了原文的基本精神面貌。① 在这里，我们将以绪论为主要根据，结合其原文和其他著作的有关材料，力求全面系统地阐述和分析巴克莱的反抽象论和与之相关的语言哲学的内容，以及其认识论与方法论方面的意义。

一、流行的抽象论

巴克莱认为，当时人们普遍承认一种抽象论，而这种理论是很成问题的，因此必须加以驳斥。这种抽象论包含以下几个层次的内容。

巴克莱指出："人人都承认，各种事物的性质或情状，并不真能各自独立存在，与别的一切都绝了缘，它们实际上是交互混杂在同一个物象以内的。不过人们又说，人心可以单独地考察各种性质，可以把一种性质同其常联合在一块的别的性质分开，因此，它就可以借此构成抽象观念。就如视觉见了一个有广延、有颜色而且能运动的对象时，人心就可以把这个混杂的、复合的观

① 弗雷泽(A.C.Fraser)于1910年首次发表了此文的手稿，他称之为《巴克莱〈人类知识原理〉绪论的草稿》(Berkeley's rough draft of the Introduction to the Principles)。约瑟朴(T.E.Jessop)以《绪论第一稿》(The first draft of the Introduction)为题将其编入9卷本的《巴克莱全集》第2卷。1987年，瑞典巴克莱学者贝尔弗雷奇(B.Belfrage)出版了这篇文章的第三个版本，他为之加的标题是《巴克莱的手稿绪论》(Berkeley's Manuscript Introduction)。弗雷泽的版本包括巴克莱第一次修改前后的全部段落和句子，但没有注明哪是修改前的，哪是修改后的，因而造成了一定的混乱。约瑟朴则略去了巴克莱在第一次修改时加上的部分，只保留了原文第一稿的内容，因而算不上一个完整的版本。贝尔弗雷奇的版本不仅包括第一次修改前后的所有文字，而且保持了巴克莱原文手稿的基本面貌，哪些是修改前的，哪些是修改时划掉的，哪些是新增加的文字，读者一目了然。本书所参考的就是这一版本。

念分化成单纯的、组成的各部分,并且单独地各各思考它们而排除其他的部分,以构成抽象的广延、颜色和运动的观念。这不是说颜色或运动可能离开广延而存在,乃是说人心可以借助抽象构成脱离广延的颜色观念,既无颜色也无广延的运动观念。"[1]这就是说,在抽象论者看来,人的心灵可以撇开本来结合在一起的各种性质或成分,来单独考察其中某一性质或成分,从而构成它的观念。这里的要害是"分离"(Separate),"分开"(divide),"分开来设想"(Conceive apart 或 imagine apart),即分别考察之意。这就是抽象(abstraction)的"本来意义",也是巴克莱所批判的抽象论的第一层含义。

人心借抽象的作用将某种性质与其他性质分开,从而构成某种性质的抽象观念,这种观念虽然是抽象的,但仍然是简单的、初步的,如不包含形状的红色、没有任何颜色的运动就属此类。但人心并不停留于此。"人心又看到在感觉所知觉到的各种特殊的广延中,一面有共同的、普遍的东西,一面又有一些特殊的东西,如彼此相互区别的形相或体积,因此,它又单独思考拣出所谓共同的东西,构成一个最抽象的广延观念,它既不是线,也不是面,既没有坚实性,也没任何形状和体积,只是一个与所有这些无关的观念。同样,人心在感官所知觉到的各种特殊颜色方面,也可以略掉其能区别彼此的特殊成分,只保留其共同的成分,借以构成一个抽象的颜色观念,而这个观念既非红色亦非蓝、亦非白、亦非任何其他有定的颜色。同样,人心也可以离开被运动的物体、离开运动的形相、离开一切特殊的方向和速

[1] 巴克莱:《人类知识原理》绪论 § 7。

度,来单独思考运动,借以构成所谓抽象的运动观念。”① 从个别性质的抽象观念到包含共性的、一般性质的抽象观念,这就是抽象论所主张的第二层含义。

巴克莱指出,在抽象论者看来,从个别的性质到抽象的性质的观念,如从红色、黄色到颜色,从三米长、两米宽、一米高到广延,仍然没有达到最高的抽象,因此,人心还要进一步努力,以求实现包含各种不同性质的复杂抽象观念。他说:“人心不但构成抽象的性质观念和情状的观念,那些观念中是含有几种共存的性质的。”② 例如,人心可以把彼得、詹姆斯等复合物体中的个别特点去掉,“专保留其共同的成分”。这样就得到了一个“人”的观念。“人”这个抽象观念包含着彼得或詹姆斯或任何其他个别的人,但不同于任何个人的观念,它“诚然也包含颜色,因为没有人没有颜色,不过这个颜色却不是白的、不是黑的,也不是任何特殊颜色,因为一切人类并没有一种共同的颜色。在这个观念中,也不能没有身材,不过它也不是高的,也不是矮的,也不是中等身材,它是离开这些身材的”③。一句话,这里所说的抽象的复杂的观念就是类概念。“类”包括其中的每一个体,及其共同的性质或特征,但不能归结为个体及其性质。它是从中抽象、概括而来的一般。

由此可见,巴克莱心目中所谓的抽象论者的抽象,简单地说就是指从分别考察事物的某一性质到形成事物的共性或一般概念的过程。在一般的概念中,有的是关于某一类性质的,如颜色、广延,有的是关于某一类复杂事物的,如人、动物等等。巴克

① 巴克莱:《人类知识原理》§8。
②③ 同上书,绪论§9。

莱称这种一般的概念为“一般”(General)、“属”(Species)或“普遍的意念”(Universal Notion)。[①] 在巴克莱看来,这种一般观念首先是从第一步抽象即“分开设想”开始的,或者说都是以人心排除别的特性,单独观察某一种特性为基础而形成的,所以都叫做“抽象的一般观念”(abstract general ideas),他着力反驳的正是这样一种以抽象为基础的一般观念。

巴克莱所反对的这种抽象论,并不像有的巴克莱学者所认为的是专门针对洛克自己的。巴克莱在谈到这个问题时提到亚里士多德的名字,他还说:“抽象的一般观念是洛克先生和经院学者和其他所有哲学家所共有的。”[②]西方巴克莱学者弗里奇(D.E.Flage)在其《巴克莱的概念论》中公正地指出:“抽象理论至少说是自亚里士多德时代以来所共有的,巴克莱熟悉其中的许多抽象理论。可以合理地认为,巴克莱所试图攻击的是一种关系到整个传统的学说。”[③] 但同样不可否认的是,正如巴克莱认为洛克为物质实体论的主要代表,并因此而以他为主要攻击的目标一样,巴克莱也认为洛克是抽象论的典型代表,所以他的矛头是由直接对准洛克并由此而推及到历史上的抽象论的。巴克莱不论在其手稿和正式出版的著作中几次引用洛克《人类理智论》中的有关原文,而没有如此对待其他哲学家,仅此事实就足以表明这一点。

---

① 贝尔弗雷奇编《巴克莱的手稿绪论》§7。

② 《巴克莱给约翰逊的信》,见艾厄斯编《巴克莱哲学著作》第354页。

③ 弗里奇(D.E.Flage):《巴克莱的概念学说》,伦敦1987年版,第1章。

二、巴克莱的驳难

在阐明了当时流行的抽象论的基本主张后，巴克莱立即着手针锋相对的反驳。他的反驳主要是从以下几个方面进行的。

（一）从客体方面看，可抽象的界限和范围是极其有限的。针对抽象论者认为人的理智可以分别考察事物的性质的抽象观点，巴克莱说："我承认我自己可以在一种意义下实行抽象，就如各种特殊的部分或性质虽然联合在一个物体中，而又可以各自独立存在时，我就可以抽出其中的一个特殊的部分或性质来单独思考。但是各种性质如果不能单独存在，则我便不能把它们分别开来加以存想。"① 巴克莱在这里给人的抽象能力划定了一条确定的界限，就是说，凡事实上可以独立存在的对象物的部分或性质，人的心灵才可能对它们进行抽象或"分开来设想"；反过来，如果对象物的各个组成部分或其性质是密不可分地结合在一起的，换言之，在客体方面不存在可以抽象的条件，那么人的心灵就无力进行抽象。假如不顾这一条件，越出了可以抽象的范围，还要硬性抽象，那就太自不量力，因而也只能是徒劳之举。他还明确地说："别人是否有这种奇特的能力来抽象自己的观念，那只有他们自己知道。说到我自己，我确乎有能力来想象或表象我所知觉到的那些特殊的事物的观念，并且用各种方式来分合他们。我可以想象一个人有两个头、或是人的上部和马的躯干联合在一块。我可以离开身体的别的部分单独思考手，眼和鼻，但是不论我想象的手或眼是什么样的，它一定不能没有

---

① 巴克莱：《人类知识原理》绪论 § 10。

一种特殊的形相和颜色。同样,我给自己所形成的人的观念不是白的,就是黑的,要不就是黄褐色的;它不是屈的,就是直的,不是高的,就是矮的,或者就是中等身材。我的思想无论如何用力,也不能存想上述的抽象观念。”① 按照巴克莱的一般原理,任何观念的物都是各种性质的集合体,它不能离开其构成要素而存在;任何性质,无论是第一性的,还是第二性的,都是相互关联而存在的。因此,人心决不能设想一个没有具体的性质或特征的事物,如单纯的人或马;也不能抛开相互关连的其他性质而单纯考察一种性质,形成“非快非慢、非曲线、非直线的抽象运动观念”,或其他类似的观念。② 如前所述,巴克莱在反驳物质实体时,主要采用的就是这种手法。

巴克莱认为,抽象的可能性和程度、界限在于被抽象物自身是否可以分开存在,这似乎是在坚持抽象的客观根据,其实,他是以貌似客观的理由来达到限制或否认人的抽象思维能力的目的。我们承认对象物与其性质,以及各种性质之间,就其存在而言,是彼此密不可分地结合在一起的,但是,这并不等于说人的理智不能按照需要对它们进行分别的考察或设想。在现实存在中的相互关连是一回事,在思想中的相互分离是另一回事。前者不能够作为限制后者的根据或理由。科学和大量的事实一再表明,无论自然界、社会和思维领域内的事物多么复杂,人都可以在思想中进行解剖、分析,当对简单、单一的部分或性质有了一定的认识之后,再通过综合和概括的功夫,而达到对于事物的整体性知识。所谓分析,最主要的就是在思想中分开来考察事

① 巴克莱:《人类知识原理》绪论 § 10。

② 巴克莱:《人类知识原理》§ 5。

物的某一方面，这也就是抽象，它决不限于如巴克莱所要求的只适用于现实中独立存在的东西，而是适用于一切独立存在的或不独立存在的事物或性质的。巴克莱限制了抽象分析的范围，否认了人们对事物与其性质以及各种性质单独考察的可能性，这是违反事实和科学的。

（二）从主体方面看，人没有超出个别观念而构成抽象的一般概念的能力。抽象论者的典型代表洛克主张抽象的一般观念是人所特有的，因而亦是区别人与兽类的标志。他在解释抽象观念的产生和用途时指出，为了给众多的特殊观念一个统一的名称，于是人们就借抽象的作用，把由特殊事物得来的那些特殊观念造成概括的或一般的观念，动物则完全缺乏这种能力。“有一些动物似乎在一些情况下，亦能稍行推理，正如它们之有感官是一样的。不过它们的推理只限于感官传入的那些特殊的观念，高等动物亦受这些狭窄的限制，而不能借任何抽象作用，扩大那些界限的能力。”① 亚里士多德也说，这种抽象观念的形成不是人人办得到的，只有经过心灵的刻苦努力才能实现，用巴克莱自己的话来说，“只限于那些有学问的人才能获得它们”②。巴克莱在引述了洛克的原文以后接着说：“我很同意这位有学问的作者。我知道兽类的官能无论如何不能达到抽象作用。”③不过他强调，不仅兽类不能抽象，人的心灵亦无法超出特殊观念的局限，而上升为抽象的一般观念。他恳请读者自己不妨一试，看看是否可以形成一个抽象的一般观念，如“非钝角、非直角、非

---

① 洛克：《人类理智论》第2卷，第11章，第9—11节。

② 巴克莱：《人类知识原理》绪论§10；参见《巴克莱的手稿绪论》§22。

③ 同上书，绪论§11。

等边、非等腰、非不等边，而同时是俱是而又俱非的一个三角形观念”①。他承认自己不能得到这样的抽象观念，而且认为其他人也一样无法形成这种观念。在这种情况下，如果仍然坚持只有动物才不能形成抽象的一般观念，那么，“我恐怕大多数所谓人都要归入兽类去了”②。

超出个别的观念而达到抽象的一般观念，或者说由个别性上升到共性，这正是由低级的感性知识到高级的理性知识的认识过程中的关键环节。离开这一环节，就没有理性知识的产生。巴克莱否认这样的抽象能力，否认人能够得到一般观念或共相，这就使人的认识能力停留在个别观念的感性水平上，停留在动物的层次上；同时亦否认了高级的理性知识的存在。在他看来，一切知识即使是科学也都在感性的范围内，都是关于个别观念的知识，人不能通过分析和综合而从个别观念达到概念性认识。这是狭隘的经验主义认识论的一种突出表现。

巴克莱之所以否认人的抽象能力可以使个别观念上升到一般观念，这与他对“观念”一词的看法密切关连。按照巴克莱的观念论，观念中包括感官的观念物及其影像（images）或摹写（copies）。后者是前者在人心中的映现，亦可称之为心理图像（mental picture）；前者则是后者的原型。它们之间具有清晰或生动程度的区别。观念物就是自然界中的事物，它们是个别的；其影像虽然较暗淡，但由于是前者的直接的照镜子式的反映，所以也保持了前者的个别性。总而言之，观念物及其影像之间无论如何没有飞跃，没有个别到一般的质的转变。如果真是这样，抽

① 巴克莱：《人类知识原理》绪论 § 13。

② 同上书，§ 11。

象的一般观念的确是无法产生和存在的。我们的确无力从许多个别人中概括出既不是彼得,又不是詹姆斯等具体人但又包括他们在其中的一般人的图像。也得不到既非钝角又非直角的三角形的影像,诸如此类。换言之,如果观念永远是影像或图画,那么就会如巴克莱所言,没有抽象的一般观念。然而问题在于,洛克并没有坚持一成不变的图像论。在他看来,作为认识的直接对象的观念,主要是指第一性质的观念,是具有影像性质的,它们与其外部对象的原型相符合;但经过一定的抽象而得到的一般观念则发生了根本的变化,它除去了个别观念所拥有的特殊性,保留了它们共有的特性或普遍性。因此,共性的观念不再是图像式的观念了。"三角形"、"人"就是这样反映一类事物共性的抽象的一般观念。我们心中没有一个一般的三角形,一般的人的图像,但却有一个一般的观念,它能包括和代表个别的三角形或人的观念。由此可见,由个别的观念到抽象的一般观念的转化就是具体观念到概念的形成过程,也就是由感性认识到理性认识的上升过程。巴克莱作为一名狭隘的经验论者,他不懂得这种认识的上升或飞跃,所以也就必然否认抽象的一般观念的产生和存在。

(三)抽象的一般观念并不是语词所标记的东西。在抽象论者看来,人的语言跟抽象的一般观念有着天然的联系。抽象观念是名词的内容,语词是标志抽象观念的符号,二者的联系是如此密不可分,以至可以说从人使用语词就能推断人必有抽象的一般观念。洛克就持这样的观点。他说:"我们所以用言语,乃是要把它们当作内在观念的外面标记,乃是要用它们来表示由各种特殊事物所得到的那些观念,因此,我们所接受的各种特殊观念如果各有一个独立的名称,则名称一定是无穷无尽的。为避免这层困难起见，人们便把由特殊物象得来的那些特殊观念造成概括的。……借着这种作用，由特殊事物而来的各种观念才能变成同种事物底概括代表；而且这些观念的名称——概括的名称——才可以应用于同这些抽象观象相契合的任何东西。”① 又说“字眼之所以成为概括的，乃是因为他们被人们作为概括观念的标记”②。洛克认为，名词的作用本应表示具体观念，但是，由于个别观念太多，语言中没有足够的名词称谓它们，所以人们便借助抽象的作用把众多的个别观念概括为较少的抽象的一般观念，并给予它们以与之相契合的名称。这时名称本身也就成为一般的概念。换句话说，概念是由名词和一般观念结合而成的。在这里，洛克等抽象论者的主旨在于主张抽象的一般观念是语词借以表达众多的个别观念的中介。

对此，巴克莱明确断言：“我是不能同意这层的，因为我以为文字之所以成为概括的，并不是它被用为抽象的概括观念的标记，乃是因为它被用为许多同类特殊观念的标记，因为这些特殊观念中任何一个都是可以被这个标记等样地提示于心中的。”③ 显然，在这个问题上，他与抽象论者的根本分歧在于是否承认语词可以直接代表具体观念。与洛克等人主张名词直接代表或标记同类中一个个具体的观念不同，巴克莱认为，文字、语词可以直接代表同类中的个别观念，毋需抽象观念的中介。譬如说，“广延”这个词，它所代表的就是人们所具有的各个事物的广延观念，而决不是“一个既非线，又非面，又非体，既非大，又非小，

① 洛克：《人类理智论》第2卷，第11章，第9节。

② 同上书，第3卷，第3章，第6节。

③ 巴克莱：《人类知识原理》绪论§11。

既非黑，又非白，亦非红，亦非任何其他有定的颜色的抽象的一般广延的观念”①。在这里，语词与个别观念的关系是直接的，根本没有抽象的一般概念的用武之地，抽象论者心目中的语词和抽象观念的必然关系，语词和具体观念之间的中介销声匿迹了。

巴克莱宣称，他并不否认一般观念的存在，他反对的是抽象的一般观念的存在，即靠“分开来设想”对象并从个别概括出来的观念。他承认一般的名词可以代表一类个别的观念，在这个意义上，名词就是一般的观念。例如广延、三角形就是这类一般观念。但是在他看来，名词之变为一般观念不是抽象的结果，而是我们人为地让一个别的观念代表同类的其他观念而赋予它一般性造成的。他举例说：“假如一个几何学家来解证分一线为两等段的方法，而且他画了一条一英寸长的黑线，则这条线虽是一条个别的线，可是它的含义是概括的，因为人在那里所以用它，正是表示一切个别的线的，因此，在这条线方面所做的解证，也就是一切线方面的解证。……线之成为概括的，既然不是因为它是抽象的或概括的观念的标记，而是因为它是一切能存在的个别直线的标记，因此线这一名称所以能成为概括的，也一定是由于同一的原因，也一定是由于它能无分别地标记各种个别的线。”②

语词标记的是一般的观念还是具体的观念，这是一个极复杂的问题。如果按巴克莱的理解，观念只能是图像式的，因此根本不存在抽象的一般观念，那么词所代表的就只能是具体的观念。然而事实上，语词并不能够如巴克莱所说的那样等样地向

---

① 巴克莱：《人类知识原理》绪论 § 11。

② 同上书，§ 12。

人们揭示它所标记的任何个别观念。例如“灯”这个字眼，如果它与个别关系是直接的，那么它能向人揭示的只是那个人所见过的有限的几种电灯和油灯，对于那些闻所未闻的其他各种具体的灯的观念，这个词是无能为力的。由此可见，巴克莱认为语词直接代表具体观念的学说是难以服人的。如果按照洛克等人的主张，语词直接代表的是抽象的一般观念，那一类事物的共性或本质，那么通过它就可以表达一切具体的观念。如“灯”代表的是“照明或做其他用途的发光的器具”这样一个抽象的一般观念，借此，就可以表示任何地方的所有个别的灯了。巴克莱的要害是否认事物的共同本质的存在，认为一切观念必定是具体的影像。这种狭隘的经验论使他永远解决不了语词和具体观念的关系问题。

巴克莱认为词之成为一般的、概括的是由于它能代表一切同类的个别观念，就如个别的观念可以用来代表一切同类观念一样。这种见解的困难在于，如我们刚刚表明的，如无抽象的一般观念的中介，它就不能代表一切具体的观念，因此，合理的答案似乎只能是，词之成为一般是由于它直接代表了抽象的一般观念。巴克莱所谓一个个别的观念可以代表所有其他同类的观念的想法只是违反逻辑和常理的充满幼稚的幻想。几何学家所画的那条线能够代表一切线段，不是因为它是个别的，恰好相反，原因正在于那条线是代表一切线的本质或共性的符号，线的本质或共性是从大量的个别线中抽象出来的，所以通过它能够代表一切的线。巴克莱不承认从个别到一般的抽象，显然也就无法理解和正确解释语词表现事物这样一个从一般到个别的还原过程。

(四)交流思想和扩充知识毋需抽象的一般观念。巴克莱不仅否认抽象的一般观念的形成和存在,而且认为,从用途上看这样的观念也是没有必要的。他说:"就我而言,我没有能力为我自己构成这些一般观念,我的确也未曾见到它们对于交流的便利或知识的扩充有任何必要。"①

抽象论者洛克认为,抽象的一般观念的形成和运用,对于儿童是不可能的,即使对于成人,也是颇为劳心费力,需要一定的努力和技巧才能做到的,然而,这样的观念却是传达思想和扩大知识所必需的。巴克莱对此反驳说,既然"人人都承认,人心必需费很大的劳苦才能使自己的思想脱除特殊的事物,才能使自己的思想达到有关抽象观念的那些崇高的思辨。由这些说法看来,自然的结果似乎应该是说,抽象观念的构成既然是很难的,所以它不是传达思想所必需的,因为传达思想是人人所易于做到的一件事情"②。巴克莱分析说,假定成人可以随心所欲、自如熟练地运用抽象的观念进行交流,那么这种抽象观念一定是早在儿童时期就已形成并习惯运用了。然而,对于儿童来说,"在这样幼小的年纪,抽象观念的构成委实是困苦烦难的一种工作,是远非他们所能胜任的任务。两个儿童并非先把无数的矛盾束缚在一块,在心中构成了抽象的概括观念并且把它们和普通所用的名称联合起来,然后才能喋喋不休地谈说自己的糖果,响鼓和其他玩物;这层程序是远非我们所能想象的"③。很显然,巴克莱还是站在经验论的角度看问题的。在他看来,既然成人和儿童都可毫无障碍地进行语言交流,行之有效地表达自己的思想,那么这就表明,语言交流根本用不着抽象的一般观念。

---

① 贝尔弗雷奇编:《巴克莱的手稿绪论》§21。

②③ 巴克莱:《人类知识原理》绪论§14。

如果一方面坚持抽象的观念不是儿童和普通成人所轻易形成的，同时又认为它们是语言交流所必需的，这岂不是明显的矛盾吗？

巴克莱宣称：人的知识的增长和扩展，也如语言的交流一样，毋需抽象的一般观念的帮助。尽管他和其他人一样完全赞成，“一切知识和解证都是有关普遍的意念的（universal notions）”，但是，他同时坚持，普遍意念与抽象得来的一般或概括的观念是完全不同的，前者不是抽象的结果，而是人们赋予某个特殊观念的普遍性造成的，正如几何学家让一个具体的线代表所有的线，让一个具体的三角形代表所有的三角形一样。用他的话说：“所谓普遍性并不在于任何事物的绝对的、肯定的本性或任何事物的概念（conception），只在于它和它所表象的那许多个别事物所有的关系，借着这种途径，本性原为个别的各种事物、名称或意念，就被变成了普遍的。”① 既然普遍性与抽象的观念无缘，那么关于普遍性的知识也就丝毫不需要抽象的一般观念了。巴克莱的结论是：“一命题具有普遍的真实性是一回事，说它是关于普遍的本性又是一回事，三角形的三个角等于两直角是一个普遍真实的命题，但不能由此说我们要理解的是普遍的三角形或普遍的角，只要任何特殊三角形的特殊的角是真实的就足够了。”②

如果没有抽象的一般观念，那么，一个科学命题如何能够普遍适用于每个具体的观念呢？巴克莱在回答这一问题时举了几何学上的例子。他指出，我们利用一个直角三角形的图形来证明三角形的三角等于两直角，“在我们证明时，我们着眼的观念

---

①② 巴克莱：《人类知识原理》绪论 § 15、24。

虽然是一个直角等边三角形，而且它的各边都有确定的长度"，然而"我们所以说，三角等于两直角，并非因为其中有一角是直角，也并非因为夹成三角形的各边都是一样的长"，"只考虑一个三角模样，而忽略其各种特殊的性质，或各边的关系"。① 就是说，我们抛开了这个三角形的具体特性，而把它当作一个一般的三角形。由于这个三角形是一般的观念，所以由它解证出来的命题"三角等于两直角"不但适用于直角三角形，而且适用于其他各类三角形。在这里，巴克莱实际上已经承认了抽象的一般观念，他所说的被略掉"各种特殊性质或各边的关系"的三角形就是一个抽象的一般观念。惟其如此，由它而来的命题才具有普遍有效性。但是，巴克莱却坚持不肯承认这一点。他认为，我们可以在思想中思考具体的三角形的性质和各边的关系，"但是这也不能证明他能构成一个抽象的概括的矛盾的三角形观念，同样，我们也可以把彼得的其余性质忽略过去，只把它看作是一个人，一个动物，而并不必要构成上述的抽象的人的观念或动物的观念"②。巴克莱之所以不承认自己经上升到抽象的一般观念这个事实，根本的原因在于，在他看来，观念不论是个别的，还是一般的，都是某种影像或心理图像。他作为一个经验论者，并不懂得只有个别的观念才是影像，抽象的一般观念就不再是影像，而是脱离具形象的共性、本性或类的东西了。

(五)巴克莱指出，抽象观念的盛行在人类知识中造成了种种恶果，在哲学领域内，抽象理论使得那些"抽象大师们"即经院学者，陷于"没完没了"、"重复缭绕"、"没有用的"、"错误和争论的迷洞中"，这种繁琐哲学的风气一直延续到他生活的时代。这

---

①② 巴克莱：《人类知识原理》绪论 § 16。

样，哲学界除了“乌烟瘴气的渊博空谈”，并没有为人类做出什么有益的贡献来。而且，这种恶劣的影响已经超出了哲学的范围之外而波及到大部分科学学科。他写道：“人们一考察科学界的状况，就都会陷于失望，完全鄙视一切学问。因为多少年来人们虽然费了许多辛苦、劳力、天才来培植科学，促进科学，可是大部分科学却仍是充满了黑暗和疑云，并且争论不休，甚至于那些好像明白地解证出来的争辩，也含着完全与人类理智不相容的一些怪论。”① 简单地说，在巴克莱心目中，抽象论真是恶果累累，罪孽深重。不彻底清除，人类知识就不会有实在的成果和真正的进步，人类的心灵就永远不得安宁。

显而易见，巴克莱在这里是站在唯名论的立场上反对实在论的，他和罗吉尔·培根、邓司·司各脱、奥康的威廉等唯名论者一样，认为只有个别的事物或观念才是实在的，抽象的一般的观念则是虚妄的。中世纪的实在论者主张抽象，鼓吹愈一般的概念愈实在，并因此形成了脱离实际、崇尚空谈的繁琐哲学风气。巴克莱对此进行严厉的批判，指出其危害和恶果，无疑代表了新时代哲学的方向，具有明显的进步意义。但是唯名论仍然不是科学、正确的学说，它过分夸大了个别、特殊事物的实在性，而否认了抽象的一般概念的形成和存在，更没有看到抽象观念在认识过程和人类知识的发展中所起的重大作用。这就走到了与实在论者相反的极端。同样，巴克莱反对抽象论，主张科学的净化和进步，这种动机无疑是正确的，合乎时代潮流的。但是他把科学中的争端和发展缓慢完全归咎于抽象论，这就大错特错了。事实上，抽象非但不阻碍科学的发展，而且是科学知识赖以发展

① 巴克莱：《人类知识原理》绪论 § 17。

的主观前提。因为只有抽象才能透过特殊的表面的现象而进入事物本质的科学的认识。没有抽象,就没有科学知识。当然在抽象的过程中,人们应力求抽象的正确性,防止错误的抽象而歪曲了事物的本来面目。这也许是巴克莱反抽象论所给我们的有益启示吧!

三、语词的意义

巴克莱发现,人们之所以陷入抽象论的泥潭,其"根源正在于语言"①,即在于对语词和观念之间关系问题上的错误和偏见。

此论也是针对洛克等抽象论者而发的。如前所述,在洛克等人看来,语词的功能在于记录和传达思想的内容——观念,因此,这就要给观念命名。由于语词或语言符号较之个别观念的数目为少,所以它们实际标记或命名的只是有关一类个别观念的共相,或者说抽象的一般观念。这就意味着,抽象的一般观念是适应语言的需要而产生和存在的,正如巴克莱所转述的那样,"世上如果没有语言和普遍的标记,则人们万不会想到抽象作用。"②

具体言之,巴克莱认为,人们对于语言和观念关系的谬见有二。其一是说,"人们以为每一名称(name)都有而且也应有一个惟一确定的意义",这个意义就是语词所直接标记的抽象的一般观念。其二是说,在日常的生活中,由于人们感到他们使用的许多名称并不提示出"有定的、特殊的观念来",于是就认为语词

①② 巴克莱:《人类知识原理》绪论 § 18。

"标示着抽象的意念"。①

(一)针对第一种"谬见",巴克莱写道:"事实上并没有附加在任何一般的名称上一个精确有定的意义,一般的名称只不过无分别地指示许多特殊的观念罢了。"② 在前面的论述中,我们已经谈到,巴克莱否认名称代表抽象的一般观念,主张名称与个别观念之间的直接关系即前者毋需一般观念的中介而直接标记个别的观念或事物。巴克莱在这里转换了角度,表明了他对语词意义的基本看法:意义即一般名词所代表或标记的观念,即为数众多的一类具体的个别观念。例如"人"作为一般的名词,它的意义就是彼得、詹姆斯等个别的人,而决不是人的共相或抽象的人的观念,而且事实上也不存在抽象的人的观念。其次,一般名称的意义是不定的,可变的,因为其意义不是抽象论者所说的惟一的、确定的抽象观念,而是千差万别的、不确定的个别观念。由以上两者可以得出,一般名词(专有名词除外)的意义不是一个,而是多个。

在巴克莱的阐述中,语词(words)、名称或名词(name),还有一般名词或名称(general names),有时是混用的。但总起来看,他所谓的名词即逻辑学上的概念,一般名词则是普遍概念。所谓名词的意义就是它所标记的个别观念。这同时亦表明概念是语词符号与它所代表的观念的结合物。语词所代表的观念即其意义也就构成了概念的内涵。

按照形式逻辑,概念所反映的是客观事物的本质属性,用洛克等抽象论者的说法就是共相或抽象的观念。只有通过这种抽

---

① 巴克莱:《人类知识原理》绪论 § 18、19。

② 同上书, § 18。

象观念，概念才能代表一类具有同一本质属性的事物。巴克莱否认名称的意义是一般的抽象观念，认为名称直接代表个别观念，实际上是否认了事物共同本质的存在，也是其狭隘的经验论和唯名论在概念或语词的意义理论方面的具体表现。

一般地讲，概念是可以定义的，而定义的功能就是确定一个概念的意义。如“我们给三角形下个定义，说它是三条直线所夹的一个平面，则三角形这个名词就受了限制，只来指示一个确定的观念，而不指示其他的观念”①。在巴克莱看来，这只是抽象论者的独断说法。事实上，这个定义并“没有说那个平面是大是小，是黑是白，边是长是短，是等是不等，也没有说角是夹成什么样子。在这些方面，都可以有极大的变化，因此，并无一个确定的观念来限制三角形一词的含义”②。在巴克莱心目中，只有个别、具体的事物或观念，才能限制被定义的名词的意义，定义中的属差部分即“三条直线所夹的”并没具体到长、短、大、小、颜色等个别事物，所以意义并不确定，即使是有定义的名词也不是一个确定的概念。然而在我们看来，形式逻辑恰好就是借某类事物的本质属性来限定一个概念的，而这种限定又是在一定的程度内，即只限定在被定义事物的那个类中，而不能限定到具体的事物。因此，定义就是限定概念的本质意义。值得注意的是，在这里，当他否认概念确定性时，却有意无意地又一次承认了一般，或共性的存在，即一般的（并非具体的）三角形的定义的存在，尽管他没有谈及它是如何产生的。

（二）针对第二种谬见，即由于经常见到名词并非向人们提示出具体的观念，因而认为存在抽象一般观念的见解，巴克莱指

---

①② 巴克莱：《人类知识原理》绪论 § 18。

出:大家都承认从事思考的人所用的许多名称并不经常向他人提出有定的、特殊的观念来,但是,这决非意味着抽象的一般观念的存在。事实上,只要“我们稍一注意,就可以发现,即使在最严格的推论中,代表观念的有意义的名词,也不必在每一次应用时,都要在理解中刺激起它们原来所表示的观念”①。换言之,名词所代表的只能是具体、个别的观念,这是一个不容置疑的论断。虽然名词并不经常向人揭示其代表的观念,但这个事实却并不妨碍这一论断的正确性。从名词与其个别观念的关系来看,前者代表或标记后者,但毋需在任何时候都清楚明白地把后者标记出来。他举例说,“在读书和谈论中,各种名称大部分就如代数中所用的字母相似,在这里,每个字母虽然标记着一种特殊的数量,不过即在正确推论中每一个字母也并不必在每一步中,都要在你的思想中提示出原来所表示的观念”②。

巴克莱一方面坚持名词一定代表个别的观念,决不能代表一般的观念,另一方面又承认名词不必在每次应用中激起它所代表的具体观念。而在我们看来,既然后一点是巴克莱与其他人一样承认的,那么,前一点的根据显然就不充分了。试问,既然名称不一定在人心中激起它所代表的个别观念,那么,凭借何种经验或理性上的理由,坚持认为名词一定代表个别观念呢?由此可见,巴克莱经验主义的意义理论也不免带有独断论的色彩。

(三)那么,怎样理解命题的意义呢?按照流行的抽象论的意见,命题是由名词和相应的动词构成的,那么对命题的理解也

---

①② 巴克莱:《人类知识原理》§ 19;参见贝尔弗雷奇编:《巴克莱的草稿绪论》§ 36。

要“借助”(感知到)命题中名词所标记的观念间的一致或不一致”来决定。假如在一个判断或命题中,主词与谓词所代表的观念没有矛盾,而是相一致的,那么这个命题的意义就是可理解的,它就在逻辑上成立,否则就不可理解,也不能成立。

对此巴克莱断然宣称:“对我来说,在很多情况下,这似乎是绝对虚妄不实的。”① 为了反驳抽象论者对于命题意义的观点,巴克莱列举了这样一个例子:假定我有一只特殊的狗的观念,这只狗我为之取名“莫拉仆斯”(Melampus),那么我就可以做出“莫拉仆斯是一个动物”这一命题。在这个命题中,“莫拉仆斯”这个名词指的是一个特殊的观念,另一个名词“动物”被哲学家们看作是普遍的概念,而且相应于一个为莫拉朴斯所分有的普遍本性或本质。照哲学家们的解释,如果我要明了这个命题的含义,那我就必须让动物一词代表一个抽象的一般观念,而且这个观念又与一个名为莫拉仆斯的个别观念相符合。然而巴克莱本人认为,这种解释是荒谬的,因为“在我的思想中,‘动物’一词既不能被认定代表一个普遍的本性,也不代表一个抽象的观念”②。而且“实际上,在这个命题中,它也不代表任何观念”③。他宣称:“我称为‘莫拉仆斯’的个别的(被造物)东西,有权利被动物这个名词称谓。”④既然如此,也就用不着一般观念的中介了。

巴克莱进一步分析道,如果在“莫拉仆斯是一个动物”这个命题中,“动物”一词不是代表 Melampus 所指的特殊观念,而是代表别的某种观念,那么“此命题就是虚伪的,而且包含一个矛盾”⑤。他的意思是说,“动物”一词在这个命题中只能直接代表

①②③④ 贝尔弗雷奇编:《巴克莱的手稿绪论》§34。

⑤ 贝尔弗雷奇编:《巴克莱的手稿绪论》§35。

莫拉仆斯的观念，反之，任何不同于莫拉仆斯的观念都不可能是符合“莫拉仆斯”这一名称的，因而都会使命题出现矛盾。在他看来，任何命题都应该是两端相等的一个同义反复，惟其如此，它才具有真实性。

可见，巴克莱关于命题真假的论述是与他的名词的意义理论密切相关的。在他看来，命题中的名词只有代表一个特定的具体观念才是真实的，如果名词代表的是一般观念，那就会造成一个判断的两端不等值的现象，因而使命题变为虚假。这里的要害问题还是否认抽象的一般观念的存在，否认事物的共性本质的存在。

值得注意的还有，巴克莱暗示：命题，至少是类似于“莫拉仆斯是动物”、“苏格拉底是人”这样的简单判断，都是重言式或同义反复(Tautology)。这种论断是难以成立的。从逻辑学的角度看，在一个简单的判断中，宾词是反映被断定的对象即主词具有或不具有某种属性的概念。这就意味着，作为宾词的名词在外延上要大于主词，在内涵上要有别于主词，它反映的是包含主词的某种共性或特征。只有这样，它才能断定主词有何属性。在上面两个命题中“动物”和“人”就是这样的宾词。如果否认了宾词与主词在外延和内涵上一定的差别性，把二者无条件地同一起来，使命题变成同义反复，那么就没有对主词做出归属的判定，丧失了这类判断所应有的作用。

四、语言的多种功用

如果语词是观念的标记或符号，那么，语言的功用和目的就在于记录和传达观念，帮助人们交流思想。这是当时抽象论者，也是常识论者所共同主张的。巴克莱不反对语言的这种作用，但是他认为，传达思想不是语言的主要和惟一的功能，除此以外，语言还有其他一些重要的功能。他写道："我们还可以说，语言的惟一的主要的功用并非是以文字来传达观念，如一般人所认为的那样。此外它还有一些别的目的，如引起某些激情，激起或阻止某项行为，还可以使人们产生某种特殊的倾向。而且前一种功用往往是从属于后三种功用的。"①

巴克莱强调的是语词可以不经过它所代表的观念的中介就可以激起情感。他举例说，圣经的《福音书》告诉我们，上帝为爱他的人们准备了"好东西"。这里的"好东西"几个字，并未向人心提示出"明了而确定的好东西的观念"，即什么样的东西，也不会提示出某种抽象的一般观念。但是这几个字还是有意义的，"它旨在使人欣然而热烈地执著其义务(duty)"。② 即便是有些专有名词(proper name)也不一定通过它的观念来产生某种情感或别的作用。"就如一个经院学者说：'亚里士多德曾如此说'，他的意思就在于使我恭敬地、服从地来接受他的意见，一如常人对那个鼎鼎大名所有的恭敬和服从似的。人们的判断只要常常依从那个哲学家的权威，则这种结果可以立刻在他们心中生起，而且在生起以前，他们完全不能引起有关他的人格、著作或名誉的观念。"③

巴克莱虽然反对语词代表一般的、抽象的观念，主张语词代表具体、个别的观念，因此，他并不排斥语言通过具体观念而引

---

① 贝尔弗雷奇编：《巴克莱的手稿绪论》§ 39；参考《人类知识原理》绪论 § 20。
② 贝尔弗雷奇编：《巴克莱的手稿绪论》§ 36。
③ 巴克莱：《人类知识原理》绪论 § 20。

起情感或某种行为的动机,但他一再坚持的是,在许多情况下,语词可以直接在人心中产生出同样的效果,而无须任何观念的呈现。他说:“语词的确会激起观念,以便在心中产生一些情感。但是,如果我没有弄错的话,人们将发现,语言一旦成为习熟的,那么当人们听到那些单字的声音、或看到其样子时,就通常立刻产生那些激情,那些先前通过观念的介入而现在完全被省略而产生的激情。”①

越来越多的人热衷于语言的研究,越来越多的材料表明,语言的功用不仅在于记录和传达思想。它对于人的思维,人的个性、社会、文化和历史都有着广泛而深刻的影响和作用。就此而论,如果巴克莱以前的哲学家或语言学家的确仅仅注意到了语言记录和传达思想的作用,那么巴克莱补充了其他的几种功能,倒不失为对语言研究的重要贡献。但是他的学说中至少有两点值得进一步探讨,第一,语言传达思想之于激起情感和活动等功能,前者是次要的,后者是更根本、更主要的;第二,语词毋需观念,不论是一般观念还是个别观念的中介,就能产生其功能。这两个问题牵涉到哲学、语言学和心理学诸方面,很难得出一个明确、肯定的结论,这里提出来,留待将来更深入的研究。

五、具体的思维方式

巴克莱的上述分析和批判表明,没有所谓抽象的一般观念,人们之所以主张抽象观念的存在,乃由于语言方面的错误认识,即以为语言的惟一功用是通过命名而传达思想,而名称标记的

① 贝尔弗雷奇编:《巴克莱的手稿绪论》§39。

则是某个确定、抽象的一般观念,这种长期流行、根深蒂固的成见,非但没有促进科学,而且事实上极大程度地妨碍了科学知识的增长和发展。现在,这种错误和成见及其恶果既已昭然若揭,那么,下面所要做的就显然是讨论排除这种错误和成见的具体方法了。

俗话说,医病要治根。巴克莱也明白这个道理。在他看来,既然抽象的一般观念之所以谬误流传,其根源乃是语言文字,那么,要根治一般观念这一心头大病,药方当然是摆脱语言文字的障碍,使人的认识和思维直接面对"赤裸裸的观念"。他说:"文字既然易于欺骗理解,因此在我的研究中我决心尽量少用它们,我不论考察任何观念,都要努力来观察赤裸裸的观念,而且要努力把因经常任用而与它们常相关联的那些名称摆脱于我的思想之外。"①

为了表明人的知识如何考察赤裸裸的观念,巴克莱描述了一个比《鲁滨逊漂流记》中的主人公更加孤独的人的状态。他写道:"让我们设想一个孤独的人。这个人生长在一个从未有机会运用普遍的符号来代表观念的地方和环境中,在他的心灵中将有一系列的个别观念产生和消失。他所看到、听到、想象到或设想到的一切,就连抽象观念论者也承认是个别的。让我们假定人毋需用劳动来驱除饥饿和寒冷;他完全逍遥自在,天性具有良好的器官和沉思的能力。我认为,如果跟另一个受过学校教育,经过大量的阅读和交谈而在艺术和科学上满腹经纶,而且在世界上造成巨大影响的人相比,这个人更接近于发现某种伟大、完美而尚无人知的真理。诚然,我们的孤独的哲学家的知识并不

---

① 巴克莱:《人类知识原理》绪论 § 2。

非常的渊博,而只是局限于在他可观察范围内的那些为数不多的个别观念。但是,一如他拥有较他人为少的知识,他同样也比他人更少犯错误。”①

巴克莱设想的这个哲学家可谓孤独之至了。但是,他所谓只有这种人才能发现伟大而完美的真理的结论却使人难以置信,而且万难苟同。依他之见,谁受的教育多,谁的知识丰富渊博,谁就越远离真理。因此,成人之于儿童,儿童更拥有真理;现代人之于古代人,古代人更拥有真理;文明人之于野蛮人,野蛮人更拥有真理。巴克莱看到了语词的误用会妨碍知识增长,影响知识的正确性,这本来包含一定积极有益的内容,然而他却走到了极端,错误地认为认识必须完全排除语言文字的作用。其实这是一种“因噎废食”的做法。语言文字的使用不当而产生认识上的错误,这种现象在人类认识过程中确实存在。然而,这并不意味着语言文字对于正确认识只起反作用。事实上,没有语言文字,就没有抽象观念,就没有一般性的知识,也就没有真理性的知识,也就没有人类的文明史。巴克莱否认语言文字的正面作用,让人们只注重于个别的观念,这实际上是否认一般的知识,鼓吹狭隘的经验论;他要摆脱文字的伪装,回到孤独的状态,这无异于否认人类文明史,宣扬文化退化论。

巴克莱认为,一旦排除了文字的干扰而还原到赤裸裸的观念,他就可望得到以下几种好处:

第一,我确信将澄清一切纯粹字眼上的争辩,这种争辩的产生是真实而健全的知识的最大障碍。

第二,可以合理地希望找到排除在考察、审视任何意念时所

① 贝尔弗雷奇编:《巴克莱的手稿绪论》§48。

遇到的麻烦。因为我们时常见到，意念一旦披上了词语的伪装，就显得乏味费解，难以设想。这种服饰如被剥掉，观念就被限定到一个狭小的圈子，因而几乎可以一目了然了。

第三，我将比他人思考更少的对象。因为我自己发现，我在沉思哲学家们通常煞费苦心地研究的那些观念时，我需要的只是这些假定的观念中的几个。

第四，揭去语词的面纱，我便可望对我理智中的观念有一更清晰的洞察。

第五，这似乎是使我从精细微妙的抽象观念之网中自拔出来的一条切实可行的道路。

第六，只要剥掉文字的外衣，让我的思想局限于自己的观念，那我就不会轻易地犯错误。鉴别我的观念是否互相契合一致，弄清复合的观念中包含或不包含哪些简单观念，用不着别的要求，只要专心地感知在我的理智中生灭的观念就够了。①

从以上几种所谓的"好处"的描述中可以看到，巴克莱认识到，要获得这些好处，其先决条件是摆脱语言文字的欺骗性。巴克莱同时也认识到，由于长期以来，人们已经习惯地认为语言代表抽象观念，因而它对于人的认识和思维是须臾不可分离的，这就使摆脱语言文字的伪装成为极其困难的事情。基于这种认识，他便一再宣称：一个人所拥的一切观念都是特殊的，根本不存在什么抽象的一般观念，语言中的"名称并不总是表示观念"，更谈不上表示抽象观念；"文字障蔽人的判断，纷乱人的注意"，一旦陷入语言的迷宫，纵然"上察天象，下探地府"，"研攻学者的

① 参见贝尔弗雷奇编：《巴克莱的手稿绪论》§51—56，在《人类知识原理》的绪论中，巴克莱把这6条"好处"简化为3条。

著述，追溯古人的冥迹"，都将是徒劳无益的。反之，"只需撩开语词的帷幕，直观美丽的知识之树，那就会知道其果实是精美的，而且举手可得"①。

巴克莱在坚持排除语言文字的障碍时是彻底的。他不仅要求人们在研读别人的著作时，切忌因拘泥于字义而上当受骗，而且在读他本人的著作时也要如此。他说："不论任何人想读下边的议论，我请他只把我的文字当作他的思想的发端，并且在读时努力求得我在写时所有的思想。借着这种方法，他便可以较容易地发现我的议论之真伪。这样，他就完全没有被我的文字所欺骗的危险，而且我也看不到他只思考自己的赤裸裸的观念，就会陷于错误。"②

如果说巴克莱的上述理论有什么可取之处的话，那就在于它揭示了语言文字与其意义即它代表的具体事物之间的矛盾。名词与其意义既然是符号和所指，形式与内容的关系，二者不是一个东西，那么就存在一个二者是否契合和契合的程度问题。由于事物的复多繁杂，语词的相对贫乏，要求每一名词与其所指的内容完全一致是不可能的，而不一致就会造成对事实真相的歪曲和误解，从而偏离真理的轨道。因此，虽然思想的传达必须通过文字，但我们必须不拘泥于字眼，而力求透过文字去把握事物的真谛。所谓"得意忘言"，大概就是这个道理吧！

思维的方式有抽象和具体之别，如果说承认抽象的一般观念存在，而且认为语词直接代表抽象观念的观点，反映的是一种理论的或抽象的思维方式，那么，认为一切观念都是具体的、特

---

① 巴克莱：《人类知识原理》绪论§24。

② 同上书，§25。

殊的，主张语词并非总是代表观念，因而人应该排除文字的障碍，努力直接把握赤裸裸的观念的学说则可以被称为形象的或具体的思维方式。巴克莱的整个反抽象理论的主旨就在于否认前者，肯定后者。正如卢斯所说：巴克莱“建立了具体思维的习惯。引导读者具有同样的习惯是其《绪论》的目的所在”①。然而，这种具体的思维，正如我们一再表明的那样，只不过是一种狭隘的经验论的代名词罢了。按照这种方式思维，人的认识就只能永远停留在个别的感觉经验的水平上，停留在动物的水平上。一切关于事物本质、本性的知识，不论是自然科学、社会科学还是人文学科，都无从谈起。实际上，就连巴克莱本人的哲学也无从谈起。因为“存在就是被感知”之类的命题早已超出具体思维的界限，而达到一般性命题和概括的哲学判断的抽象程度了。

六、反抽象论与非物质主义

有的巴克莱学者持这样一种观点：巴克莱的反抽象论与其非物质主义体系没有直接的联系，《人类知识原理》的绪论是专门阐述其反抽象论的，因此，这个绪论与书的正文并无直接联系。

这种见解是值得分析的。

“非物质主义”一词，如前所述，主要包含两方面的含义，一是否认物质实体的存在，二是肯定观念和精神实体的存在。如果严格地按此规定，那么，反抽象论确实不宜看作是非物质主义

① 卢斯：《巴克莱的非物质主义》第31页。

哲学的组成部分,因为在反抽象论中,巴克莱既没有直接否认物质实体,也没有肯定什么是实在。他所反驳的是抽象的一般观念,肯定的是作为语词意义上的具体、个别的观念。

然而,巴克莱的反抽象论与其非物质主义的直接联系却是无可否认的。

首先,反抽象论是非物质主义哲学的前奏和准备。巴克莱充分地自信其哲学是全新的,具有划时代的意义。然而他同时也意识到,像"存在就是被感知","物是观念的集合"这类的哲学原理是很难为常识所容许,亦与传统的世界观背道而驰的。因此,如果坚持非物质主义的原理,就必须首先摧毁早已在人们心中根深蒂固的思维方式和某些习以为常的"偏见",使人们有可能接受其哲学理论。为此,巴克莱审视了哲学的历史,尤其是中世纪和他以前的近代哲学的历史。在他看来,由于传统的影响,人们习惯于从概念到概念的纯粹抽象的推论,这种思维方式的基础是认为概念所表示的内容或意义是某一个确定的、抽象的一般或共相,而这种一般或共相是在现实中存在的。他反复指出,事实上,抽象观念论是造成人类知识错误的总根源。因此,要使人们向其非物质主义哲学靠拢,就必须首先向人们揭露这种传统思维习惯的错误所在,表明其巨大的危害性。同时,他进一步认识到,抽象论之所以经久不衰,其根本原因在语言方面,即认为作为人们交流思想的工具的语言,其中的一般名词所代表的是一个确定的、抽象的一般观念。因此,要使人们摈弃抽象观念论,就必须揭露语词与所谓抽象观念之间的这种虚假的标记或指谓的关系。他的具体做法就是引导人们在思维时不要为语言文字所迷惑,做到透过文字的伪装,直接考察赤裸裸的观念。这就是被称为"具体的思维"的核心内容。巴克莱认为,一旦人们接受了这种具体的思维方式，以抽象的观念为基础的思维方式就自然退避三舍，难以阻止人们对他哲学的理解和接受了。正是在这个意义上，我们认为，巴克莱在《人类知识原理》绪论中集中阐述的反抽象论是其整个非物质主义的前奏，是为读者阅读和理解他的哲学所做的准备工作，即开辟和清扫道路的工作。

巴克莱哲学与传统哲学及常识的反差是明显的、巨大的。就此而论，反抽象论作为非物质主义的前奏和准备，是具有其必要性和合理性的。从《人类知识原理》整个著作来看，首先在绪论中阐述反抽象论，引导人们直接诉诸个别、具体的观念，然后在正文部分开宗明义地提出一切知识对象即个别的观念，可感事物的存在就是被感知这样的基本原理，也是顺理成章的。卢斯在评论"绪论"的作用时，中肯地提出："它创造了恰当的气氛，使我们的注意力离开抽象而转向具体的思维，这就为非物质主义铺平了道路。"① 因此，那种以为"绪论"的结局与《人类知识原理》的正文无关的说法，"是一种短视的观点"②。

其次，虽然巴克莱没有在"绪论"中否认物质的存在，但其中的反抽象论却暗示了对物质实体的否定。这一点只要稍加分析即可显见。既然根本不存在抽象的一般观念，一切观念都是个别的、具体的，那么，看不见摸不着的"物质"就不是具体观念，而属于抽象的一般观念。而抽象的一般观念在实际上并不存在，只不过是由于语词上的偏见而虚构的产物。

最后，反抽象论为巴克莱反驳物质实体提供了重要的方法。

---

① 卢斯：《巴克莱的非物质主义》第 34 页。

② 同上书，第 31 页。

如前所述，在巴克莱看来，抽象论的关键在于把在现实中不能分开的事物在思想中分开来观察，然后再排除个别性，找出共性，形成一般的观念。巴克莱的反抽象论的全部内容都是以对这种观念的批判而展开和引申出来的。在正文部分，巴克莱不止一次地宣称，所谓物质实体完全是由于抽象的错误，即把不思想、不运动的物质与思想的、运动的、广延的观念分开，把第一、二两种性质分开造成的。洛克所谓物质实体不过是一个一般的存在观念，并在其上附有支撑属性这一相对意念罢了，而"一般的存在观念是最抽象最不能包含别的东西的"。这样的驳难我们在第四章中已经详细论述过了。

总之，巴克莱的反抽象论与其非物质主义体系，不是没有关系，而是关系密切；不是无足轻重，而是举足轻重的。它是巴克莱哲学体系的起点，也是我们正确、深入地理解巴克莱哲学不可逾越的部分。假如人们一开始就严格遵循《人类知识原理》的顺序，从它的反抽象论逐渐过渡到基本的原理，也许会对他的非物质主义少一点误解，多几分理解。

附　录

主要参考书目

一、巴克莱的论著(Berkeley's Writings):

The Works of George Berkeley, Bishop of Cloyne, ed. A.A.Luce and T.E.Jessop(卢斯与约瑟朴编:《巴克莱全集》)。

Berkeley Philosophical Works, ed. M.R.Ayers. London, 1975. 艾厄斯编:《巴克莱的哲学著作》,伦敦 1975 年版。

Berkeley Philosophical Writings, ed. T. E. Jessop. London, 1952. 约瑟朴编:《巴克莱的哲学论著》,伦敦 1952 年版。

The Works of George Berkeley, D. D., Bishop of Cloyne. ed. G. N. Wright. London, MDCCCXLIII. 怀特编:《巴克莱的著作》,伦敦 1843 年版。

Philosophical Commentaries, transcribed from the manuscript by G. Thomas, Mount Union College, 1976. 托马斯编:《哲学评论》,马文特联合学院 1976 年版。

George Berkeley's Manuscript Introduction, transcribed and edited by B.Belfrage, Oxford, 1987. 贝尔弗雷奇编:《巴克莱的手稿绪论》,牛津 1987 年版。

An Essay towards a New Theory of Vision, Dublin, 1709.《视觉

新论》,都柏林 1709 年版。中文译本,商务印书馆 1935 年初版,1957 年修订版。

An Treatise Concerning the Principles of Human knowledge, Dublin 1710.《人类知识原理》,都柏林 1710 年版。中文译本,商务印书馆 1936 年初版,1958 年修订版。

Three Dialogues between Hylas and Philonous, London, 1713.《海拉斯与菲勒诺斯的三篇对话》(简称《三篇对话》),伦敦 1713 年版。中文译本,商务印书馆 1935 年初版,1957 年修订版。

De Motu, London 1721.《论运动》,伦敦 1721 年版。中文译本,阎吉达著:《巴克莱思想新探》附录,复旦大学出版社 1987 年版。

Alciphron: or the Minute philosopher, London ,1732.《艾尔西弗隆:或渺小的哲学家》,伦敦 1732 年版。

Philosophical Correspondence between Berkeley and Samuel Johnson, 1929.《巴克莱与约翰逊的哲学通信》,1929 年版。

The Analyst, Dublin also London, 1734.《分析学家》,都柏林与伦敦 1734 年版。

The Querist, 1735—1737. Dublin also London,《提问者》,都柏林与伦敦 1735—1737 年发表。

Passive Obedience, or the Christian Doctrine of Not Resisting the Supreme Power, Proved and Vindicated upon the Principles of the Law of Nature. London, 1712.《消极的服从,或毋反抗最高权力的基督教学说,为自然法原理证明与辩护》,伦敦 1712 年发表。

An Essay twards Preventing the Ruin of Great Britain. London, 1721.《论如何防止大不列颠的颓败》,伦敦 1721 年版。

Siris: A Chain of Philosophical Reflection and Inquiries concern-

ing the use of Tar Water, Dublin, 1744.《西里斯:关于焦油水之用途的一连串哲学反思和探究》,都柏林 1744 年版。

二、研究性论著 (Writings on Berkeley):

J. Stock, *An Account of the Life of George Berkeley*, D. D., Late Bishop of cloyne in Ireland. London. 1776. 斯多克:《巴克莱传》,伦敦 1776 年版。

A. C. Fraser, *Life and Letters of George Berkeley*, D. D., Formerly Bishop of Cloyne. Oxford. 1871. 弗雷泽:《巴克莱的生平与书信》,牛津 1871 年版。

A. A. Luce, *The Life of George Berkeley*, *Bishop of Cloyne*. London. 1949. 卢斯:《巴克莱传》,伦敦 1949 年版。

A. A. Luce, *Berkeley and Malebranche*: *a study in the origins of Berkeley's thought*. Oxford 1934, reprinted with additional preface 1967. 卢斯:《巴克莱与马勒布朗士》,牛津 1934 年版。

A. A. Luce, *Berkeley's Immaterialism*: *a commentary on his 'A treatise concerning the principles of human knowledge'*. London. 1945. 卢斯:《巴克莱的非物质主义》,伦敦 1945 年版。

A. A. Luce, *The Dialectic of Immaterialism*: *an account of the making of Berkeley's principles*. London. 1963. 卢斯:《非物质主义的辩证法》,伦敦 1963 年版。

A. A. Luce, "The unity of the Berkeleian philosophy" (1), (2), *Mind* 181, 182 (1937). 卢斯:《巴克莱哲学的统一性》(1)、(2),载《精神》181、182 号(1937 年)。

A. A. Luce, "Note on Did Berkeley misunderstand Locke?",

Mind 194(1940). 卢斯:《为〈巴克莱误解了洛克吗?〉一注》,载《精神》194 号(1940 年)。

A.A. Luce, "Mind-dependence in Berkeley", *Hermathena* lviii (1941). 卢斯:《巴克莱论对心灵的依赖性》,载《赫墨西娜》58 号(1941 年)。

A.A. Luce, "Berkeley's Philosophical Commentaries", *Mind* 236(1950). 卢斯:《巴克莱的哲学评论》,载《精神》236 号(1950 年)。

A.A. Luce, "Sensible ideas and sensations", *Hermathena* cv (1967). 卢斯:《可感的观念与感觉》,载《赫墨西娜》105 号(1967 年)。

A.A. Luce, "The alleged development of Berkeley's philosophy". *Mind* 207(1942). 卢斯:《所谓巴克莱哲学的发展》,载《精神》207 号(1942 年)。

A.A. Luce, "George Berkeley", *The Encyclopedia Britannica*, 15th ed. Chicago, 1974. 卢斯:《乔治·巴克莱》,载《大英百科全书》第 15 版,芝加哥,1974 年印刷。

A.A. Luce, "Berkeley's New Principle Completed", *New Studies in Berkeley's Philosophy*, ed. by W. E. Steinkraus. New York. 1966. 卢斯:《巴克莱的完全的新原理》,载施坦克劳斯编《巴克莱哲学新研究》,纽约 1966 年版。

A. A. Luce; "Development within Berkeley's Commonplace Book", *Mind* 193(1940). 卢斯:《巴克莱的〈摘记本〉中的发展》,载《精神》193 号(1940 年)。

C.Maxwell, *A History of Trinity College* Dublin. 马克斯韦尔:《都柏林三一学院校史》。

Hone and Rossi, *George Berkeley*, London 1931. 侯恩与罗西:《乔治·巴克莱》,伦敦 1931 年版。

Pierre Bayle, *Historic and critical Dictionary*, Vol. 4. London. 1710. 培尔:《历史与批判辞典》第 4 卷,伦敦 1710 年英译版。

J.O. Wisdom, *The Unconscious Origin of Berkeley's Philosophy*, London, 1953. 威斯德:《未意识到的巴克莱哲学的来源》,伦敦 1953 年版。

L.E. Loeb, *From Descartes to Hume*, London, Cornell University, 1981. 洛依朴:《从笛卡尔到休谟》,伦敦与康耐尔大学 1981 年版。

J.W. Yolton, *John Locke and the Way of Ideas*, Oxford, 1968. 伊尔顿:《洛克与观念的方式》,牛津 1968 年版。

D.M. Armstrong With C.B. Martin, ed. *Locke and Berkeley. A Collection of Critical Essays*, New york, 1968. 阿姆斯特朗与马丁编:《洛克与巴克莱论文集》纽约 1968 年版。

M.R. Ayers, "Substance, Reality, and the Great Dead Philosophers." *American Philosophical Quarterly* 7(1970). 艾厄斯:《实体、实在与伟大的已故哲学家》,载《美国哲学季刊》第 7 号(1970 年)。

B. Belfrage, "A New dating of Berkeley's Draft introduction". *Berkeley Newsletter* 1(1977). 贝尔弗雷奇:《巴克莱草稿绪论写作日期新论》,载《巴克莱通讯》第 1 号(1977 年)。

J. Bennett, *Locke, Berkeley, Hume: Central Themes*. Oxford. 1971. 贝内特:《洛克、巴克莱与休谟:核心问题》,牛津 1971 年版。

J. Bennett, "Substratum". *History of Philosophy Quarterly* 2

(1987). 贝内特:《基质》,载《哲学史季刊》第 2 号(1987)。

D. Berman, "Some New Bermuda Berkeleiana." *Hermathena* 110 (1970). 波曼:《关于巴克莱百慕达计划的几点新见解》,载《赫墨西娜》110 号(1970 年)。

D. Berman, "Berkeley's Semantic Revolution: 19 November 1707—11. January 1708. *History of European Ideas*, 6(1986). 波曼:《巴克莱的语义学革命》,载《欧洲思想史》第 6 号(1986 年)。

D. Berman, "The Jacobtism of Berkeley's Passive Obedience." *Journal of the History of Ideas*, 2(1986) 波曼:《巴克莱〈消极的服从〉中的耶可比主义》,《思想史杂志》第 2 号(1986 年)。

D. Berman, "Mrs Berkeley's annotations in her interleaved copy of An auount of the life of George Berkeley (1776)", *Hermathena* (1977). 波曼:《巴克莱夫人对 1776 年〈巴克莱传〉的书页释注》,载《赫墨西娜》(1977 年)。

D. Berman. "On Missing the wrong target: A Criticism of some Chapter in Jonathan Bennett's Locke, Berkeley, Hume: Central Themes." *Hermathena* 113(1972). 波曼:《论矢不中的》,载《赫墨西娜》第 113 号(1972 年)。

E. J. Furlong, "Berkeley's theory of Meaning." *Mind* 73(1964). 佛朗:《巴克莱的意义理论》,载《精神》第 73 号(1964 年)。

E. J. Furlong, "A view on Tipton's Berkeley: Philosophy of Immaterialism." *Hermathena* vol. 2(1974). 佛朗:《关于蒂波顿〈巴克莱:非物质主义哲学〉的书评》,载《赫墨西娜》,第 2 期(1974 年)。

E. J. Furlong, "An Ambiguity in Berkeley's Principles." *Philosophical Quarterly* 14(1964). 佛朗:《巴克莱〈人类知识原理〉歧义

处》,载《哲学季刊》第 14 号(1964 年)。

E.J. Furlong, "Some puzzles in Berkeley's Writings." *Hermathena* 120(1976). 佛朗:《巴克莱论著中的迷惑之处》,载《赫墨西娜》第 120 号(1976 年)。

H.M.Bracken, "Berkeley: Irish Cartesian." *Philosophical Studies* 24(1976). 布莱肯:《巴克莱:爱尔兰的笛卡尔派》,载《哲学研究》第 24 号(1976)。

H.M. Bracken, *Berkeley*. New york, 1974. 布莱肯:《巴克莱》,纽约 1974 年版。

G.A. Johnston, *The Development of Berkeley's Philosophy*. New york 1965. 约翰斯顿:《巴克莱哲学的发展》,纽约 1965 年版。

A.L. Leroy, "Was Berkeley an Idealist?" In Steinkraus' *New Studies in Berkeley's Philosophy*. 1966. 莱洛依:《巴克莱是唯心主义者吗?》,载施坦克劳斯编:《巴克莱哲学新研究》,1966 年版。

J.L.Mackie, *Problems from Locke*. Oxford. 1976.马基:《洛克中的问题》,牛津 1976 年版。

F.W.Mcconnel, "Berkeley and Scepticism". In Steinkraus' *New Studies in Berkeley's Philosophy*. 1966. 麦克康耐尔:《巴克莱与怀疑主义》,载施坦克劳斯编:《巴克莱哲学新研究》,1966 年版。

D.Park, "Locke and Berkeley on the Molyneux Problem." *Journal of the History of Ideas* 30(1969).帕克:《洛克与巴克莱论毛勒纽问题》,载《思想史杂志》第 30 号(1969 年)。

G.Pitcher, *Berkeley* (Arguments of the Philosophers). London, 1977. 皮彻:《巴克莱》,伦敦 1977 年版。

G.Stack, "Berkeley and Phenomenalism." *Modern Schoolman* 47 (1970). 斯达克:《巴克莱与现象主义》,载《现代经院学者》第

47 号(1970 年)。

G. Stack, "Berkeley's Concept of Existence." *Modern Schoolman* 53(1976). 斯达克:《巴克莱的存在概念》,载《现代经院学者》第 53 号(1976 年)。

W. E. Steinkraus, "Is Berkeley a Subjective idealist?" *Personalist* 48(1967). 施坦克劳斯:《巴克莱是一个主观唯心主义者吗?》,载《人格主义者》第 48 号(1967 年)。

J. Stuart, "Berkeley's Appearance/Reality Distinction." *Southwestern Journal of Philosophy* 8(1977). 斯图阿特:《巴克莱的现象与实在的差别》,载《西南哲学杂志》第 8 号(1977 年)。

G. Thomas, "Berkeley's God does not perceive." *Journal of the History of Philosophy* 14(1976). 托马斯:《巴克莱的上帝不感知》,载《哲学史杂志》第 14 号(1976 年)。

I. C. Tipton, Berkeley, *The Philosophy of Immaterialism*. London 1974. 蒂波顿:《巴克莱:非物质主义哲学》,伦敦 1974 年版。

R. W. Workman: "Kant's Refutation of Idealism." *Philosophical Forum* 1(1969). 沃克曼:《康德对唯心主义的反驳》,载《哲学论坛》第 1 号(1969 年)。

E. S. Gaustad, *George Berkeley in America*. Yale University Press, 1979. 高斯特:《乔治·巴克莱在美国》,耶鲁大学出版社 1979 年版。

D. M. Armstrong, "The Heart of Berkeley's metaphysics? a reply to Ernest Sosa." *Hermathena* CXXXIX (1985). 阿姆斯特朗:《巴克莱形而上学的核心?》,载《赫墨西娜》第 139 号(1985 年)。

G. S. Pappas, "Abstract ideas and the esse is percipi thesis." *Hermathena* CXXXIX (1985). 帕波斯:《抽象观念与'存在就是被

感知'问题》,载《赫墨西娜》第 139 号(1985 年)。

K. P. Winkler, "Unperceived objects and Berkeley's denial of blind agency." *Hermathena* CXXXIX (1985). 温克勒:《未被感知的对象与巴克莱对盲目动因的否定》,载《赫墨西娜》第 139 号(1985 年)。

A. Stroll, "Two lines of argumentation in Berkeley's Principles: a reply to George S. Pappas." *Hermathena* CXXXIX (1985). 斯特罗尔:《巴克莱〈人类知识原理〉中的两种论证》,载《赫墨西娜》第 139 号(1985 年)。

S. Tweyman, "Berkeley's denial of the denial of blind agency; a reply to Kenneth P. Winkler." *Hermathena* CXXXIX (1985). 退曼:《巴克莱对于盲目动因的否定之否定》,载《赫墨西娜》第 139 号(1985 年)。

D. Berman, "George Berkeley: picture by Goldsmith, Yeats and Luce." *Hermathena* CXXXIX(1985). 波曼:《乔治·巴克莱:高尔德史密斯、耶茨与卢斯心目中的形象》,载《赫墨西娜》第 139 号(1985 年)。

D. Berman, "Berkeley, Clayton, and An essay on spirit." *Journal of the History of Ideas*, 3(1971). 波曼:《巴克莱、克雷顿和〈论精神〉一书》,载《思想史杂志》第 3 号(1971 年)。

J. Dancy, *Berkeley: An Introduction*. Oxford. 1987. 但西:《巴克莱引论》,牛津 1987 年版。

D. E. Flage, *Berkeley's Doctrine of Notions*: A Reconstruction based on His Theory of Meaning. London. 1987. 弗雷奇:《巴克莱的概念学说》,伦敦 1987 年版。

R. Mckim, "Luce's account of the development of Berkeley's Immaterialism." *Journal of the History of Ideas* 48(1987). 麦克基姆:《卢斯对巴克莱非物质主义之发展的论述》,载《思想史杂志》第48号(1987年)。

E. Sosa, *Essays on the Philosophy of George Berkeley*. D. Reidel Publishing Co, 1988. 邵莎:《巴克莱哲学论文集》,怀得尔出版公司1988年版。

A. C. Grayling, *Berkeley: the Central Arguments*. London 1986. 戈雷令:《巴克莱:中心证明》,伦敦1986年版。

J. Foster and H. Robinson, *Essays on Berkeley*. OXford 1985. 福斯特与罗宾逊编:《巴克莱研究文集》,牛津1985年版。

R. W. Houghton, D. Berman and M. T. Lapan, *Images of Berkeley*. Dublin, 1986. 哈吾顿、波曼与拉潘编:《巴克莱肖像集》,都柏林1986年版。

D. Berman, *Berkeley Newsletters* 1—11(1977—1990). 波曼:《巴克莱通讯》1—11期(1977—1990年)。

G. J. Warnock, *Berkeley*, London, 1953. 沃那克:《巴克莱》,伦敦1953年版。

S. E. Rosenbaum, "Berkeley's World of Ideas." *History of Philosophy Quarterly*, 4(1985). 罗森鲍姆:《巴克莱的观念的世界》,载《哲学史季刊》,第4号(1985年)。

Popkin, *The High Road to Pyrrhonism*. 1980. 帕波肯:《通向怀疑主义的大道》,1980年版。

C. M. Turbayne, *Berkeley: Critical and Intepretive Essays*. Manchester University Press. 1982. 特本尼编:《巴克莱:批判与解释性论文集》,曼彻斯特大学出版社1982年版。

F. Copleston, S. J., *A History of Philosophy*, vol. v, New York,

1959. 卡普莱斯顿:《哲学史》第5卷,纽约1959年版。

B.J. Singer, "Substitutes for substances." The *Modern Schoolman* 53(1975). 辛格:《取代实体》,载《现代经院学者》第53号(1975年)。

H.R. Cathcart, "Berkeley's philosophy through Soviet eyes." *Hermathena* XCVIII(1964). 卡斯卡特:《苏联人眼里的巴克莱哲学》,载《赫墨西娜》第98号(1964年)。

列宁:《唯物主义与经验批判主义》,人民出版社1950年版。

陈修斋主编:《欧洲哲学史上的经验主义和理性主义》,人民出版社1986年版。

李武林、谭鑫田等编著:《西方哲学史教程》,山东大学出版社1987年版。

阎吉达著:《巴克莱思想新探》,复旦大学出版社1987年版。

全增嘏主编:《西方哲学史》,上海人民出版社1985年版。

《西方著名哲学家评传》第3、4卷,山东人民出版社1984年版。

林仁栋:《贝克莱的主观唯心主义》,载《教学与研究汇刊》1958.3期。

陈京璇:《贝克莱的主观唯心主义》,载《学术月刊》1959.12期。

吕大吉:《破烂的哲学、精巧的神学——贝克莱主观唯心主义哲学批判》,载《哲学研究》1957.3期。

《贝克莱——近代欧洲主观唯心主义的老祖宗》,载《新闻日报》1959.10.27,1959.10.28。

陈修斋:《贝克莱——近代西方主观唯心主义的老祖宗》,载《学习》1957.3期。

张世英:《现代资产阶级主观唯心主义的主要来源——贝克莱哲学》,载《光明日报》1955. 5. 4。

汤侠声译:《十八世纪英国唯心主义者贝克莱和休谟》,载《哲学译丛》1957. 6期。

王澈:《哲学史上的唯我主义》,载《人民日报》1959. 11. 4。

张江夏:《从洛克的"代表说"到贝克莱的主观唯心主义教训了我们什么》,载《光明日报》1958. 2. 16。

钟宇仁:《经验论与唯理论的历史考察》,载《外国哲学史集刊》第5辑,1982年版。

陈修斋:《关于经验论与唯理论的对立的几个问题》,载《外国哲学史集刊》第5辑,1982年版。

冒从虎:《近代英国经验论关于普遍学说的演变》,载《外国哲学史研究集刊》第5辑,1982年版。

曹方久:《关于贝克莱哲学的几个问题》,载《华中师院学报》(哲社)1983. 4期。

赵石:《贝克莱主观唯心论批判——〈人类知识原理〉评注》,载《社会科学辑刊》1981. 1、2期。

阎吉达:《试论巴克莱思想的变化》,载《学术月刊》1984. 1期。

陈维杭:《论巴克莱的科学观》,载《外国哲学》第5辑,1984年版。

陈维杭:《关于巴克莱哲学的几个问题》,载《江汉论坛》1985. 8期。

赵乾:《贝克莱哲学是客观唯心主义》,载《社会科学研究》1985. 3期。

罗发海:《贝克莱、休谟感觉观之比较》,载《江淮论坛》

1986.4期。

姜建强:《贝克莱哲学研究》,载《哲学动态》1987.1期。

巴克莱生平大事记

1685年3月12日生于爱尔兰的基尔肯尼城，系威廉·巴克莱的长子。后有5个弟弟和1个妹妹。

1696年，11岁，7月17日入基尔肯尼公学就读。

1700年，15岁，3月21日考入都柏林三一学院。

1704年，19岁，大学毕业，获学士学位。留校候补教师职位。

1707年，22岁，6月9日，通过教师资格考试，成为三一学院正式教师。开始写哲学笔记（即《哲学评论》）。11月于都柏林哲学研究会宣读《论无限》一文。

1709年，24岁，2月，受命任学院教堂的副主祭。于都柏林首版《视觉新论》。

1710年，25岁，于都柏林首版《人类知识原理》。

1712年，27岁，任希腊语初级讲师。于都柏林和伦敦发表《论消极的服从》的布道辞。

1713年，28岁，首访英格兰。于伦敦首版《海拉斯与菲勒诺斯的三篇对话》。在《卫报》上发表一系列抨击自由思想家的文章。10月，开始第一次欧洲大陆旅行。

1714年，29岁，结束第一次欧洲大陆旅行。逗留英格兰。

1716年，31岁，开始第二次欧洲大陆旅行，以家庭教师身分，陪同乔治·阿什游览巴黎、阿尔卑斯山、罗马以及意大利许多风景、古迹圣地。撰写《论运动》一文。此次大陆之行直至1720年秋。

1720年，35岁，秋，结束第二次大陆旅行后留居伦敦。

1721年，36岁，返都柏林三一学院，接受神学学士，神学博士学位。任学院教学与管理会议资深成员。讲授神学、希腊语和希伯莱语。于伦敦首版《论运动》。

1722年，37岁，参与竞争杜罗莫尔教长职位，失利。

1723年，38岁，意外地从斯威弗特的去世女友海斯特那里继承一笔遗产。

1724年，39岁，5月4日受命担任德里的教长。辞去三一学院的一切职务。秋，公开宣布"百慕达计划"。

1725年，40岁，开始赴伦敦谋求国王、议会、政府和各界人士对百慕达计划的支持。

1728年，43岁，秋，与安妮·弗洛斯特结婚。9月初，携夫人等一行七人乘船奔赴美洲。

1729年，44岁，1月23日抵达美国罗德岛州的纽波特。在此逗留两年又八个月，等候政府为百慕达计划拨款，间或出席宗教仪式，撰写《艾尔西弗隆》。

1731年，46岁，获悉政府不予拨款后返航英国，10月30日抵伦敦。至此，百慕达计划以失败告终。此后，居伦敦谋求教职。

1732年，47岁，《艾尔西弗隆》首版伦敦。

1734年，49岁，1月，受命任爱尔兰克罗因教区主教。4月，离伦敦赴任。于伦敦与都柏林出版《分析学家》。

1737年,52岁,秋,赴都柏林参加议院会议。在克罗因组建纺纱学校。组织各项农业赈济。开始于都柏林陆续发表《提问者》。

1744年,59岁,以焦油水为本地居民治疗各种疾病,传说疗效甚佳。3月,于都柏林出版《西里斯》一书。5月,在《都柏林杂志》上发表《焦油水制作与用途指南》一文,以后又发表一系列有关焦油水的文章。焦油水盛行于英伦诸岛及一些大陆国家。

1752年,67岁,终止克罗因主教。赴牛津养老,保留主教头衔。

1753年,68岁,1月14日去世。葬于牛津基督教会学院教堂。

STUDIES IN BERKELEY'S PHILOSOPHY

(abstract)

George Berkeley, the distinguished Irish philosopher of the 18th century has had a deep influence upon the development of philosophy in the west, and is quite well-known to most Chinese philosophers. Considering the misinterpretations and the lack of deep understanding regarding his major principles, especially in China today, there is a real need for a work such as this as an outline to his philosophy of immaterialism and as a means of clearing up some of these misinterpretations.

This book is compsed of 8 chapters.

The first chapter briefly relates the events of Berkeley's life. In this three important events are described; the key event is undoubtedly the birth of his system of immaterialism; this was marked by the publication of the *Principles*; this book put his name into a prominent position among the greatest philosophers of the world. The second is his

"Bermuda Project", a plan to establish St. Paul's College for the training of missionaries in the Bermuda area of America. This project unfortunately miscarried because of its impracticability as well as for the lack of finacial support from government. The third is the story of tar water. We are told that our philosopher, Bishop of Cloyne at that time, treated the sick in his diocese with tar water, a practice which strangely spread as a panacea in the British Isles and to some continental countries. All three events show a picture of Berkeley as a man with unusual imagination, creativity and courage.

Berkeley's immaterialism went through a formative process; it was influenced by some eminent philosophers before him; these facts are expounded in chapter two. Berkeley was an out-and-out subjective idealist before the autumn of 1708. The "first arguing" in this period views all things in the world as conscious things or products of human mind. Thereafter, Berkeley abandoned this viewpoint, formed his "second thought" and then became an objective idealist. At this stage. He claims that all sensible things are created by God and relative to human mind, thereafter, they exist as objects of man's thought or ideas of sense rather than being merely human illusions.

Among the philosophers whom Berkeley draws upon, Locke, Malebranche and Bayle are the most important figures. Locke was perhaps the philosopher from whom Berkeley got his inspiration and guidance. It was Locke's *Human Understanding* that introduced Berkeley to the meaning of philosophy as well as to the major philosophical questions of the time. Moreover, Locke amply provided Berkeley with materials which gave scope for critical comment and debate. The french Cartesian Malebranche's hesitated attitude towards material substance, in particular his viewpoint that the idea of extension exists in God, set Berkeley on the way to denying the existence of material substance (which Locke too found unsatisfactory but had to retain), and help him to break out of the cricle of subjective idealism. Bayle helped Berkeley to realise that if one tolerates the distinction between appearance and substance or idea and reality, scepticism is hardly avoidable. He also implies that the primary and secondary qualities are essentially identical, that is, not existent in external matter, but in the mind. This became to Berkeley significant evidence against the concept of matter.

The subject of chapter three is Berkeley's New Principle. In Berkeley's opinion, most of the philosophers before him made a serious mistake in maintaining the distinction between appearence and substance or ideas and reality, which leads to materialism, scepticism and many other errors regarding human knowledge. To correct such a mistake, he put forward a formula "*esse* is *percipi*" or "to be is to be perceived", which is contrary to the sceptical principle; this he declared a "discovery" and a "wholly new" principle.

"*Esse* is *percipi*" means that the reality of sensible things consists in being perceived by the human mind as well as by God. According to Berkeley, God, as the author of the world freely creates all sensibe things and meanwhile keeps them in existence by perceiving them with his intellect. The human perception sets up a link between the objects and the mind or soul. Thus Berkeley in his own way, i. e, by examining the world both ontologically and epistemologically, removed the distinction between ideas and reality, thus avoiding the pitfall of scepticism; in this way he attained his chief purpose in elaborating his system of immaterialiam.

A.A.Luce, M.R.Ayers and A.C.Grayling differ in their understanding of Berkeley's New principle. Their different opinions are viewpoints from different angles and are important contributions to the interpretation of Berkeley's New principle, but none of them is free from partiality.

The fourth chapter mainly concentrates on Berkeley's theory of ideas. Berkeley resorts to three principles when he discusses the relation between ideas and mind. The first is the Distinction Principle, stressing that ideas and mind are essentially different things; the second is the Coherence Principle, which shows that ideas can only exist in spirits; the last one is the Identity Principle, maintaining that ideas cannot be separated from their being perceived by minds. There three principes expound the distinctiveness – in – reality and identityin – distinction between ideas and minds, which is the key to understanding Berkeley's theory of ideas.

In Berkeley we find three types of ideas: ideas of sense, ideas of reflection and ideas of imagination. The former means real things in nature; the second are the products of operation of human mind and the latter include the images of the former as well as chimeras of our minds. Berkeley repeatedly points out the distinction between different kinds of ideas, warning readers not to confuse them, saying that the difference is that of reality and illusion.

In Berkeler, ideas of sense, the primary and secondary qualities and sensations, are the same with different names, all meaning the things that can be immediately perceived by human senses. Therefore saying that a thing is "collection of ideas", "combination of sensations" or qualities are equivalent to each other in meaning. Considering Berkeley's position that all sensible things are created and perceived by God and therefore mainly dependant upon God, his theory of ideas is essentially objective or theological idealism, rather than subjective idealism as is widely held by most Chinese and some western commentators on Berkeley. In the sense that all objects in nature, whether the actual or the possible, can be reduced to objects of our knowledge, Berkeley may be regarded as an objective idealistic phenomenalist.

We also show in the same chapter that Berkeley's immaterialism is neither common sense nor realism. However, it is not contrary to them. Immaterialism denies any reality behind or beyond what appears to man, and maintains the reality of directly sensible things, which is agreeable and acceptable to the upholders of common sense and realism.

Berkeley's major purpose is to refute the concept of material substance or matter in order to oppose materialism and atheism; this makes up the content of chapter five. Berkeley's refutations of matter are based on two types of arguments: a priori and a posteriori arguments. The former discloses the theoretical contradiction or errors in the traditional concepts of matter or material substance; the latter enumerates a number of confusions and difficulties in philosophy, theology and other branches of human knowledge. For Berkeley, the existence of things without human mind, the objects separated from human perception, the unthinking matter bearing ideas, the unknowable archetypes behind human ideas, etc, are all self-contradictory; therefore, they cannot possibly exist in reality. Otherwise, assertions that matter is the cause, instrument or accasion of ideas are illogical, for they are in conflict with God's omnipotence. Berkeley also argues that material substance as substratum or support of qualities is nothing but a meaningless or obscure abstract general ideas. Therefore such a substance cannot exist.

Berkeley shows in his a posteriori arguments that the concept of material substance would give rise to the notion of a two – fold world, which finally leads to scepticism; the concept of matter is a close ally of materialism and atheism but an enemy of religion and theology; it results in such theoretical difficulties and perplexities as "thinking matter", "internal essence", "occult qualities" "attraction" and so on. Therefore any doctrine of matter should be thoroughly eliminated from the realm of philosophy.

The sixth chapter dwells on Berkeley's doctrine of spirits, God and human mind. These spiritual substances have some common features such as having intellect and will, and therefore they are subjects of creation and perception. Their mode of existence is outside time and space, beyond human senses and eternal or immortal. Hence they are not subjects of knowledge and do not fall within the field of science. Man's notion of them is attained only by reflection of the mind. The notion of God plays a primarily important part in Berkeley's philosophy if we consider it from the standpoint of ontology; for all things including human beings are his creatures and he keep them in existence through his continuous perceptions of them. Epistemologically, however, the human mind is more important, that is to say, knowing is only man's knowing, all ideas or objects are existent as objects of human knowledge, and therefore they are meaningless without human mind.

In the same chapter, we also discuss Berkeley's proofs for the existence of God, among which the "passive argument" and the "continuity argument" are the most prominent and important ones. In our opinion, Berkeley's arguments, like the "ontological", "cosmological" and others which appeared before him, seem to be little more that metaphysical contemplations rather than any verifiable reality.

We expound Berkeley's philosophy of nature in chapter seven. This includes his views of time, space, movement, causation and some questions on mathematics. Berkeley defines time as the succession of ideas in one's mind; therefore it is purely private and subjective. He strongly insists that space and movement be inseparable from, relative to, and dependent upon human mind; and he firmly opposes Newton's concepts of time and space as well as movement. Berkeley denies that any real causation takes place among sensible things. He claims that ideas of sense or objects in nature can only be made by God, so that the real causation that exists is that between God and his creatures. The causation described in science and common sense, in effect, is nothing but the relation between the signs by which God reveals his real existence as the author of the world. As to mathematical principles, for instance, the abstract and general number, the infinitesimal, etc, are certainly mistaken; in other words, the basis of mathematics is not stable and firm enough. The philosophy of nature in Berkeley manifests his attempt to reconcile the relationship between theology and science.

The eighth or the last chapter of the book introduces Berkeley's theory against abstractionalism. For Berkeley, it is far from true that human mind can freely separate ideas from each other or from space and time and then form an abstract general idea such as "man" or "triangle", which was held by Locke and some other abstractionalists. For Berkeley, human mind can abstract no more than the entities which may exist separately, and it is impossible to go beyond them. Berkeley asserts that all ideas, whether ideas of sense of the images of them, are concrete, particular, and there is absolutely no abstract general ideas as alleged by some philosophers. Furthermore, he believes that he finds the root of abstractionalism in language. That is to say, abstractionalists make general ideas the medium between general terms and particular ideas; in other words the meaning of a general name can be seen as the abstract idea signified immediately by the name. Taking a quite different stand, Berkeley repeats that general terms of language can directly signify particular things or ideas without any need of abstract general ideas. Moreover, he claims that terms become general when man make them to stand for certain particular ideas. Berkeley's anti – abstractionalism represents his way of concrete thinking, which requires that the human get the insight into the particular ideas immediately by transcending the obstacle of language and overcoming errors of abstraction. For him, that seems the only path to truth. However, in our opinion, the concrete thinking which characterises his theory tends to place Berkeley in a school of thought that is very close to narrow empiricism.

后　记

1987年至1988年的一段时间，我有机会以访问学者身份在爱尔兰的都柏林三一学院进修。这个学校恰好是著名哲学家巴克莱学习和任教多年的地方。考虑到国内经验论哲学，尤其是巴克莱哲学研究的状况，面对三一学院得天独厚的学习、研究条件，我便萌发了写一部巴克莱哲学专著的念头。于是我就开始了在该校哲学系高级讲师、著名巴克莱学者大卫·波曼（David Berman）博士指导下的系统研究工作。一段时间后，适逢国内的《世界哲学年鉴》约我写一篇介绍西方巴克莱研究状况的文章，这更促使我在读书过程中努力注意西方哲学史家们提出的各种问题以及他们的不同观点，同时也收集了较丰富的资料。在进修结束时，我用英文写完了第一章和第二、三章的大部分。第一章本来长达8万—9万字，考虑到全书的结构以及出版方面的困难，我在改写成中文时删去了大部分。第二章中关于巴克莱与洛克的关系和第三章中关于巴克莱的"新原理"的主要内容，我曾以论文形式在三一学院的两次讨论会上宣读过，与爱尔兰本地和来自加拿大、美国、英国、瑞典和日本的专家和同行进行过认真的讨论，从中受到不少的启发。回国后，由于繁忙的教学工作和其他事务，写作只能时辍时续，所以直到今天才写成这个样子。由于学力不足，水平有限，我知道本书还很粗糙，其中也一定存在不少缺点错误和不尽如人意之处。不过我还是希望它及早问世，以便让更多的读者批评指正。将来若有机会，我愿再作认真的修订。

在外学习期间，三一学院的波曼博士对我进行过热情、悉心的指导和帮助。他不仅向我指明重点阅读的书目甚至章节，而且几乎每周都批阅我写出的稿子，在经常性的讨论中给予及时而有益的指点。因此，如果本书有什么成就之处的话，我想应首先向他表示感谢。我还要感谢三一学院的莱昂斯（William Lyons）教授、维廉姆森（Tim Williamson）博士、佩顿（J.-P. Pittion）博士、豪顿（R. W. Houghton）教授、加拿大约克大学的克里勒（Walter E. Creery）教授和其他外国朋友，他们都曾为我的研究和写作提供过各种形式的帮助。

武汉大学的陈修斋教授不顾年迈体衰，抱病仔细阅读了全部书稿，并热情为本书写了长序，很使我感动。从陈教授在“序”里的评价中，我深切感受到老一辈学者的热情关怀、爱护、鼓励和殷切期望。在此谨向他表示衷心的感谢。

山东大学的李武林教授、谭鑫田教授和龚兴教授是我西方哲学专业的授业恩师，没有他们以及其他老师们的辛勤培养，我就不能走上现在的教学与研究道路，也就不会写出这一作品。除了平素的教导和帮助外，谭鑫田教授还两读书稿，提出了许多宝贵的意见，使我在修改过程中受益匪浅；他又在百忙中为本书写序，使这部著作增色不少。

此外，广西师范大学出版社的江淳、吴耀华和其他有关同志为本书的出版付出了辛勤的劳动。山东大学的外籍专家卡宾特

(M. Carpenter)先生和其他老师、同事们也都给予了不小的支持。在此一并向他们表示诚挚的谢意。

傅有德

1990 年 12 月 11 日于山东大学

再版后记

1988年，我从巴克莱的母校爱尔兰都柏林三一学院进修回来，两年后完成了这部《巴克莱哲学研究》。书稿放了一年多后，承蒙广西师范大学出版社不弃，于1992年6月刊行问世。书的印刷堪称上乘，封面设计精美得体，尤其令人满意。惟一令人遗憾的是印数太少，许多书店没有发行就脱销了。后来有一些朋友来信索取，我无法满足要求，只好表示歉意。今天，人民出版社将它列入"哲学史家文库"再版，我颇感荣幸。我想，这对于那些希望读到此书的读者来说也是一件幸事。

当年，我曾把绪论的手稿寄给著名西方哲学史专家武汉大学的陈修斋教授，目的是请他提出意见，并希望他能写一个序言。陈先生读完绪论后兴奋不已，让我尽快把全部书稿寄去，并答应写序。于是，就有了读者所见到的这篇洋洋万言的序。在这篇序中，陈先生对《巴克莱哲学研究》做了充分的肯定和高度的评价，同时提出了衡量我们的西方哲学研究的标准，这就是以西方的标准为标准，和西方哲学家平等对话，与西方一流学者相抗衡。陈先生的序对我是一个莫大的鼓舞和鞭策。后来，当我得知陈先生当时正患肺气肿，阅读书稿、撰写序言都是在床上进行的时候，感动得泪水再也无法自已，他那羸弱瘦小的身躯在我心中顿时变得无比高大伟岸。8年过去了，陈先生也于3年前因病作古。现在，旧作新版，也可以说是对先生的一个纪念吧。

如果说这本书有什么可取之处的话，我以为主要有两点：一是比较完整地阐述了巴克莱哲学的体系，提出了一些国内学者一直忽视的问题，如巴克莱哲学的形成与法国哲学家马勒布朗士和培尔的关系，巴克莱的精神实体论和反抽象论，等等；其二是一反传统成见，驳斥了所谓“巴克莱哲学是典型的主观唯心论和唯我论”的论断，对“存在就是被感知”、“物是观念的集合”这两个命题做了全新的阐释和评价。书出版后，不少同人发表了评论，对第二点较看重。之所以如此，我想主要是由于多年来国内西方哲学史领域对巴克莱的看法过于千篇一律，而且积习太深的缘故。我不敢说书中的观点都能经得住推敲，只是写作时还算比较尽心而已。希望进一步得到学界同人的指正。

西方学者认为，巴克莱在同时代哲学家中是很超前、很现代的，他的不少思想影响或预示了现代西方的实证主义哲学、语言分析哲学以及宗教哲学等流派中的观点。我在研究过程中，也有类似的感觉。按说，值此再版之际，我至少应该做一些纠偏补遗的工作，尤其是补上有关巴克莱与现代西方哲学关系的内容，使之有所改进和提高。无奈近年来我的研究重点已经从哲学史转到犹太哲学和宗教，目前有数项急迫的任务等待完成，难以抽出时间和精力，回到旧作的提高上来。相信尚有来日，让我了却这份心愿。

旧作新版之际，我又回想起当年在三一学院进修时期的老师波曼（David Berman）博士，以及来自加拿大巴克莱专家的克里勒（Walter E. Creery）教授、三一学院的莱昂斯（William Lyons）教授、维廉姆森(Tim Williamson)博士、佩顿(J.P.Pitton)博士、豪顿(R.W.Houghton)教授,还有我在山东大学的师长和同事们。这里再次向他们表示诚挚的谢意。

傅有德

1998年12月于山东大学二宿舍

责任编辑:夏　青
装帧设计:刘林林
版式设计:赵迎珂
责任校对:赵立新

图书在版编目(CIP)数据

巴克莱哲学研究/傅有德著.
-北京:人民出版社,1999.6
(哲学史家文库)
ISBN 7-01-003001-4

Ⅰ.巴…
Ⅱ.傅…
Ⅲ.巴克莱-哲学思想-研究
Ⅳ.B562

中国版本图书馆 CIP 数据核字(1999)第 11131 号

巴克莱哲学研究

BAKELAI ZHEXUE YANJIU

傅有德　著

人民出版社 出版发行
(100706　北京朝阳门内大街 166 号)

新华出版社印刷厂印刷　新华书店经销

1999 年 6 月第 1 版　1999 年 6 月北京第 1 次印刷
开本:850 毫米×1168 毫米　1/32　印张:11.125
字数:247 千字　印数:1-5,000 册

ISBN 7-01-003001-4/B·245　定价:19.60 元